협동조합기본법

최 병 록 저

法 文 社

머 리 말

2012년은 국제연합UN이 정한 "협동조합의 해"이다. 우리나라에서도 2012년 12월부터 협동조합을 자유롭게 결성할 수 있는 시대가 열렸다. 국회에서 제정한 「협동조합기본법」이 12월부터 시행되어 5인 이상이면 누구나 협동조합을 구성하여 신고하거나 인가 받아 법인으로 활동할 수 있게 된 것이다.

이제까지 8개 특별법에 근거한 농협·수협·생협 등이 있었지만 규모와 업종이 제한되어 있었다. 앞으로는 5명만 모이면 금융업과 보험업을 제외하고 모든 분야에서 법인 자격을 지닌 협동조합을 설립할 수 있게 되었다. 「협동조합기본법」에서는 '협동조합'을 "재화 또는 용역의 구매·생산·판매·제공 등을 협동으로 영위함으로써 조합원의 권익을 향상하고 지역사회에 공헌하고자 하는 사업조직"이라고 규정하고 있다. 경제활동을 하지만 '이윤추구'가 목적이 아니다. 또한 이 법은 '사회적협동조합'을 따로 분류해 놓았다. 이는 "지역 주민들의 권익·복리 증진과 관련된 사업을 수행하거나 취약 계층에게 사회 서비스 또는 일자리를 제공하는 등 영리를 목적으로 하지 아니하는" 협동조합이다. 이제는 사회적 가치를 추구하는 경제활동조직이 법적으로 보장된 셈이다.

협동조합은 말 그대로 사람들이 협동하여 일하는 모임이다. 혼자서 일하는 것보다는 여러 사람이 힘을 합쳐서 일하면 더 큰 성과를 낼 수 있고 보람도 클 수 있다. 자본을 중심으로 하는 기업이라는 조직은 이윤추구라는 목적에 최고의 가치를 두고 있는 반면에 협동조합은 조합원의 공동이익·복리를 추구하여 경제·사회·문화적 이익을 누리게 하며, 인간중심적인 목적을 추구한다는 데 근본적으로 다르다고 할 수 있다. '사회적 경제Social Economy'의 석학인 볼로냐대학 경제학과의 스테파노 자마니 교수는 '협동경제cooperative economy, 연대경제solidarity economy'의 기원을 르네상스 시대, 이탈리아 볼로냐 지역에서 꽃핀 '시민적 인문

학civic humanism'에서 찾는다.

협동조합은 지난 19세기부터 영국, 독일 등 유럽에서 시작되었다. 생산자, 소비자, 노동자 등 상대적인 경제적 하위 계층이 스스로 시장 지배력을 키우기 위해서 만들기 시작했다. 이를 통해 사회적인 소외를 극복하고 부의 재분배를 이뤄나가고 있다.

협동조합의 발전사를 보면 이미 선진각국에서 성공모델을 찾을 수 있다. 덴마크 코펜하겐의 동쪽 앞바다로 5㎞ 정도 가면 거대한 풍력발전기 20대가 돌아가고 있는데 이 풍력발전기의 주인은 다름 아닌 '미들그룬덴'이라는 발전협동조합이다. 이 조합은 발전소 건설자금을 출자한 8600여명의 코펜하겐 시민들로 구성된 '미들그룬덴' 협동조합의 조합원들이 주인인 셈이다. '미들그룬덴'은 40㎿의 전력을 생산하고 있어서 코펜하겐 전력사용량의 4%를 공급하고 있다.

이탈리아의 볼로냐 또한 지역 경제의 40%를 차지할 만큼 협동조합의 천국이다. 뉴질랜드 경제를 이끌어가는 최대기업인 '폰테라'는 낙농에서, '제스프리'는 키위에서 협동조합으로 성공하고 있다.

스페인의 유명한 축구클럽 'FC바르셀로나', 미국의 대표적인 언론사인 'AP통신', 미국 캘리포니아 오렌지의 '썬키스트', 프랑스의 최대은행 '크레디 아그리콜' 등은 모두 세계적인 브랜드를 자랑하는 조직인데, 그 조직의 형태는 모두 협동조합이다.

우리나라에서도 축산농가들이 출자하여 만든 서울우유협동조합을 (우유시장에서 1위를 차지하고 있을 만큼) 성공한 협동조합모델로 볼 수 있다.

원주시에는 원주의료생활협동조합에서 운영하는 '우리동네의원'이 있다. 원장 선생님은 환자들과 보통 이삼십분씩 대화를 나눈다. 시시콜콜한 집안 이야기도 들어주고 묻기도 한다. 원주의료생협은 2300여명 조합원의 출자금으로 세워졌다. 조합원이 환자이자 출자자, 곧 주인이다. 원주의료생협 사무국이 있는 건물 지하에는 유기농산물을 파는 원주한살림이 있다. 대한민국 유기농을 상징하는 한살림생협 전국 1호점이다. 한살림은 농민 조합원이 생산한 안전한 농산물을 중간 단계를 거치지 않고 판매한다. 소비자 조합원들은 믿고 구매한다. 조합원이 늘면서 원주의료생협과 한살림의 살림살이도 나아지고 있다.

원주시에서는 2003년에 8개 단체가 모여 원주협동조합운동협의회를 조직했고 2009년에는 열아홉 개 협동조합과 사회적 기업이 모여 '원주협동사회경제네트워크'로 진화했다. 네트워크에 소속된 회원은 3만5천명으로 원주시 인구 32만의 11%이고, 연간 총매출액이 184억원에 고용인원은 388명에 이른다. 원주시에서 협동조합원이 되면 먹을거리를 사고, 아플 때 치료받고, 아이를 맡기고, 필요한 돈을 빌리는 일을 '네트워크' 안에서 모두 해결할 수 있다.

정부에서는 「협동조합기본법」의 시행을 기점으로 다양한 분야에서 협동조합의 결성과 활동을 예상하면서 긍정적인 효과를 기대하고 있다. 그러나 협동조합도 사람들이 모인 조직체이므로 조직의 구성원들이 어떠한 생각과 의지로 이끌어 가느냐에 따라 그 성패가 좌우된다고 본다. 외국의 성공한 사례만을 보고 누구나 성공할 수 있으리라 지나친 기대를 가져서는 곤란하다. 그들의 성공과 실패요인을 분석하여 말 그대로 서로 힘을 합쳐서 조합원 모두의 이익을 위하여 노력하고 '협동'하는 것이 중요하다.

이 책에서는 「협동조합기본법」과 시행령, 시행규칙을 중심으로 다소 딱딱한 법조문을 쉽게 이해할 수 있도록 해설하는 데 중점을 두고 있다. 조합을 결성하여 설립하고 운영하는 과정에서 많은 이해관계가 얽히게 되므로 이를 법과 원칙에 따라 해석하여 적용하는 것이 필요하다. 또한 협동조합이라는 정신은 매우 좋은 것이지만 조직을 이끄는 것은 사람들이므로 「협동조합기본법」에서 규정한 대로 합리적이고 공정하게, 투명하게 운영해 나가야만 성공하는 협동조합이 될 수 있다.

이른바 '협동조합의 시대'를 맞이하여 협동조합의 정신이 제대로 반영된 모범적인 협동조합의 탄생과 활동을 기대하면서 이 책이 협동조합을 설립하려는 분들과 이미 운영하고 있는 분들, 나아가 협동조합을 연구하는 많은 분들이 법률적인 문제를 해결하는 데 작게나마 도움이 되기를 기대한다.

끝으로 이 책이 발간되도록 도움을 준 법문사 사장님을 비롯한 관계자 여러분께도 고마움을 표한다.

2013. 1.

구룡봉 언덕 미래창조관 10층 연구실에서

최병록

차   례

제 1 편 협동조합의 이해

제 2 편   협동조합기본법의 해설

부　　록

표 차례

제 1 편

협동조합의 이해

제1장 단체의 설립과 협동조합

1. 사적 자치와 단체의 결성

사적 자치는 개인이 법질서의 한계 내에서 자기의 의사에 기하여 법률관계를 자유로이 형성할 수 있다는 원칙을 말한다. 이것은 개인의 의사표시, 즉 법률행위[1]를 수단으로 하여 실현된다. 여기에서 '법률행위 자유의 원칙'이 도출된다. 법률행위의 자유는 '계약의 자유·유언의 자유·단체설립의 자유'를 포함하고 있다.

헌법재판소는 계약자유의 원칙과 관련하여 판단한 사례가 있는데, "헌법상의 행복추구권 속에 함축된 일반적 행동자유권으로부터 파생되는 것"이라고 판시하고 있다.[2] 이는 헌법 제10조를 토대로 하여 민법 제105조는 계약자유의 원칙을 간접적으로 규정하고 있으며, 또한 민법 제103조 이하의 규정이나 민법 채권편의 계약에 관한 규정들도 모두 이 원칙을 전제로 하는 것으로 해석되고 있다.

가. 계약의 자유

계약자유의 원칙이라 함은 "당사자가 자유롭게 선택한 상대방과 법률관계의 내용을 각자의 의사에 따라 자유롭게 합의할 수 있고, 법이 그 합의를 법적 구속력이 있는 것으로 승인한다는 원칙"을 말한다. 계약자유의 원칙은 소유권 절

---

1) 법률행위라 함은 의사표시를 불가결의 요소로 하는 법률요건을 말한다. 법률행위를 의사표시의 수와 방향에 의해 구분하면 단독행위, 계약, 합동행위(다수설)로 나누고 있다.

2) 헌법재판소가 내린 결정요지는 다음과 같다.

"이러한 계약자유의 원칙이란 계약을 체결할 것인가의 여부, 체결한다면 어떠한 내용의, 어떠한 상대방과의 관계에서, 어떠한 방식으로 계약을 체결하느냐 하는 것도 당사자 자신이 자기의사로 결정하는 자유뿐만 아니라, 원치 않으면 계약을 체결하지 않을 자유를 말하여, 이는 헌법상의 행복추구권(幸福追求權) 속에 함축된 일반적 행동자유권으로부터 파생되는 것이라고 할 것이다." 헌재 1991. 6. 3, 89헌마204, 판례집 제3권, 268(전원재판부).

대의 원칙, 과실책임의 원칙과 함께 사적 자치의 실현을 위한 구체적인 수단이다.

계약자유의 원칙은 계약체결의 자유, 상대방 선택의 자유, 계약내용결정의 자유, 계약방식의 자유를 그 내용으로 하고 있다. 계약체결의 자유는 당사자가 계약을 체결할 것인가의 자유를 말하며, 상대방 선택의 자유는 계약을 체결한다고 할 때 누구와 체결할 것인가를 자유롭게 결정할 수 있는 것을 의미한다. 계약내용결정의 자유는 각 당사자가 그 계약의 내용을 자유롭게 결정할 수 있다는 것을 의미하며, 일단 성립된 계약의 내용도 자유롭게 소멸시키거나 변경시킬 수 있는 것까지 포함한다. 그리고 계약체결방식의 자유는 각 당사자들이 체결하는 방식을 자유롭게 선택할 수 있는 것을 의미한다. 즉 각 당사자들은 편의에 따라서면 · 구두와 경우에 따라서는 몸짓으로도 계약체결이 가능하다는 것이다.

이와 같은 계약자유의 원칙은 자유경쟁의 기회를 보장함으로써 자본주의 경제의 급격한 발전을 가져왔으나, 다른 한편으로는 경제적 불평등의 심화로 경제적 강자와 약자의 현저한 대립을 초래하였다. 이런 상태에서 계약자유의 원칙은 오히려 가진 자가 경제적으로 우월한 지위를 이용하여 갖지 못한 자를 지배하는 수단으로 악용되기도 하였다. 따라서 경제적 강자의 지위남용을 막고 계약공정을 실현하기 위하여 계약자유의 원칙을 수정, 제한하게 되었다.

현행법상 계약자유의 원칙에 대한 제한은 첫째, 계약체결의 자유와 제한이다. 즉 국민의 일상생활에 필요불가결한 수도 · 전기 · 가스 등의 재화를 공급하거나 우편 · 통신 · 운송 등을 담당하는 공익적 독점기업은 정당한 이유 없이 급부제공을 거절하지 못한다고 하고 있다(수도법 제39조, 전기사업법 제14조, 도시가스사업법 제19조, 우편법 제50조, (구)전기통신기본법 제10조, 여객자동차운수사업법 제26조, 철도사업법 제22조 참조). 또한 공공적 직무 및 공익적 직무와 관련된 자를 규정하는 공증인법 · 집행관법 · 법무사법 · 의료법 · 약사법 등에서 정당한 이유 없이 계약체결을 거절하거나 급부의 제공을 거절할 수 없다고 규정하는 것도 마찬가지이다.

둘째, 일정한 재화에 대해 국가가 특별한 방법으로 유통을 제한 · 감독 · 통제하는 경우가 있다. 즉 계약이 유효하게 하기 위해 국가의 허가나 신고, 증명을 필요로 하게 해 계약체결의 자유를 규제하는 경우이다.

셋째, 계약방식의 자유에 대한 제한이다. 오늘날에는 계약의 목적이 다양하고 내용이 복잡하기 때문에 당사자에게 신중을 기하게 하거나 또는 법률관계의 명확을 꾀하고 증거를 보전하기 위해 일정한 계약의 방식이 요구되는 경우가 있다. 민법 제555조의 증여, 부동산등기법 제40조 2항, 그리고 1988년 10월 1일부터 시행되고 있는 검인계약서 사용의 의무화 조치 등이 그것이다. 물론 그 한도에서 계약방식의 자유가 일정한 제한을 받고 있는 셈이다.

나. 유언의 자유

유언이라 함은 "유언자의 사망과 동시에 일정한 법률효과를 발생시키는 것을 목적으로 하여 일정한 방식에 따라서 일정한 법정사항에 대하여 행하는 상대방 없는 단독의 의사표시"를 말한다. 유언은 유언자의 재산처분방법이 기재되어 있는 문서를 지칭하기도 한다.

유언제도는 사유재산과 같은 사회복리적 개념과 사자死者의 의사존중이라는 의사자치의 개념에서 생겨났으며, 오늘날에는 유언자유의 원칙이 행해지게 되었다. 유언은 일반적으로 법률이 정한 요건과 방식을 갖추어야 법률상의 효과를 발생하며, 대개는 증인의 서명을 요한다. 변호사를 통한 유언서 작성의 장점은 법적 요건에 대한 변호사의 지식을 이용할 수 있다는 것이다. 예를 들어 자필유언서는 대개 입회인의 서명 없이 서명인의 친필로 작성된 문서인데, 유언서를 무효화시킨 사실이 발견된 경우를 제외하고는 유언서에 따라 유산을 처분할 수 있는 적법한 법적 구속력을 갖는 것으로 인정된다. 한편 유언자가 무능력자(한정치산·금치산 등의 선고를 받은 심신장애자[3])로서 자신의 재산을 처분할 수 없는 경우, 동법 유언에서 상속의 조건으로 불합리하거나 지나친 요구를 하는 경우, 유언자의 유산에 대한 완전한 소유권을 갖고 있지 않은 경우에는 유언이 무효로 간주된다.

---

3) 민법의 개정으로 2013년 7월 1일부터 기존의 금치산·한정치산 제도가 개정되었다. 따라서 현재 정신적 제약이 있는 사람은 물론 미래에 정신적 능력이 약해질 상황에 대비하여 후견제도를 이용하려는 사람이 재산행위뿐만 아니라 치료, 요양 등 복리에 관한 폭넓은 도움을 받을 수 있는 성년후견제로 확대·개편되었고, 금치산·한정치산 선고의 청구권자에 후견감독인과 지방자치단체의 장을 추가하여 후견을 내실화하며, 성년후견 등을 요구하는 노인, 장애인 등에 대한 보호를 강화하고, 피성년후견인 등과 거래하는 상대방을 보호하기 위하여 성년후견 등에 관하여 등기로 공시하도록 하는 등 제도의 많은 변화가 있다(자세한 내용은 김준호, 민법총칙, 법문사, 2013 참조).

유언의 내용은 법률로서 신분·상속·재산의 처분에 관하여 일정한 사항을 정하고 있는데, 민법에서 인정하고 있는 사항은 ① 재단법인의 설립(^{민법}_{제47조}), ② 친생부인親生否認(^{민법}_{제850조}), ③ 인지認知(^{민법}_{제859조}), ④ 후견인의 지정(^{민법}_{제931조}), ⑤ 상속재산 분할방법의 지정·위탁 및 상속재산분할금지(^{민법}_{제1012조}), ⑥ 유언집행자의 지정·위탁(^{민법}_{제1093조}), ⑦ 유증(^{민법제}_{1074조}) 등이고, 그밖에 신탁법에 의한 신탁(^{민법}_{제2조})이 있다. 이러한 사항에 대해서 유언을 한 경우에만 유언으로서의 법적 효력이 발생한다. 유언은 일종의 법률행위지만 행위무능력자라 할지라도 의사능력이 있으면 할 수 있다. 그러나 미성년자에 대해서는 만 17세를 유언능력의 표준으로 하고 있으며(^{민법}_{제1061조}), 금치산자의 경우는 의사가 심신회복상태를 유언서에 부기하고 서명날인해야 한다. 따라서 이러한 요건이 결여된 유언은 무효이다.

유언은 유언자가 사망한 후에 그 효력이 발생하기 때문에 유언자의 진의성 여부와 유언존재여부를 확인하는 것이 곤란하고 그로 인하여 이해관계인 사이의 분쟁이 발생할 소지가 있으므로 일정한 방식을 엄격히 요구하고 있고, 이 방식에 따르지 않은 유언은 무효이다. 민법이 인정하는 유언방식에는 자필증서·녹음·공정증서·비밀증서·구수증서口授證書에 의한 유언의 다섯 가지 방식이 있다. 유언은 본인의 최종의사에 대하여 효력을 인정하고자 하는 제도이기 때문에, 유언자는 언제든지 유언 또는 생전행위로서 유언의 전부 또는 일부를 철회할 수 있으며 그 철회권은 포기할 수 없다(^{민법}_{제1108조}). 또한 전후의 유언이 저촉되거나 유언 후의 생전행위가 유언과 저촉되는 경우, 그 저촉된 부분의 전 유언과 유언자가 고의로 유언증서 또는 유증의 목적물을 파훼한 경우 그 파훼한 부분에 대해서는 각각 법률상 유언의 철회가 있는 것으로 본다(^{민법 제1109조}_{·제1110조}). 유언의 효력은 유언자가 사망한 때 발생하지만(^{민법}_{제1073조}), 그 내용의 실현이 특별한 행위에 의해서만 실현되는 경우에는 유언집행자가 이를 실행한다. 유언에 대하여 표시된 유언자의 의사를 구체적으로 실현하는 행위를 유언의 집행이라고 하는데, 민법은 유언의사의 공정한 실현을 위해 이를 집행하는 자, 즉 지정·법성·선임 유언집행자를 두고 있고, 유언집행을 위한 준비절차로서 검인檢認·개봉開封을 규정하고 있다.

다. 단체설립의 자유

법인이라는 단체의 설립에 관하여 아무런 제한을 두지 않고, 거래사회에서 자주적으로 활동하는 단체나 재단이 사실상 설립되면 법인격을 인정하는 주의를 법인설립에 있어서 자유설립주의라고 한다. 결국 법인의 자유로운 설립을 허용하는 주의이다. 법인설립이 자유롭고 간편하지만 법인의 성부成否 및 내용이 불명확하여 거래의 안전을 해치므로 오늘날에는 이와 같은 주의를 채용하는 입법례는 거의 없다. 다만 스위스민법이 비영리사단법인의 설립에 이 주의를 채용할 뿐이다($_{법~제60조}^{스위스민}$). 우리나라 민법은 "법인은 법률의 규정에 의함이 아니면 성립하지 못한다"($_{제31조}^{민법}$)고 규정함으로써 준칙주의를 취하고 있어서 자유설립주의를 명시적으로 배제하고 있다. 법인실재설[4]을 기초로 주장되는 주의이다.

민법상 단체에는 법인과 조합이 있는데, 조합에 관해 민법은 이를 채권계약의 하나로 다룬다($_{이하~참조}^{민법~제703조}$). 법인에서 설립의 자유는 민법상 주무관청의 허가를 받아야 하는 제한이 있지만($_{제32조}^{민법}$), 구성원등 사이의 법률관계는 원칙적으로 그들의 자유로운 의사결정(정관작성)에 의해 규율된다.

---

4) 법인은 법률에 의해 의제된 공허물(空虛物)이 아니라 실질을 가지는 사회적 실체라고 하는 법인학설을 통틀어서 법인실재설이라 한다. 즉 법인도 자연인과 더불어 많은 일을 행하는 실재적인 것이므로 목적 그 자체가 아니라 목적을 수행하기 위하여 상당하다고 인정되는 일반에 대하여 권리·의무를 가지고 행위하며 책임을 지는 것이라고 생각하는 학설이다.

법인의제설에 대립하여 제창되었으며, 오늘날에는 그것에 대신하여 지배적 위치를 차지하고 있다. 법인의 실재를 무엇으로 보느냐에 따라 (1) 유기체설(Gierke), (2) 조직체설(Michoud, Saleilles), (3) 사회적 가치설(我妻 榮) 등으로 나누어진다. 우리나라에서는 조직체설과 사회적 가치설이 주장되고 있다. 법인실재설은 법적 주체인 실체를 갖춘 것을 법인으로 인정하려고 하므로 준칙주의의 이론적 기초가 되며, 또 법인의 이사의 활동은 법인을 대표하는 것이므로 법인자체의 행위에 지나지 않는 까닭에 법인의 불법행위의 능력을 인정하게 된다.

판례에서도 "법인은 기관에 의하여 독자의 행위를 할 수 있는 실체이므로 기관의 행위는 각 법인자체의 행위가 되고, 다만 법인의 기관은 법인의 목적범위내의 행위이어야 된다는 제한이 있을 따름이다."라고 판시하여 법인실재설을 따르는 것으로 이해되고 있다(대판 1978. 2. 28. 77누155).

2. 권리주체로서의 자연인과 법인

가. 자연인(自然人)

자연인은 일반적으로 인간이라는 생명체를 의미하지만, 법에서는 보다 엄밀하게 따져 권리와 의무의 주체가 될 수 있느냐를 염두에 두고 규정하고 있다. 따라서 사자死者와 어머니 배 속에 있는 태아胎兒를 권리와 의무의 주체가 되는 자연인으로 볼 수 있는지, 또 외국인을 국내법을 적용받는 자연인으로 볼 수 있는지는 별도로 논의하고 있다. 예컨대, 가령 죽은 자에게도 명예훼손죄가 성립되는지, 태아에게도 정신적 손해배상청구권이 인정되는지 등에 대하여 학설과 판례에서 논쟁이 되고 있다.

민법에서 권리와 의무의 주체로서 자연인을 규정하고 있다(민법제3조). 육체와 정신을 가지고 있는 자연인은 출생한 때로부터 사망할 때까지 권리주체로서 자격 또는 지위를 가지고 있다.

민법에서 권리와 의무의 주체로서 자연인외에도 법인法人을 규정하고 있다. 법인이란 말 그대로 자연인이 아니면서도 법으로 부여한 인격체를 말한다. 법인은 자연인이 가지는 상속권, 생명권, 정조권, 육체상의 자유권, 친권, 부양청구권 등 성질상 자연인에게만 인정되는 것을 제외하고는 재산권, 명예권, 성명권, 신용권, 정신적 자유권 등 거의 모든 권리와 의무의 주체가 될 수 있다.

나. 법인(法人)

(1) 법인의 의의

사람은 개인의 능력에는 한계가 있으므로 사람은 사회생활을 하면서 일정한 공동목적의 달성을 위하여 단체를 결성하는 수가 있다. 이 경우 그러한 단체에서 권리·의무의 주체는 누구인가 하는 문제가 발생한다. 단체의 구성원 모두를 그 주체로 삼는 것도 생각할 수 있지만, 이것은 거래관계에서 매우 불편하다. 따라서 구성원과는 독립된 주체로서 단체 자체를 인정하고 여기에 권리·의무의 주체로서의 지위를 부여하자는 것이 법인제도이다. 이것은 법에 의하여 비로소 창출되었다는 점에서 또 의인화한 점에서 자연인에 대비하여 이를 법인法人이라고 한다.

(2) 사단(社團)과 재단(財團)

법인으로 될 수 있는 단체에는 사단과 재단의 둘이 있다. 사단은 그 구성원인 사원을 중심으로 하여 결합된 단체를 말한다. 사람의 집합체로서의 사단이라는 단체와 구별되는 것으로 조합이 있다. 사단은 구성원과는 독립하여 단체자체가 권리의 주체가 되는 데 비해, 조합은 단체가 아닌 구성원 모두가 권리의 주체가 된다는 데 근본적인 차이가 있다. 그래서 민법은 조합을 법인제도로써 규율하는 것이 아니라 조합계약이라는 채권계약으로서 다룬다(민법 제703조 이하 참조).

일정한 목적(예컨대 장학사업, 사회사업 등)에 바쳐진 재산에 관하여도 독립된 법인격을 부여할 필요성이 있다. 어느 재산을 출연하여 이를 바탕으로 일정한 조직을 갖추어 그 목적을 영위하는 경우가 그러하다. 이러한 재산의 집합체에 대해서도 법률은 법인격을 취득할 수 있는 길을 열어놓고 있는데 이것이 재단이다.

사단 또는 재단이 법률에 의해 인격을 승인받아 사단법인·재단법인이 되어 권리와 의무의 주체가 된다는 데에는 다음의 세 가지 의미가 있다. 첫째, 법인은 권리·의무의 주체가 될 수 있지만 자연인처럼 스스로 행동할 수 없기 때문에 기관(예컨대 대표이사)을 설정하고 기관의 행위는 곧 법인의 행위로 간주하는 방식을 취한다. 둘째, 법인은 구성원의 가입·탈퇴가 있더라도 그에 영향을 받지 않고 그 동일성이 유지된다. 셋째, 법인의 재산은 구성원의 재산과는 독립된 법인 자체의 재산이라는 점이다.

(3) 법인성립의 준칙주의와 입법태도

민법에 의하면 "법인은 법률의 규정에 의함이 아니면 성립하지 못한다."라고 규정하고 있다(민법 제31조). 이를 법인준칙주의라고 한다. 법인준칙주의는 법인설립상의 한 주의로서 법률이 정하는 일정요건을 갖춘 사단 또는 재단을 설립한 때에 곧 법인격을 인정하는 것을 말한다. 다만 그 조직·내용을 공시하기 위하여 등기 또는 등록을 성립요건으로 하는 것이 보통이다. 회사에 관하여는 특허주의에서 허가주의를 거쳐 오늘날에는 일반적으로 준칙주의가 채용되어 있다.

(가) 자유설립주의

자유설립주의란 법인설립에 관하여 아무런 제한도 하지 않고 설립자의 의사에 따라 자유로이 그 설립을 인정하는 입법태도를 말한다. 그러므로 법인으로서의 실체를 구비하면 법률은 당연히 법인격을 인정하게 된다. 우리나라에서 자유설립주의를 취하는 법인설립형태는 없다.

(나) 준칙주의

준칙주의란 법인의 설립에 관한 요건을 미리 정해 놓고 그 요건을 구비하는 때에는 당연히 법인이 성립하는 것으로 하는 입법태도를 말한다. 그 법인의 목적, 조직 등의 내용을 공시하기 위하여 등기를 성립요건으로 하는 것이 보통이다. 상법상의 회사설립(상법 제172조), 노동조합(노동조합 및 노동 관계조정법 제6조) 등이 이에 속한다. 회사의 경우에 법인설립은 준칙주의를 취하고 있지만 그 회사가 영리목적으로 활동하고자 하는 영업에 관하여 허가를 요하는 경우에는 사실상 허가주의를 취하는 것과 같은 결과를 가져온다.

(다) 인가주의

인가주의란 법률이 정한 요건을 구비하고 주무부장관 기타의 관할행정관청의 인가를 얻음으로 법인으로서 성립할 수 있게 하는 주의이다. 인가주의에 있어서는 허가주의의 경우와는 달리 법률이 정하는 요건을 구비하면 반드시 인가권자는 인가를 하여야 한다. 변호사회(변호사법 및 제79조), 약사회(약사법 제12조), 상공회의소(상공회의 소법 제7조), 한국증권거래소(증권거래법 시 행령 제42조), 지역농업협동조합이나 지역축산업협동조합 및 농업협동조합중앙회(농업협동조합법 제15 조, 제107조, 제121조), 중소기업협동조합 및 중소기업협동조합중앙회(중소기업협동조합 법 제28조, 제86조), 자동차운수사업조합 및 공제조합(여객자동차운수사업 법 제55조, 제63조) 등이 이에 속한다.

(라) 허가주의

법인의 설립에 있어서 법정의 요건을 구비하게 한 후에 국가의 허가를 얻도록 하고, 그 허가를 할 것인가의 여부를 주무관청의 자유재량에 맡기는 주의이다. 민법은 비영리법인에 대하여 허가주의를 취한다. 그러나 의사회, 치과의사회, 한의사회, 간호사회(의료법 제27조), 학교법인(사립학교 법 제10조) 등의 설립에 관하여도 허가주의를 취하고 있다.

(마) 특허주의(개별입법주의)

하나의 구체적인 사업체를 법인으로 설립하기 위하여 특별한 법률의 제정을 필요로 하는 주의이다. 한국은행(한국은행법), 중소기업은행(중소기업은행법), 대한주택공사(대한주택공사법), 한국전력공사(한국전력공사법), 한국마사회(한국마사회법) 등이 이에 속한다.

(바) 설립강제주의

법인의 설립을 강제하는 것으로서 공공의 이익이 관련되어 있는 경우에 한하여 인정된다. 변호사회($^{변호사법\_제64}_{조\ 및\ 제78조}$), 의사회, 치과의사회, 한의사회, 간호사회($^{의료법}_{제26조}$), 약사회($^{약사법}_{제11조}$) 등은 그 설립이 강제되고 있다.

3. 단체로서의 사단과 조합의 차이

단체란 일반적으로 공동의 목적을 위해 2인 이상이 결합한 공동체를 말하는데, 여기에는 '사단社團'과 '조합組合'의 두 유형이 있다. 양자의 결정적인 차이는 단체 자체가 그 구성원과 독립하는지 여부에 있다.

가. 사 단

사단에서는 사단 자체가 구성원과는 독립하여 존재하고 독립된 법인격을 가지게 된다. 만약 설립등기를 하지 않은 비법인사단(권리능력 없는 사단, 법인 아닌 사단이라고도 함)의 경우에는 법인격을 갖지 못하지만 사단법인에 관한 규정이 유추적용된다. 사단은 조직으로서 기관을 가진다. 사단의 의사결정은 사원총회의 다수결을 통해 이루어지며, 대표기관을 통해 대외적으로 행위를 하고 그 대표행위는 곧 사단 자체의 행위로 의제된다. 그리고 사단의 이름으로 재산을 소유하고 또 채무를 부담한다. 구성원(사원)은 사단에 대해 내부관계에서 일정한 권리를 가지고 의무를 부담할 뿐이다. 사원이 사단에 대하여 가지는 권리를 사원권社員權이라고 한다.

나. 조 합

조합組合이란 2인 이상이 서로 출자를 하여 공동사업을 경영할 것을 약정하는 계약을 말하기도 하고, 공동사업을 경영할 목적으로 결합한 단체를 말하기도 한다. 조합에서는 조합자체가 구성원(조합원)과는 독립하여 존재하지 않으며, 조합원의 의사에 의해 조합원 모두의 이름으로 행위를 하게 된다. 어느 조합원이 행위를 한 것이 조합원 모두에게 그 효과가 생기게 하려면 대리제도를 통해야 한다. 조합 자체의 재산은 인정되지 않으며, 조합재산도 결국은 조합원 모두의 (적극·소극)재산이 될 뿐이다.5) 다만, 여기에는 공동사업의 경영이라는 조합의 목적에 따른 제약이 수반되는 데에 그 특색이 있다.

민법상의 조합계약組合契約은 2인 이상이 상호 출자하여 공동으로 사업을 경영할 것을 약정하는 계약으로서(민법 제703조), 특정한 사업을 공동 경영하는 약정에 한하여 이를 조합계약이라고 할 수 있고, 공동의 목적달성이라는 정도만으로는 조합의 성립요건을 갖추지 못하였다고 할 것이다.6)

2인 이상이 상호 출자하여 공동사업을 경영할 것을 약정함으로써 효력이 생기는 조합에 있어서는 조합계약이나 조합원의 3분의 2이상의 찬성으로써 업무집행자를 정할 수 있고, 조합의 업무를 집행하는 조합원은 조합업무의 처리로 인하여 받은 금전 기타의 물건 및 그 수취한 과실을 조합에 인도하여야 하고, 조합을 위하여 자기의 명의로 취득한 권리는 조합에게 이전하도록 되어 있다.

※판 례※ **민법상의 조합과 비법인사단의 구별**

민법상의 조합과 법인격은 없으나 사단성이 인정되는 비법인사단을 구별함에 있어서는 일반적으로 그 단체성의 강약을 기준으로 판단하여야 하는바, 조합은 2인 이상이 상호간에 금전 기타 재산 또는 노무를 출자하여 공동사업을 경영할 것을 약정하는 계약관계에 의하여 성립하므로(민법 제703조) 어느 정도 단체성에서 오는 제약을 받게 되는 것이지만 구성원의 개인성이 강하게 드러나는 인

---

5) 하나의 물건을 2인 이상이 공동으로 소유하는 형태는 세 가지 유형이 있는데, 공유, 합유, 총유이다. 합유는 조합체가 소유하는 형태를 말한다.

6) 대법원 2004. 4. 9. 선고 2003다60778 판결; 대법원 2005. 11. 10. 선고 2003다18876 판결 등 참조.

적 결합체인 데 비하여 비법인사단은 구성원의 개인성과는 별개로 권리의무의 주체가 될 수 있는 독자적 존재로서의 단체적 조직을 가지는 특성이 있다 하겠는데 민법상 조합의 명칭을 가지고 있는 단체라 하더라도 고유의 목적을 가지고 사단적 성격을 가지는 규약을 만들어 이에 근거하여 의사결정기관 및 집행기관인 대표자를 두는 등의 조직을 갖추고 있고, 기관의 의결이나 업무집행방법이 다수결의 원칙에 의하여 행해지며, 구성원의 가입, 탈퇴 등으로 인한 변경에 관계없이 단체 그 자체가 존속되고, 그 조직에 의하여 대표의 방법, 총회나 이사회 등의 운영, 자본의 구성, 재산의 관리 기타 단체로서의 주요사항이 확정되어 있는 경우에는 비법인사단으로서의 실체를 가진다고 할 것이다.

대법원 1992. 7. 10. 선고 92다2431 판결

▒판 례▒ 조합의 채무에 대한 채권자의 변제청구

조합의 채무는 각 조합원의 채무로서 그 채무가 불가분의 채무이거나 연체의 특약이 없는 한 조합채권자는 각 조합원에 대하여 지분의 비율에 따라 또는 균일적으로 변제의 청구를 할 수 있을 뿐이지 달리 그 금원 전부나 연체의 지급을 구할 수는 없는 것이다.

대법원 1985. 11. 12. 선고 85다카1499 판결

▒판 례▒ 조합에 대한 채권자의 채권의 행사

조합에 대하여 채권을 가지는 자가 조합원에 대하여 그 채권의 행사를 하는 때에는 조합의 채무가 성질상 불가분이거나 또는 그 채무에 관하여 조합원이 연대책임을 부담키로 한 특약이 있는 경우를 제외하고는 채권발생당시 조합원이 손실분담의 비율을 아는 때에는 그 비율에 의하여 만약 이를 알지 못한 때에는 각 조합원에 대하여 균일하게 그 권리를 행사할 수 있는 것이다.

대법원 1957. 12. 5. 선고 4290민상508 판결

▒판 례▒ 조합의 조합의 채권자의 조합원에 대한 채권행사의 소

조합의 채권자가 조합원에 대하여 조합재산에 의한 공동책임을 묻는 것이 아니라 각 조합원의 개인적 책임에 기하여 당해 채권을 행사하는 경우에는 조합원 각자를 상대로 하여 그 이행의 소를 제기할 수 있다.

대법원 1991. 11. 22. 선고 91다30705 판결

4. 협동조합의 이해

가. 협동조합의 정의와 유형

(1) 협동조합의 정의

협동조합協同組合, cooperative이란 국어사전적 의미로는 "경제적으로 약소한 처지에 있는 소비자, 농민, 중소기업자 등이 사업의 개선 및 권익 옹호 등을 위하여 조직한 협력 단체"라고 정의되고 있다. 백과사전에서는 "경제적으로 약소한 처지에 있는 농민이나 중·소상공업자, 일반 소비대중들이 상부상조相扶相助의 정신으로 경제적 이익을 추구하기 위하여, 물자 등의 구매·생산·판매·소비 등의 일부 또는 전부를 협동으로 영위하는 조직단체"를 말한다.7) 일반적으로는 협동조합도 조합의 한 형태이므로 앞에서도 살펴 본 것처럼 2인 이상이 상호 출자하여 공동사업을 경영할 것을 목적으로 결합한 단체를 말한다.

협동조합은 사업을 하기 위한 조직이다. 다만 그 목적과 조직을 운영하는 방식이 일반적인 영리를 추구하는 사업조직과 다르다. 1844년에 설립된 영국의 로치데일공정선구자조합은 협동조합 역사상 최초의 성공적인 모델로 전해지고 있다. 이후 160여 년 동안 여러 가지 유형의 협동조합이 생겨나면서 협동조합에 대한 '정의'도 다양해졌다.

미국의 농무성은 "이용자가 소유하고, 이용자가 통제하며, 이용규모를 기준으로 이익을 배분하는 사업체"라고 협동조합을 간략하게 정의하고 있다. 협동조합은 "사업을 이용하려는 사람들이 출자하여 만든 사업체"란 의미이다. 협동조합은 사업체가 이익을 남겨 그 이익을 출자하는 사람들이 나누려는 것을 목적으로 하지 않고, 조합원들이 필요한 사업을 하기 위해 사업체를 만드는 것이다. 따라서 미국에서 협동조합의 원리를 분석할 때에는 원칙적으로 '원가경영'을 기본으로 하고 있다.

국제협동조합연맹의 정의는 좀 더 복잡하다. 15년 간의 긴 토론을 거쳐 1995년 100주년 기념 맨체스터 총회에서 선포된 "협동조합 정체성 선언"에서 협동

---

7) 네이버(Naver) 백과사전 참조.

조합이란 "공동으로 소유하고 민주적으로 운영되는 사업체를 통하여 공통의 경제적·사회적·문화적 필요와 욕구를 충족시키고자 하는 사람들이 자발적으로 결성한 자율적인 조직"이라고 정의하고 있다.

이 정의는 미국 농무성의 정의와 달리 협동조합의 1) 주체, 2) 목적, 3) 조직 성격, 4) 소유 및 운영방법, 5) 수단을 종합적으로 설명하고 있다. 즉, 1) 자발적으로 협동조합을 결성한 사람(조합원)들이 주체이며, 2) 공통의 경제적·사회적·문화적 필요와 열망을 이루기 위한 목적을 가지고, 3) 인적 결사체라는 조직 성격을 바탕으로 하기 때문에, 4) 공동으로 소유하고 민주적으로 운영하는데, 5) 앞의 목적을 달성하기 위해 필요한 사업을 하는 사업체가 '협동조합'이라는 것이다. 따라서 제대로 된 협동조합은 이상의 5가지를 모두 충족시켜야 하며, 하나라도 빠지면 협동조합의 정체성은 약해진다고 할 수 있다.

우리나라 협동조합기본법 제2조에서는 협동조합을 "재화 또는 용역의 구매·생산·판매·제공 등을 협동으로 운영함으로써 조합원의 권익을 향상하고 지역 사회에 공헌하고자 하는 사업조직"으로 정의하고 있다. 이하 협동조합 관련 규정을 종합해 보면, 협동조합은 공동의 목적을 가진 5인 이상의 구성원이 모여 조직한 사업체로서 금융 및 보험업을 제외하고는 그 사업의 종류에 원칙적으로 제한이 없다.

협동조합은 대기업의 경제적 압박이나 중간상인의 농간을 배제하는 것이 주된 목적인데, 조직·운영에는 다음과 같은 네 가지 원칙이 있다.

첫째, 사업의 목적이 영리에 있지 않고 경제적 약자 간의 상호부조에 있다. 둘째, 임의任意로 설립되며 조합원의 가입·탈퇴가 자유로워야 한다. 셋째, 조합원은 출자액出資額의 다소에 관계없이 1인 1표一人一票의 평등한 의결권議決權을 가진다. 넷째, 잉여금을 조합원에게 분배함에 있어서는 출자액의 다소에 의하지 않고 조합사업의 이용분량에 따라서 실시한다는 것 등이다.

협동조합의 특징은 자본구성체資本構成體가 아니고 인적 구성체人的構成體이기 때문에 진정한 민주적 운영을 의도하는 데 있다. 이는 영리를 목적으로 하는 것이 아니므로 조합의 운영은 실비주의를 원칙으로 한다.

그러나 현실적으로는 약간의 위험부담을 위한 비용이 가산되기 때문에 잉여금이 생긴다. 이것은 말하자면 실비의 과징過徵이었던 것이니까 조합사업의 이용분량에 안배하여, 쓰고 남은 비용을 조합원에게 반환하는 것인데, 이것이 형식적으로는 마치 잉여금 분배처럼 보이는 것에 불과하다.

(2) 협동조합의 유형

협동조합은 여러 방법에 의하여 분류할 수 있지만 일반적으로는 사업의 성격에 따라 크게 사업협동조합·신용협동조합·협동조합연합회·기업조합의 네 가지로 분류된다. 사업협동조합에는 산업별로 농업·수산업·축산업·상공업 등의 소규모 생산업자들에 의해 결성되는 농업협동조합·수산업협동조합·축산업협동조합·상업협동조합 등 또는 그에 관련되는 각종 협동조합이 있어 다음과 같은 사업의 일부 또는 전부를 영위한다.

① 생산·가공·판매·구매·보관·운송·검사 등의 공동시설, ② 조합원에 대한 자금대부와 조합원을 위한 자금의 차입, ③ 복리후생시설, ④ 경영·기술의 개선, 지식의 보급을 위한 교육과 정보의 제공, ⑤ 조합원의 경제적 지위를 개선하기 위한 단체협약의 체결, ⑥ 기타 이상의 사업에 부대되는 사업 등이다.

신용협동조합은 조합원을 위한 금융이 사업의 중심이 된다. 이상의 협동조합은 단위협동조합인데, 이 단위조합이 일정한 지역 등을 기반으로 연합체를 결성한 것이 협동조합연합회이다. 이 같은 연합체도 단위조합이 영위하는 각종 사업을 직접 영위할 수 있다.

기업조합企業組合은 협동조합의 이념을 보다 고차원적으로 구체화한 것이다. 기업조합 이외의 일반협동조합은 작은 생산업체들이 제각기 독립된 자기사업을 가지고 참여한 연합체로, 일종의 복합기업형태인 데 비하여 기업조합은 조합원의 3분의 2이상이 조합의 종업원이어야 하고 또 조합종업원의 2분의 1이상이 조합원이어야 한다.

이는 바로 조합원이 독립된 작은 생산자로서의 지위를 지양하고 하나로 뭉쳐진 독립사업체로서의 기업조합을 중심으로 결집結集하려는 것을 기본적으로 기도하는 것이라고 할 수 있다. 여기서 협동의 실효는 더욱 높아질 수 있는 가능성을 갖게 된다. 그러나 기업조합들이 실제로 이와 같은 기도를 꼭 실천하고 있다고는 할 수 없다.

관점을 바꾸어 협동조합을 기능별로 분류해 보면, 우선 생산조합과 소비조합으로 크게 나눌 수 있다. 이 중 소비조합은 생활협동조합이라고도 하는데 이는 조합원의 생활에 필요한 물자를 싼값으로 공동구입하는 것을 목적으로 한다. 이와 같은 협동조합운동은 산업혁명 이후 자본주의사회 형성기에 자본을 소유하지 못한 노동자들이 생활안정 및 경제적 편익을 도모할 목적으로 시작하였는데, 그 대표적 사례로 1844년 영국에서 28명의 로치데일의 광산노동자에 의하여 결성된 소비협동조합이다.[8] 이처럼 소비조합은 대체로 각 직장 중심으로 또는 지역을 기반으로 하여 결성된다. 대부분의 소비조합은 소매조합으로 구성되지만 간혹 여러 조합이 연합하여 도매조합을 결성하는 경우도 있다.

한편 생산조합은 다시 다음과 같이 분류할 수 있다. 첫째, 조합원의 생산물을 협동하여 판매하는 판매조합이 있는데, 이에는 단순히 출하·판매만을 하는 것과 간단한 가공을 하여 출하·판매하는 가공판매조합이 있다.

둘째 조합원의 사업에 필요한 물자를 협동하여 구입하기 위한 구매조합이 있다.

셋째 이용조합利用組合인데, 여기서 이용조합이란 조합원이 단독으로서는 갖추지 못하거나 단독사용이 비경제적인 시설을 공동으로 설치하여 공동으로 사용하는 것이다.

넷째 신용협동조합인데, 이는 조합원을 위한 금융사업만을 한다.

다섯째 조합원이 협동하여 생산활동을 하는 생산자조합生産者組合인데, 기업조합은 이 같은 생산자조합을 기도企圖하려는 것이라 볼 수 있다.

협동조합에는 단일기능만을 하는 단일조합이 있으며, 각종의 여러가지 기능, 즉 구매·판매·가공 등 복합적인 기능을 하는 것도 있다. 다시 말하면 협동의

---

8) 19세기 영국의 산업혁명을 필두로 자본주의는 발전하였고, 동시에 가장 먼저 발생한 사회적 약자는 노동자들이었다. 따라서 초기 협동조합운동이 산업혁명의 성공을 통해 자본주의가 가장 먼저 발전한 영국에서 노동자생활협동조합 즉, '소비조합' 중심으로 협동조합도 출발하게 되었다. 가장 근대적인 협동조합이라 불리는 곳은 영국의 '로치데일 공정선구자조합' 즉, '로치데일 협동조합'이다. 1844년 설립되었고, 28명의 방직공과 숙련공들이 모여 자율적이고 공정한 규율을 정하여 그들이 필요로 하는 음식을 사고파는 가게를 직접 경영하기 시작하였는데 이것이 최초의 성공한 협동조합이다.

범위·정도가 낮은 것은 단일협동의 정도에 머물러 있고, 정도가 높은 것은 다각적인 협동기능으로 발전하는데, 한국의 농업협동조합은 신용·구매·소비 등의 복합적이고 넓은 범위에서 기능하고 있다.

나. 협동조합과 민법·상법상 법인과의 비교

앞에서 살펴 본 것처럼 협동조합의 정의와 유형을 따를 때, 협동조합의 가장 큰 특징은 '이용자 소유회사'로서 '투자자 소유회사'인 영리회사와는 구별된다는 점이다. 협동조합도 독자적인 법인격이 있고, 그 조합원은 1인 1표의 의결권과 유한책임을 짐으로써 민법상의 조합과 상법상의 주식회사 등과 차별화된다고 볼 수 있다. 협동조합과 주식회사가 어떠한 차이가 있는지는 〈표 1-1-1〉 협동조합과 주식회사의 비교에서 보는 것과 같이 많은 차이를 보이고 있다.

(1) 상법상 유한회사와 비교

협동조합은 상법상의 유한회사有限會社와는 구별된다. 균등액의 출자로써(1좌 금액 5,000원 이상) 성립하는 자본을 가지고 사원의 전원이 자본에 대한 출자의무를 부담하는 데 그치고, 회사채무에 대하여는 아무런 책임을 지지 아니하는 회사를 말한다. 자본집중의 발전사상 자연적으로 성립한 제회사의 특질을 종합·선택하고, 특히 주식회사제도의 장점을 따서 1892년이 독일의 '유한책임회사법'에 의하여 제도적으로 창안된 것이다.

주식회사와 비교할 때, 규모가 작고, 자본의 전보책임, 지분양도제한 등 여러 가지 특수성이 있기는 하나, 사원이 유한책임을 진다는 점에서 본질적으로 같다. 즉 기본적으로 물적 회사로서의 요건을 갖추었다. 사원은 인적 회사의 경우와 같이 2인 이상이어야 하나, 사원의 총수는 50인을 초과하지 못하며, 회사의 자본총액은 1천만원 이상이어야 한다(상법 제545조·제546조). 사원은 출자액을 한도로 하는 간접·유한책임을 지는 점에서 주주의 책임과 같으나(상법 제553조), 특정한 경우에 자본에 대한 전보책임을 지는 점이 다르다(상법 제550조·제551조·제593조 제). 주식회사와 같이 사원과 기관이 분리되어 있고, 사원총회·이사·감사가 있으나, 업무집행기관이 이사회와 대표이사로 분화되지 않았고, 감사가 임의기관인 점이 다르다.

〈표 1-1-1〉 협동조합과 주식회사의 비교

구분	협동조합	주식회사
목적	조합원의 공동이익·복리 추구(경제·사회·문화적 이익) 인간중심적 목적	이윤 추구(경제적 이익) 자본중심적 목적
가치관	협의·협동	자유·경쟁
소유	조합원 공동소유	사적·법인소유
의결권	1인 1표(출자규모와 무관)	1주 1표(보유주식 수에 비례)
출자	출자금의 범위에 제한이 있음	주식투자금액에 대한 제한이 없음
배당	출자에 대한 이윤배당을 금리수준으로 제한(잉여금의 이용과 배당을 하는 경우도 있음)	주주총회에서 자유롭게 배당률 결정하며 이윤배당에 제한이 없음 (이용자에 대한 배당은 특별히 없음)
책임 범위	출자자산에 한정한 유한책임	대표의 무한책임
운영	조합원 중심의 민주적인 운영 (조합원 선거에 의한 임원진 선출 및 각종 운영사안에 대한 조합원의 일상적, 보편적 참여)	대표(대주주) 중심의 지배적 운영 주주와 경영의 분리 (대주주에 의한 경영진 선임 및 교체 가능)
수익 처분	이윤배당, 조합원 복지	주식배당, 사업확대
이용자	조합원 및 외부인 (출자자와 이용자는 원칙적으로 일치)	불특정 다수 예)고객 (출자자와 이용자가 특별히 일치하지 않음)
사업 규모	조합원 만족도에 한함	수익성 위주의 무제한적 팽창
가입 탈퇴	조합원은 가입/탈퇴가 자유로우나 가입자격은 제한 가능	주식 사는데 특별한 제한은 없으며, 주식보유하면 투자자자격을 갖춤
지역 사회 기여	조합원들의 활동공간 및 기반으로서, 자본의 내부순환이 활성화되고 지역경제가 살아남	고용창출 외 지역사회에 특별한 기여는 없으며, 특성상 지역사회는 돈벌이의 대상으로 인식됨

출처: 기획재정부, 협동조합기본법 설명자료.

유한회사는 그 폐쇄성으로 인하여 사원의 지분의 양도에는 사원총회의 특별결의를 요하며(상법 제556조), 지분의 증권화도 인정되지 않는다(상법 제555조). 사원의 출자의 목적이 재산출자에 한하는 점은 주식회사의 경우와 같으며, 출자의 이행도 대체로 같으나, 각 사원에게 자본충실의 연대책임을 지우는 경우가 있는 점은 다르다(상법조 제550·제551조). 자본은 정관에 기재하여야 하며(상법 제543조제2항 2호), 증자의 경우 사원을 공모하지 못하고(상법 제589조조 제2항), 사원에게 출자인수권이 인정되며(상법조 제588조), 자본조달의 기동성이 요구되지 않으므로 수권자본이 인정되지 않는다. 또 회사정리제도가 적용되지 않으며, 건설이자배당제도도 없으며(상법 제463조), 회사채를 발행할 수도 없다(상법 제469조조 이하).

유한회사는 주식회사에 비해 자본도 소규모이고 회사의 운영도 폐쇄적이다. 즉 물적 회사에 인적 회사의 요소를 가미한 중간형태의 회사이다. 독일에서는 소수의 대형회사들만이 주식회사 형태이고, 대부분의 중소기업은 유한회사 조직을 이용하나, 우리나라에서는 유한회사는 극소수이다(약 2%). 주식회사의 최저자본금은 5천만원이므로[9] 그 이하의 자본금으로서는 유한회사가 보다 활용될 것으로 전망된다.

(2) 상법상 유한책임회사

유한책임회사는 2011년 4월(2012년 4월 시행) 신설된 상법상의 회사로서 사원은 출자금액을 한도로 유한책임을 지는 반면, 조합적 요소가 가미되어 현행 유한회사에 비해 지분양도가 자유로운 등 사적 자치가 강화되어 있어 벤처기업 등 소규모기업 설립에 적합한 회사형태이다.

사원의 책임은 상법에 다른 규정이 있는 경우 외에는 그 출자금액을 한도로 제한되고, 유한책임회사에는 주식회사와 달리, 이사나 감사를 둘 필요가 없다는 데 가장 큰 차이가 있다. 주식회사는 정기적으로 이사회, 주주총회를 거쳐야 하지만 유한책임회사는 그럴 필요가 없다는 것이다. 그리고 사원 아닌 자를 업무

---

9) 2009년 4월 22일 국회 법제사법위원회(위원장 유선호)는 소규모회사의 설립을 원활히 하기 위하여 "소기업 및 소상공인 지원을 위한 특별조치법"에 주식회사 설립에 관한 특례 규정을 신설하여 자본금 5000만원 미만의 주식회사 설립이 가능하게 되었다. 이 규정에 의하면 최소자본금에 대한 제한이 없으므로 이론상으로는 1주의 최저금액인 100원 짜리의 주식회사의 설립도 가능하나 실무상으로는 일반적으로 1000만원 정도로 주식회사의 설립이 이루어지고 있다. 특별법에 의한 설립이라고 해도 주식회사의 권리의무나 기타 모든 법률관계에서 일반법인과 전혀 차이가 없다. 다만, 등기부등본상에 소기업 및 소상공인 지원을 위한 특별조치법의 특례에 의하여 설립되었음이 표기된다. 소기업의 설립을 위하여는 본점소재지의 관할 지방중소기업청에서 소기업확인서를 발급받아 등기신청서에 첨부하는 이외에는 모든 절차가 일반적인 설립절차와 동일하다.

집행자로 둘 수도 있고, 출자자가 경영에 참여할 수도 있다.

이는 조합적 요소에 유한책임을 가미한 회사형태로서 회사 내부관계는 합명회사에 관한 규정을 준용하도록 하여 사적 자치를 폭넓게 인정하고 있으며, 현행 유한회사에 비해 지분양도가 자유로운 점에서 사적 자치가 강화되었다는데 그 특징이 있다.[10)]

유한책임회사의 설립은 정관의 작성, 정관기재사항, 설립시 출자의 이행, 설립등기를 규정하고 있고, 1인 이상의 사원으로 설립이 가능하고, 설립등기를 하여야 효력이 있다. 노무 또는 신용을 제외한 금전 기타 재산으로 출자하되 전액출자를 이행하여 한다. 출자는 주식회사의 출자와 동일하며, 이는 구성원 전원의 유한책임이 인정되는 기업조직에서 채권자보호를 위해 규정하고 있다.

사원은 회사의 채권자에 대해 간접유한책임을 지되, 채권자 보호를 위해 회사에 대한 지분양도를 금지하고, 지분양도는 다른 사원의 동의를 요하나 완화하는 것도 가능하다.

회사의 운영은 업무의 집행, 사원의 감시권, 업무집행사원의 의무·경업금지·회사와의 거래제한, 대표자의 손해배상책임 등을 규정하고 있으며, 업무집행권과 회사대표권은 사원에 있지만 사원이 아닌 제3자에게도 부여하는 것은 가능하다.

회계분야에서도 회계서류의 작성·보존, 회계서류의 열람, 자본금의 감소와 채권자의 이의, 잉여금 분배 및 제한 등을 규정하고 있다.

(3) 상법상 익명조합과 비교

익명조합匿名組合이라 함은 익명조합원이 상대방의 영업을 위하여 출자하고 영업자가 그 영업으로 인한 이익을 분배할 것을 약정하는 계약을 말한다(상법 제78조). 익명조합은 조합관계가 대외적으로 드러나지 않는 점에서 통상의 조합과는 다르고 내적 조합관계와 유사하지만 내부관계에 있어서 공동사업이라는 것이 있을 수 없다는 점에서 내적 조합과도 법률적 성격을 달리한다.

익명조합의 목적은 자본가(익명조합원)과 유능한 경영자(영업자)가 합작하여

---

10) 개정된 상법 제287조의7 이하에서 규정하고 있는데, 2012. 4. 15.부터 시행하고 있다.

〈표 1-1-2〉 상법상 회사·민법상 사단법인·협동조합의 비교

구분	상 법					협동조합기본법		민 법
	주식회사	유한회사	유한책임회사	합명회사	합자회사	협 동 조 합		사단법인
						일반	사회적	
사업목적	이윤 극대화					조합원 실익증진		공 익
운영방식	1주 1표	1좌 1표	1인 1표			1인 1표		1인 1표
설립방식	신고제					신고(영리)	인가(비영리)	인가제
책임범위	유한책임			무한책임	무한책임+유한책임	유한책임		해당 없음
규모	대규모	주로 중·소규모				소규모 + 대규모		주로 소규모
성격	물적결합	물적·인적결합	물적·인적결합	인적결합	물적·인적결합	인적 결합		인적 결합
사업예	대기업집단	중소기업, 세무법인 등	(美)벤처, 컨설팅, 전문서비스업 등	법무법인 등	사모투자회사 등	일반경제활동분야	의료협동조합 등	학교, 병원, 자선단체, 종교단체등
	삼성전자(주) 등	세무법인 하나 등	(美)Dream Works Animation L.L.C	법무법인 율촌 등	미래에셋 PEF 등			
	〈 영 리 법 인 〉							〈 비 영 리 법 인 〉
〈 사 회 적 기 업 〉 (고용부 인증기업)								

출처: 기획재정부 보도자료(2012. 2. 8) "「협동조합기본법」 주요내용 및 후속과제"에서 인용.

기업을 형성하는 데에 있다.11) 대외관계에 있어서는 어느 주식회사의 지방출장소장으로 되어 있으나 대내적으로는 그 회사의 영업을 위하여 출자를 하고 그 영업에서 발생하는 이익의 분배를 받을 것을 약정한 사실이 인정될 수 있는 경우에는 특별한 사유가 없는 한 출자를 한 자와 회사와의 관계는 상법상의 익명조합관계에 있다고 할 것이다.12)

익명조합관계에 있는 영업에 대한 익명조합원이 상대방의 영업을 위하여 출자한 금전 기타의 재산은 상대방인 영업자의 재산으로 되는 것이므로(상법제79조) 영업자가 그 영업의 이익금을 함부로 자기 용도에 소비하였다 하여도 횡령죄가 될 수 없다.13)

---

11) 정찬형, 상법강의〈上〉, 제11판, 박영사, 249면.
12) 대법원 1957. 11. 18. 선고 4290민상616 판결.
13) 대법원 1971. 12. 28. 선고 71도2032 판결.

제 2 장 외국의 협동조합제도

1. 외국의 협동조합제도

18세기 산업혁명 이후 자본주의 초기 발전과정에서 자본주의 비정함(특히 아동노동과 관련된)을 보고 그 대안으로 무정부주의 사상가들이 등장을 했는데, 협동조합의 아버지라 불리는 로버트 오웬Robert Owen이 대표적이라 할 수 있다. 오웬은 1792년 스코틀랜드 뉴래너크 지역에 노동자를 중시하는 기업을 운영했고 새로운 기업모델로 세계적인 명성을 얻게 되었다. 영국 각계각층을 돌며 '협동조합 마을Villages of Co-operation'을 만들기도 했다.

이후 미국에 건너가 1826년 '뉴하모니 협동마을'도 만들었지만 처참하게 실패했고, 그의 후계자들이 오웬의 사상을 실천하여 1844년 로치데일에서 마침내 협동조합이 성공을 거두게 되었다.

선진국들의 협동조합이 태생한 이유를 살펴보면 협동조합의 취지를 더욱 쉽게 알 수 있다. 서구의 협동조합은 19세기에서 그 유래를 찾는다. 당시 산업혁명에 의해 막대한 자본을 소유하는 이른바 '재벌'이 탄생했다. 문제는 동시에 경제적 약자들도 생겨난 것이다. 이들 경제적 약자들은 '연대'라는 방식을 통해 스스로 시장 지배력을 키워 사회적 배제를 막기 위해 협동조합을 출범시키게 되었다.

20세기 후반에는 협동조합이 가진 또 다른 가치가 주목받게 되었다. 즉 산업사회에서 후기 산업사회로 옮겨가면서 사회 서비스업 같은 특정 경제 영역에서 협동조합 기업이 주식회사 기업보다 더 뛰어난 결과를 냈기 때문이다.

실제로 협동조합 기업들은 선진국, 특히 유럽 경제에서는 단순한 대안 차원에 머무르지 않는다. 유럽에서는 협동조합 은행들이 차지하는 비중이 전체 은행의 20%를 넘어서고 있다. 소매 업계에서는 소비자생활협동조합(생협)들이 선두 자리에서 빠지지 않으며 농축산 부문에서는 협동조합 기업들이 아예 독점적 지위를 누리기까지 하고 있다.

실제로 이탈리아에는 협동조합이 대략 4만 3천개나 있다. 소비자를 위한 생활협동조합이 있고 와인·과일·야채 등 품목별 협동조합이 있으며 무주택 수요자들이 만든 주택협동조합이 있다. 심지어 노숙자·실직자들의 자립과 재활을 도와주는 노숙자협동조합 등 다양한 형태의 사회적 협동조합들도 있다. 또한 스페인의 '몬드라곤'은 스페인 재계 10위권 기업으로 한국의 현대·기아차 그룹을 넘어서는 자산 규모를 가지고 있다.

가. 스위스의 소비자협동조합 '미그로'

2008년 세계 금융위기가 유럽을 휩쓸 때, 별다른 영향을 받지 않은 대표적인 두 기업이 있다. 스위스의 '미그로'와 네덜란드의 '라보뱅크'다.

커피, 설탕, 비누 등 생필품의 유통마진을 줄여 경쟁자보다 40% 저렴한 가격으로 파는 소비자협동조합을 말한다. 개인기업으로 시작하였으나, 현재는 스위스에 600개 매장을 둔 협동조합으로 성장하였으며, 스위스 인구 700만 중 200만명이 조합원이다.[1]

2010년 기준으로 직원이 8만 3천명에 이르고 총매출액이 약 32조원, 시장점유율이 20%에 이를 정도로 스위스의 국가경제에서 매우 큰 비중을 차지하고 있다.

'미그로'는 스위스 소매기업 1위 업체다. '미그로'는 스위스 사람들이 가장 존경하는 인물 중 하나인 코트리브 투트바일러가 1925년 취리히에서 사기업으로 설립했다가 1941년 개인소유였던 미그로 주식을 모두 협동조합 출자금으로 전환하였다. 스위스 국민에게 자신의 기업을 통째로 기부한 셈이다.

미그로는 더 많은 수익을 내기 위해 세계시장을 넘보지 않는다. 대신 은행이나 주유소, 여행, 레저에 이르기까지 스위스 안에서 조합원의 편익을 더할 수 있는 수많은 분야로 거미줄처럼 사업을 확대해 나간다. 그리고 사업마다 조합원과 그 지역사회에 철저히 뿌리내리는 전략으로 일관한다. '지역으로부터, 지역을 위해'라는 딱지를 붙인 농산물이 미그로의 정체성을 말해주고 있다.

---

1) http://www.danbinews.com/news/articleView.html?idxno=2846.

나. 스페인(바스크 지방)의 협동조합연합체 '몬드라곤'

'몬드라곤'은 1956년 스페인 바스크 지역 소도시 몬드라곤에서 5명의 공동 창업자가 세운 난로공장에서 출발한 협동조합 복합체로서 현재 세계 최고의 협동조합이다.

몬드라곤 협동조합은 생산자협동조합으로 금융, 제조, 유통업, 지식서비스 부문까지 스페인 내 3대 기업그룹으로서 공업협동조합 87개소, 신용·교육·연구개발 등 120개 협동조합의 복합체를 말한다. 현재 260개 회사, 총자산 53조원의 세계적 기업으로 성장하였으며, 고용인원 10만명, 매출액 24조원, 매출액 중 수출비율 58%로 스페인 경제의 견인차 역할을 담당하고 있다. 이렇게 성장한 배경과 요인으로는 1956년 창업 초기부터 아무리 어려워도 고통 분담을 통한 해고 없는 경영 원칙을 고수해온 게 가장 많이 애기된다. 감축 및 일시적 실업이 있더라도 기업 정상화 뒤 다시 일터로 복귀시켰으며 휴직 상태라도 월급의 80%를 지급하였다. 2008년 글로벌 금융 위기 때도 해고 없는 성장을 지속하면서 전 세계의 주목을 받았다.

다. 스페인(바르셀로나)의 축구협동조합 'FC 바르셀로나'

축구를 좋아하는 사람은 누구나 알고 있는 명문 구단 'FC 바르셀로나'도 축구 클럽으로 협동조합이다. 이는 축구팬에 의해 소유되고 축구팬에 의해 통제되는 클럽이라고 말할 수 있다. 우선 FC 바로셀로나의 주인은 특정 기업이 아니라 조합원 전체인데, 연간 27만원 정도의 조합비를 내면 누구나 조합원으로 가입할 수 있다. 2010년 현재 조합원은 약 17만 5천명이며, 이중 3만명은 스페인 국외 거주자이다. 17만 5천명의 조합원(축구팬)이 주인이고, 6년 임기의 구단 회장도 17만 5천명의 조합원이 직접 선거로 뽑는다. 선수들이 행정 및 관리 업무도 직접 수행하고 있다.

이에 따라, 대기업 총수가 구단주를 임명하는 우리나라와 달리, FC 바로셀로나는 조합원이 6년마다 투표를 통해 구단주 격인 회장을 직접 선출한다. 현 회장인 산드로 로셀은 2010년 역대 최고 득표율인 61.35%로 선출되었다. 전임 회장 호안 라포르타의 경우는, 임기 중 불신임안이 투표에 부쳐지기도 했다. 당시 해임 찬성률이 60%까지 나왔으나, 해임이 가결되는 찬성률인 66%에 못미쳐, 회장 임기를 유지할 수 있었다고 한다.[2]

1,600개 이상의 팬클럽을 보유하고 있으며, 최근 문화적, 자선적 단체도 설립하였다. 4년마다 단장을 선출하고 단장은 1회 연임이 가능하며 회원들의 정당한 대우를 위하여 옴부즈맨 제도도 실시하고 있다.

라. 네덜란드의 금융협동조합 '라보뱅크(Rabobank)'

네덜란드 협동조합 은행 '라보뱅크'는 114년 전인 1898년 라이파이젠Raiffeisen 은행과 보에렌린Boerenleen은행이 합병하면서 앞의 두 글자를 합쳐 라보RABO로 탄생했다. 은행, 보험, 연금 등 각종 금융서비스를 제공하며, 2011년 기준으로 전 세계 고객 수는 1,000만명, 조합원 수는 180만명이고, 지역 라보은행은 141 개, 해외조직은 48개국에서 682개 사무소를 운영하고 있다. 초기에는 무한책임이었으나, 유한책임으로 전환되었다. 조합원이 무급 이사회를 선출하며 관리 코스트가 낮은 점이 특징이다.

'라보뱅크'는 세계에서 가장 안전한 은행 중 하나로 꼽힌다. 글로벌 파이낸스지는 2010년에 발표한 '세계에서 가장 안전한 50대 은행'에서 라보뱅크를 6위에 올려놓았다. 2008년 글로벌 금융위기로 미국과 유럽의 일반 상업은행들은 타격을 입거나 무너졌지만, 라보뱅크는 전혀 영향을 받지 않았다. 오히려 안전자산을 선호하는 자금들이 몰려 자산이 크게 불어났다. 예금자산이 20%나 늘어났으며, 자국 내 대출시장 점유율도 사상 최고인 42%까지 올라갔다. 세계적 신용평가사 S&P는 라보뱅크에 대해 가장 높은 신용등급인 'AAA'를 매겼다.

네덜란드의 '라보뱅크'가 추구하는 목표는 '가능한 한 작게, 가능한 한 많은 이들이 이용하는 것'이다. '라보뱅크'는 141개 지역 은행을 둔 금융기업이다. 네덜란드 농업 금융의 84%, 저축의 41%, 주택담보대출의 30%, 중소기업 분야 금융의 38%를 차지한다. 전국 각지 라보뱅크는 100년 전부터 지역사회의 농민과 깊은 유대관계를 맺어왔다. 지역 농민을 속속들이 알았고, 신뢰를 기반으로 거

---

2) 박범용, 앗! 이것도 협동조합, 사단법인 협동조합연구소, 2012, 1, 7-9면.

래했다.

라보뱅크는 자신들을 141명의 어머니(지역 라보뱅크)와 1명의 딸(중앙 라보뱅크)이라고 비유한다. 중앙회가 장악한 우리나라 농협의 경영 구조와 사뭇 다르다. 각 지역의 라보뱅크들은 독립적으로 관리·운영되며 조합원들이 이사회를 구성한다. 이사들은 무급으로 활동한다. 중앙 라보뱅크는 지역의 라보뱅크들이 선출한 중앙대표회의와 경영자문회의의 통제를 받는다. 중앙과 지역의 건강한 견제와 책임, 신뢰를 기반으로 한 라보뱅크는 세계에서 가장 안전한 은행 평가에서 3~6위 사이를 오르내린다.

마. 미국(캘리포니아, 애리조나)의 오렌지생산협동조합 '썬키스트'

'선키스트'는 118년 역사를 자랑하는 미국의 대표적 협동조합 기업이다. 캘리포니아에서 감귤을 재배하기 시작한 때는 1840년이지만, 오늘날 우리에게 익숙한 네이블 오렌지는 1870년부터 재배되었다. 1877년 미국 대륙횡단 철도의 개통은 캘리포니아에 국한된 감귤 소비를 미국 전역으로 확대시켰다. 당연히 감귤산업은 크게 성장했지만, 감귤 재배농가들은 도매상들의 횡포에 고통을 당해야 했다. 도매상들은 판매된 감귤에 대해서만 대금을 지불했고, 모든 리스크는 감귤 재배농가들이 짊어져야 했다. 그럼에도 불구하고 이익의 대부분은 도매상들이 가로채 감으로써, 감귤 재배농가들은 적자를 면치 못하였다. 결국 1893년 몇몇 감귤 재배농가들이 '남부 캘리포니아 과일거래소'를 만들어 판매와 유통을 직접 수행하였다. 1905년에는 조합원이 5,000농가로 늘었는데, 이는 캘리포니아 감귤산업의 45%를 차지하는 것이었다. 이 거래소가 오늘날 썬키스트협동조합으로 발전하게 된 것이다. 썬키스트란 1908년부터 거래소에서 판매되는 고품질의 오렌지에만 붙인 이름이었는데, 이를 계기로 썬키스트는 최고급 오렌지의 대명사가 되었다.[3]

캘리포니아와 애리조나의 6000여 감귤 생산농가가 힘을 합쳐, 혼자서는 할 수 없는 일을 세계적 경쟁 시장에서 해낸다. 6천여명의 오렌지 농민과 8개 협동조합이 중간상인의 독과점 횡포에 대응하기 위해 출범한 판매 협동조합 연합회

---

3) 박범용, 앞의 책, 4-6면.

이다. 출하량에 비례하여 의결권을 차등화하는 비례투표제를 채택하고 있는 점이 특징이다. 자기자본은 6천9백만 달러(2004년)이며, 조합원의 직접출자는 5.8%에 불과하고 대부분이 내부유보에 의한 공동자본이다.

바. 덴마크(코펜하겐)의 풍력발전협동조합 '미들그룬덴'

덴마크 코펜하겐 동쪽 앞바다로 5km가량 달려 나가면 거대한 풍력 발전기 20대가 줄지어 하늘을 가른다. 전력회사와 협동조합이 함께 협동조합을 만들고 풍력단지를 만들어서 전력을 생산하고 있다. 이 풍력발전기의 주인은 '미델그룬덴 발전협동조합'이다.[4] 발전소 설립 자금을 출자한 8600명 코펜하겐 시민 조합원이 풍력발전소를 건설하였다. 조합원들은 1년에 한 번씩 풍력발전 내부를 돌아볼 수 있고 출자금사용을 보고받는다. 이사회를 구성하는 7명의 이사는 무보수로 일하고 있어서 일종의 자원봉사의 성격을 가진다. 덴마크 에너지 사업의 협동조합 소유 방식은 유럽에서도 성공 모델로 평가된다. 협동조합 방식을 이용해 국가 공공정책의 계획 단계에서부터 주민들의 의사를 수렴하고 반영했다는 점에서 높은 평가를 받는다.

덴마크 풍력발전기는 대개 바다 한가운데 있다. 관리와 비용상 어려움이 있는데도 풍력발전기를 바다 가운데 짓는 이유 중의 하나가 바로 발전기 소음 때문에 벌어지는 님비현상 때문이다. 이 지역에서 풍력발전기를 세우려 할 때도 처음에는 주민의 거센 반발에 부딪혔다. 이런 반발에 중재자로 나서 해결한 것이 지역 주민을 중심으로 이뤄진 협동조합이다. 조합원인 주민은 환경보호에 기여하면서 돈도 벌 수 있으니 좋고, 국가에서는 별다른 반발 없이 발전 시설을 유치할 수 있었다. 협동조합을 통해 정부와 국민이 상하관계가 되는 게 아니라 국민이 나라의 주인이 되고, 상생할 수 있는 방안이다.

사. 미국의 언론협동조합 'AP통신사'

세계적으로 유명한 미국의 AP통신사는 언론 협동조합이다. 이 조합이 출현한 배경은 1848년, 뉴욕의 6개 신문사가 입항 선박으로부터 유럽의 뉴스를 공동

---

4) http://www.danbinews.com/news/articleView.html?idxno=2846.

으로 취재하기 위해 결성한 항구뉴스협회Harbor News Association가 기원이다. 1840
년대 당시 미국 신문사들은 유럽에서 온 배가 항구에 도착하면 기자들을 경쟁
적으로 그 배에 올려 보내 유럽의 소식을 취재했다고 한다. 그러나 신문사들은
자신들이 결국 똑같은 정보를 얻기 위해 이중, 삼중으로 비용을 지불하고 있다
는 사실을 깨닫고, 하나의 회사를 만들어 공동으로 사용하는 게 더 효율적이라
고 생각하게 된 것이다.

1957년 뉴욕AP로 개편하였고, 1967년 미국 최대의 경제통신사인 다우 존스
와 제휴하여 국제경제통신 AP-DJ를 창립하고 경제기사를 세계 각국에 제공하
였다. 1992년 웨스턴AP·서던AP·뉴잉글랜드AP 등과 합쳐 현재의 AP로 재
발족하게 된 것이다.

현재 주요 활동내용은 뉴스 취재망·서비스망을 통해 전 세계 121개국에 문
자뉴스, 사진뉴스, 그래픽뉴스, 오디오뉴스, 비디오뉴스 등을 제공하고 있는데,
AP통신의 주인은 바로 미국 내 1400여 개의 개별 언론사이다. 각 언론사들은
발행 부수에 따라 경비를 분담하며 자신을 대표할 이사회를 구성하여 운영하고
있으며, 소유가 분산됨으로써 일부 언론에 의한 편향된 보도를 방지하고 있다.

아. 미국의 포도농가협동조합이 소유한 '주식회사 웰치스'

감리교 신자인 토머스 웰치 박사가 개발한 브랜드인 '웰치스'는 미국의 1,200
여개 포도 재배 농가들의 협동조합인 전미포도협동조합연합회가 지배권을 가진
협동조합 소유의 주식회사이다. 웰치스는 전미포도협동조합연합회의 가공판매
조직이다.

협동조합의 지배권을 유지하면서도 주식회사의 장점을 취해 시장에 응할 수
있다는 것이 웰치스의 강점이라고 할 수 있다. 주식회사의 형태는 협동조합에
비해 대규모 자금 조달 및 신속한 시장 대응에 유리하다는 측면이 있다. 웰치스
의 사례는 '협동조합이냐, 주식회사냐'라는 이분법적 사고를 넘어 협동조합의
목적을 위해 주식회사를 활용할 수 있는 가능성을 보여주고 있다는 데 시사점
이 있다.

자. 핀란드의 실버요양협동조합 '로푸키리'

2006년 은퇴한 할머니 10여 명이 모여서 설립한 실버요양협동조합인 '로푸키리'는 우리말로 '마지막 전력질주'라는 뜻이다. 즉, 서로 도와가며 외롭지 않게 인생을 살아보자는 취지라는 것이다. 실버 공동체를 위해 시청에서 저렴한 가격에 부지를 제공하였다.[5]

평균 나이 70세 가량의 58가구 69명의 주민이 모여서 살고 있는데, 입주금을 시가보다 저렴하게 제공하고 있으며, 식사·청소·빨래 등 생활에 필요한 모든 일을 조합원들끼리 협동해서 해결하고 있다. 나아가 15개 동아리 활동 및 재능나눔 실천을 통해 삶의 활력을 찾고 있으며, 가사 분담이라는 실질적 목적 외에 이웃의 온기와 활력이 있다는 점이 로푸키리의 장점이라고 할 수 있다.

차. 뉴질랜드의 키위생산협동조합 '제스프리'

뉴질랜드를 대표하는 키위 브랜드인 '제스프리'도 협동조합이 가지고 있는 판매브랜드이다.[6] '제스프리'는 1970년 이후 1990년대 후반까지 키위 농가들이 줄파산하는 홍역까지 치른 끝에 어렵게 세상에 이름을 낸 고난의 산물이다. 수출업체가 난립하면서 끝없는 가격 인하 경쟁이 벌어졌고, 결국 품질 악화와 농가 소득 하락의 만성적인 악순환으로 이어졌다.

적자생존식 무한 경쟁의 막다른 골목까지 몰린 키위 농가들이 선택한 대안이 협동조합이었다. 제스프리 브랜드 하나로 수출을 통일하자는 합의를 마침내 이뤄냈다. 키위농가들이 100% 소유한 제스프리 브랜드가 아니면 누구도 뉴질랜드 키위를 수출할 수 없도록 아예 법으로 못 박아 두었다.

---

5) http://samsunglifeblogs.com.
6) http://www.danbinews.com/news/articleView.html?idxno=2846.

2. 국제기구의 협동조합법 제정운동

가. 국제연합(UN)의 협동조합 관련 법과 행정의 개편 요구[7]

UN은 협동조합이 사회발전에 기여하는 측면에 주목하면서, 지속적으로 총회에서 협동조합과 관련한 결의문을 채택하고 있다. 지금까지 협동조합과 관련된 UN의 결의문은 9차례에 걸쳐 제시되고 있는데, 이 중 법제도 개편을 주장하기 시작한 2001년 결의문과 '세계협동조합의 해'를 선포한 2009년 결의문이 중요한 의미를 지니고 있다.

UN의 협동조합에 관한 결의문은 1992년 47차 총회의 90호 결의문부터 시작하여 1994년 49차 총회의 155호 결의문, 1996년 51차 총회의 58호 결의문, 1999년 54차 총회의 123호 결의문, 2001년 56차 총회의 114호 결의문, 2003년 58차 총회의 131호 결의문, 2005년 60차 총회의 132호 결의문, 2007년 62차 총회의 128호 결의문과 2009년 64차 총회의 136호 결의문이 사회발전에 있어서 협동조합의 역할이라는 주제에 관해 채택되었다.

2001년 채택된 114호 결의문에는 "정부가 협동조합의 목표를 달성하도록 돕기 위해, 협동조합의 잠재력을 보호육성하고 우호적인 환경을 보장해 준다는 관점에서, 협동조합활동을 규정하는 법과 행정적 제도를 적절하게 정비하도록 권장한다."고 적시되어 있다.[8]

2009년 136호 결의문에서도 2001년 결의문과 거의 비슷한 문구로 협동조합 관련 법제도의 정비를 다음과 같이 권고하고 있다.

"급변하는 사회경제적 환경협동조합, 협동조합과 관련되어 있는 사업체와 사회적 기업들이 적정한 수준에서 활동할 수 있도록 공간을 만들어 주고 있다. 이런 상

---

7) (사)한국협동조합연구소, 「'협동조합기본법'제정에 대한 연구」, 2010년도 국회사무처 법제실 연구용역보고서, 2010. 10. 24-25면.

8) UN(a), "Resolution 56/114. Cooperatives in social development", 2001.P.2 "Encourages Governments to keep under review, as appropriate, the legal and administrative provisions governing the activities of cooperatives, with a view to ensuring a supportive environment for them and to protecting and advancing the potential of cooperatives to help them to achieve their goals."

황에서 협동조합의 발전과 지속성을 촉진하기 위해 협동조합활동을 규정하는 법과 행정제도들을 적절하게 정비하도록 권장한다. 법과 행정제도의 정비에는 금융서비스와 시장에 대한 접근과 적정한 조세우대를 포함해야 한다."9)

이와 같이 UN은 지속적으로 협동조합의 법과 행정규정의 정비를 촉구해 왔다. 국제기구 중 가장 크고 대표적인 UN의 권고에 대해 우리나라의 공식적인 답변과 그에 맞는 정비노력이 없었다는 반성과 함께 2011년 「협동조합기본법」의 제정으로 뒤늦게 UN의 권고에 화답하는 것으로 볼 수 있게 되었다.

나. 국제노동기구(ILO)의 협동조합 관련법의 개편요구10)

국제노동기구International Labor Organization; ILO11)는 180여국가가 가입하고 있는 국제적인 노동전문기구이다. ILO는 고용과 취업, 노동자의 권익뿐만 아니라 사회적 차원에서 노동의 환경과 여건, 제도를 종합적으로 검토하고 지속적으로 회원국에 입장을 전달하고 있다.

ILO가 협동조합과 관련하여 제출한 문건은 다수가 있지만, 특히 중요한 것은 2002년에 제출한 권고안 제193호 "협동조합 활성화를 위한 권고Promotion of Cooperatives Recommendation"와 "협동조합법 제정을 위한 가이드라인Guidelines for Cooperative Legislation"12)이다.

법제정을 위한 가이드라인은 협동조합관련법을 제정하거나 개정하기 위해

---

9) UN(b), "Resolution 64/136. Cooperatives in social development", 2009.P.2 "Encourages Governments to keep under review, as appropriate, the legal and administrative provisions governing the activities of cooperatives in order to enhance the growth and sustainability of cooperatives in a rapidly changing socio-economic environment by, inter alia, providing a level playing field for cooperatives vis-à-vis other business and social enterprises, including appropriate tax incentives and access to financial services and markets."

10) (사)한국협동조합연구소, 앞의 용역보고서, 25-26면.

11) ILO는 1919년 노동자의 노동조건 개선 및 지위 향상을 위해 설치한 국제연합(UN)의 전문기구로서 스위스 제네바에 본부를 두고 있다. 다른 국제기구의 경우에는 대부분 정부가 회원국 대표인데 반해 사용자·노동자·정부 대표가 이사회에 속해 있으며, 회원국 수는 2009년 10월 기준으로 183개국이다. 주요활동으로 사회정책과 행정·인력자원 훈련 및 활용에 대한 기술지원, 노동 통계자료 수집, 고용·노사관계 연구 등을 하고 있으며, 협동조합 관련으로는 '일자리 창출과 기업 발전(Job Creation and Enterprise Development)' 차원에서 협동조합을 지원하고 있으며, 고용(Employment) 분과 내 협동조합을 관장하는 조직(협동조합국)이 존재하고 있다.

12) 이 가이드라인은 1판이 1998년에 발표되었고, 개정판이 2005년 동일한 이름으로 발표되었다.

취해야할 입장을 체계적으로 정리한 것이며, 권고안 제193호는 각국이 법체계를 정비해 줄 것을 강력하게 권고하는 내용이다.

권고안 제193호는 "3. 협동조합의 활성화를 위한 공공정책의 구현"이라는 장에서 제10항 제1호로 협동조합법의 제·개정을 권고하고 있다. 이 항목은 "회원국들은 3단락에 규정된 협동조합의 가치와 원칙에 따라 협동조합에 관한 특별한 법률과 행정적 조치를 채택해야 한다. 또한 적절할 때 이런 법과 제도를 수정해야 한다."13)라고 되어 있다.

ILO의 권고는 180여개 회원국에 영향을 주어 이 보고서에서 제시하는 협동조합법 정비와 개정을 여러 나라에서 이끌어내고 있으며, 특히 국내법의 틀을 넘어서 서유럽이나 미주기구, 서아프리카연합 등 지역경제기구들의 표준협동조합법을 제정하는 활동들의 근거가 되고 있다.

우리나라는 이런 대표적인 국제기구조직들의 협동조합법 제·개정에 대한 권고에 대해 답해야 하며, 이는 국가의 품격을 올리는 기본적인 요소이기도하다.

다. 국제협동조합연맹(ICA)14)의 협동조합법제의 개편요구15)

국제협동조합연맹International Cooperative Alliance; ICA이라는 국제적인 조직이 결성되기까지는 상당한 기간이 소요되었다. 1884년 프랑스와 영국의 협동조합운

---

13) ILO, "R193 Promotion of Cooperatives Recommendation", 2002. P.5 "Member States should adopt specific legislation and regulations on cooperatives, which are guided by the cooperative values and principles set out in Paragraph 3, and revise such legislation and regulations when appropriate."

14) 국제협동조합연맹(ICA)은 1895년 협동조합 사업 보급 및 조합원의 이익 증진을 위해 설립된 국제적인 협동조합 연합체로서 본부를 스위스 제네바에 두고 있다. 국제연합(UN)의 각종 회의와 경제사회이사회 및 전문기관에 참가할 권리를 가지고 있는 UN 산하기구이다. 2011년 7월 기준으로 93개국, 236개 단체, 8억여명의 조합원을 보유하고 있다. 주요활동으로 협동조합 원리와 방법 연구·보급, 협동조합사업 보급, 협동조합운동 및 소비자 이익을 위한 활동 등을 하고 있으며, UN 결의문(Resolution 64/136, 2009) 형태로 협동조합법 제정을 위한 가이드라인(Guidelines for Cooperative Legislation) 등을 채택하였다. 조직으로 총회(2년마다 개최), 지역총회(총회와 엇갈려 2년마다 개최), 위원회, 감사규제위원회 등이 있으며, 특수기구로 국제농업협동조합, 국제은행협동조합, 국제소비자협동조합, 국제에너지협동조합, 국제상호보험협동연합 등이 있고, 특별위원회로 통신위원회, 세계HRD위원회, 협동조합조사위원회, 세계여성위원회 등이 있다.

15) (사)한국협동조합연구소, 앞의 용역보고서, 26-27면.

동가들이 국제적인 협동조합의 교류를 제안한 후 11년 만인 1895년 런던에서 국제협동조합연맹ICA 1차 대회가 열렸다. 이 11년의 기간은 각 나라의 협동조합들이 유사한 원리를 가졌다고 서로 합의하는 데 소요되었다. 이런 낮은 수준의 합의를 바탕으로 국제협동조합연맹은 다양한 형태의 협동조합을 포괄하여 설립하되 협동조합 원칙에 대해 지속적으로 토론하기로 하였다. 하지만 협동조합 원칙을 합의하는 데에도 이후 40여 년의 기간이 걸렸다. 이렇게 오랜 시간이 걸린 이유는 다양한 협동조합의 경험에서 나타난 의견차이를 좁혀야 했기 때문이다. 주된 논점은 이용액 배당의 의미, 정치, 종교적 중립에 대한 입장 등이었는데 많은 토론 끝에 단일한 원칙을 합의하게 된다. 설립 40년 만인 1937년 프랑스 파리대회에서 7대원칙을 정했고, 이후 1966년 오스트리아 빈에서 수정원칙을 제정했으며, 협동조합의 위기를 극복하기 위한 노력으로 1995년 영국 맨체스터에서 개최된 100주년 행사에서 현재의 원칙을 담은 "협동조합 정체성 선언"을 발표했다. 현재 국제협동조합연맹은 96개국 267개 회원 단체가 가입하고 조합원 수는 10억명에 달하는 UN산하 최대 비정부기구로서, 소비자, 농업, 주택, 신용, 노동자생산, 어업협동조합 등 모든 협동조합유형을 포괄하고 있다.[16]

국제협동조합연맹에서 규정하는 협동조합이란, "공동으로 소유하고 민주적으로 운영되는 사업체를 통해 공동의 경제적·사회적·문화적 필요와 욕구를 충족시키기 위해 자발적으로 모인 사람들의 자율적 단체"[17]로 정의하고 있다.

기구의 특성상 협동조합법제도의 정비에 대해 어느 기관보다 실질적이고 적극적인 노력을 하고 있다. 실제 UN과 ILO의 협동조합법 관련 권고도 ICA의 적극적인 활동에 힘입은 바 크다.

ICA는 최근 독자적인 개편요구를 하는 것보다 구체적인 당사자들의 선언과 결의가 이뤄질 수 있도록 지원하고 있는데, 가장 최근에는 노동자협동조합의 선언을 총회에서 결의하면서 각국의 제도정비를 촉구하고 있다.

ICA의 하부조직으로 노동자협동조합의 육성을 담당하고 있는 CICOPA[18]는

---

16) 기획재정부, 「협동조합 설립운영 안내서: 아름다운 협동조합 만들기」, 2013. 1, 28-29면.

17) An autonomous association of persons united voluntarily to meet their common economic, social and cultural needs and aspirations, through a jointly owned and democratically controlled enterprise.

2004년 집행위원회에서 '협동적 노동자소유에 대한 선언World Declaration on Cooperative Worker Ownership'을 채택하였다. 이 선언은 노동자협동조합의 육성과 노동자협동조합의 원칙 등을 세계적 수준에서 정립한 것으로서, 앞으로 노동자협동조합의 발전에 가이드라인으로 제시되어 왔고 향후에도 계속하여 노동자협동조합의 발전에 중요한 지침이 되리라고 본다.

이 선언의 내용 중 "Ⅳ. 국가, 지역, 정부간 기구와의 관계" 장에서 협동조합, 특히 노동자협동조합을 육성하기 위한 법제도의 정비를 권고하고 있는데, 아래와 같다.

> "정부는 노동자협동조합을 차별해서는 안 되며, 실업과 사회양극화와 같이 배제적인 세계화와 개발의 결과로 나타난 주요한 문제들에 맞서기 위하여, 정부정책과 프로그램에 노동자협동조합 유형의 기업들을 활성화시키고 발전시키는 것을 포함시켜야 한다. 협동적 노동자소유가 실질적인 선택지가 될 수 있도록, 국가는 이러한 유형의 협동조합이 갖는 특별한 법적 성격을 인정해야 한다. 특별히 국가는 아래의 사항들을 해야 한다.
>
> 입법을 통해, 협동적 노동자소유가 임금노동, 자영업, 독립노동과는 달리 노동과 산업관계에 의해 규정됨을 인정하고, 이에 조응하는 규범과 제도를 적용할 수 있도록 해야 한다. 노동자협동조합의 발전을 가능하게 하고 활성화시키는 재정 체계와 자율적인 경영을 규정하는 특별한 법적 규정을 마련해야 한다. 국가로부터 적절한 대우를 받기 위해서, 협동조합들은 등록되거나 감독되어야 한다.[19]"

ICA가 규정하는 협동조합의 개념과 협동조합이 추구하는 기본적인 가치, 나아가 협동조합의 운영원칙은 매우 중요한 의미를 가진다. 이러한 개념, 가치 및 운영원칙은 1995년 ICA가 선언한 것이다.

ICA는 협동조합의 개념을 "공동으로 소유되고 민주적으로 운영되는 사업을 통하여 경제적·사회적·문화적 욕구와 기대를 충족시키기 위해 자발적으로 결합한 사람들의 자율적 조직"이라고 규정하고 있다. 따라서 조합원은 출자, 이용, 운영의 주체이다.

---

18) 이는 "International Organization of Industrial, Artisanal and Service Producers' Cooperatives"의 약어이다.

19) CICOPA, 「협동적 노동자소유에 대한 세계선언」, 한글번역본, 2005, pp.10-11.

또한 ICA는 협동조합이 추구하는 기본적인 가치로 여섯 가지를 들고 있는데, ① 자조self-help, ② 자기책임self-responsibility, ③ 민주주의democracy, ④ 평등equality, ⑤ 공정equity, 그리고 ⑥ 연대solidarity이다.

나아가 협동조합이 추구하여야 할 윤리적 가치로는 네 가지를 들고 있는데, ① 정직honesty, ② 공개openness, ③ 사회적 책임social responsibility, 그리고 ④ 타인에 대한 배려caring for others이다.

ICA는 협동조합의 운영원칙으로 7대 원칙[20]을 제시하고 있는데, ① 자발적이고 개방적인 조합원제도Voluntary and Open Membership, ② 조합원에 의한 민주적 관리Democratic Member Control, ③ 조합원의 경제적 참여Member Economic Participation, ④ 자율과 독립Autonomy and Independence, ⑤ 교육, 훈련 및 정보제공Education, Training and Information, ⑥ 협동조합간의 협동Co-operation Among Co-operatives, ⑦ 지역사회에 대한 기여Concern for Community를 들고 있다.

---

[20] 협동조합 단체들의 국제기구로 볼 수 있는 ICA(International Cooperative Alliance, http:// 2012.coop/welcome)는 1995년 100주년 총회에서 협동조합의 본질에 관한 의미있는 선언을 하였다. "협동조합 정체성에 대한 선언(Statement on the Cooperative Identity)"이라 불리는 이 선언문은 최초의 협동조합이었던 영국의 로치데일 협동조합(1844년)의 원칙인 (1) 1인 1표 의결권, (2) 조합원의 출자에 의한 자금 조달, (3) 출자금에 대한 이자율 제한 등을 체계적·현실적으로 반영하여 협동조합에 대한 7대 원칙을 발표하게 되었다. ICA 7대 원칙은 전 세계적으로 협동조합의 원칙과 가치를 가장 잘 설명한 내용으로서 각 국가별로 문화와 환경은 다르지만 모든 나라가 협동조합의 핵심가치로 공유하고 인정하는 내용이다.

제 3 장   우리나라 협동조합기본법의 이해

1. 법제정의 필요성, 법의 성격 및 기대효과

가. 법제정의 필요성

협동조합이 전 세계적으로 부각된 이유는 '윤리경영' 및 '상생번영' 등 포용적인 새로운 경제사회 발전의 대안모델(자본주의 4.0 등)로 주목을 받게 되었다는데 있다. 특히 2008년에 닥쳐온 글로벌 금융위기 때에 협동조합은 구조조정의 최소화, 빠른 경영정상화 등으로 경제안정에 크게 기여했다고 평가받고 있다. 나아가 취약계층에 새로운 일자리를 제공하여 서민·지역경제의 활성화와 공생발전에도 도움이 되었다는 점이다.

우리 「대한민국 헌법」은 제123조 제5항에서 "국가는 농·어민과 중소기업의 자조조직을 육성하여야 하며, 그 자율적 활동과 발전을 보장한다."라고 규정하여 농어민과 중소기업의 자조조직을 육성하고, 그 자율적 활동과 발전을 도모하도록 국가의 책무를 선언하고 있다.

또한 「독점규제 및 공정거래에 관한 법률」[1]에서는 협동조합의 성격을 가진 조합에 대해 법률적용 배제의 특례를 두고 있는데, 이는 협동조합의 법적 성격을 이해하는 법원法源으로 작용할 수 있는 사례라고 볼 수 있다.

그러나 협동조합에 있어서 국내 현황을 살펴보면 이미 다양한 협동조합들이

---

[1] 「독점규제 및 공정거래에 관한 법률」 제60조(일정한 조합의 행위) 이 법의 규정은 다음 각 호의 요건을 갖추어 설립된 조합(조합의 연합회를 포함한다)의 행위에 대하여는 이를 적용하지 아니한다. 다만, 불공정거래행위 또는 부당하게 경쟁을 제한하여 가격을 인상하게 되는 경우에는 그러하지 아니하다.
  1. 소규모의 사업자 또는 소비자의 상호부조를 목적으로 할 것
  2. 임의로 설립되고, 조합원이 임의로 가입 또는 탈퇴할 수 있을 것
  3. 각 조합원이 평등한 의결권을 가질 것
  4. 조합원에 대하여 이익배분을 행하는 경우에는 그 한도가 정관에 정하여져 있을 것

있다. 다만 협동조합에 관한 일반법이 부재하여 8개의 개별법(농협, 수협, 새마을 금고, 신협, 중기협 등)에 따른 협동조합이 설립되어 있어서 설립 분야가 매우 제한적이라는 문제가 있었다.

이제 「협동조합기본법」(이하에서는 모두 '동법'이라고 표현한다)이 제정·시행됨으로써 이미 활동중인 8개의 개별 협동조합법과 「협동조합기본법」과의 관계는 어떻게 되는가 하는 의문이 있다. 앞으로 「협동조합기본법」을 근거로 기존의 농협이나 수협과 같이 농업, 어업 분야에서도 새로운 협동조합의 설립도 가능한지도 문제가 된다.

그러나 「협동조합기본법」에 따라 농협이나 수협과 같은 협동조합을 설립할수는 없다. 다만 농·어촌지역에서도 농협과 수협이 아닌 다른 형태(예로 농촌 노인복지, 귀농귀촌, 방과 후 학교 등)의 협동조합을 설립하는 것은 가능하게 되었다. 설립요건도 1,000명에서 5명으로 낮춰졌고 정부의 감독이나 규제도 최소화(사회적협동조합은 예외)하였다. 이를 통해 「협동조합기본법」은 다양한 협동조합 간 협력·협업을 통해 상부상조와 경쟁력을 제고하는 기반을 제공하게 되었다.

그동안 협동조합적 사업운영이라고 하는 '구성원의 동등한 출자, 1인 1표의 사업운영, 사업이익의 균등한 분배 등'과 같은 장점을 희망하고 있는 단체들이 법인격이 없어 애로를 겪고 있었는데 이제는 이러한 문제들이 쉽게 해결되게 되었다.

전 세계적으로 생산자, 소비자, 신용, 보험, 주택, 스포츠, 기부, 학교, 병원 협동조합처럼, 다양한 사업 및 업무영역에서 협동조합이 활성화되어 있다. 입법형태도 각국의 역사와 실정에 맞게 다양하게 규정되어 있다. 각국의 협동조합에 관한 법적 규율 현황을 살펴보면 〈표 1-3-1〉에서 보는 것처럼 협동조합의 오랜 역사를 지닌 독일, 스페인 등은 협동조합에 관한 일반법인 기본법을 채택하고 있다. 영국과 스위스, 뉴질랜드는 기본법 대신 민법과 상법의 형태로 운영하고 있으며, 우리나라와 일본은 농협법, 생활협동조합법 등과 같은 협동조합에 관한 개별 특별법 형태로 법제를 운영해 왔지만, 2012년 12월부터 협동조합기본법이 시행됨에 따라 우리나라는 프랑스, 대만 등과 함께 기본법과 개별법이 공존하는 법 형태를 지닌 국가가 되었다.

〈표 1-3-1〉 국가별 협동조합에 대한 법적 규율 현황

① 기본법 형태 – 단일 협동조합법 제정	독일, 스웨덴, 핀란드, 스페인, 캐나다, 포르투갈, 브라질, 코트디부아르, 헝가리, 인도, 요르단, 케냐, 멕시코, 태국 등
② 민법, 상법 형태 – 성문법 일부에 관련 규정 반영	영국, 스위스, 멕시코, 벨기에, 이탈리아, 체코, 뉴질랜드 등
③ 특별법 형태	한국, 일본, 루마니아, 우루과이
④ 공존 형태(① + ③)	프랑스, 러시아, 대만, 한국(기본법 제정)
⑤ 기 타(규율 없음)	중국, 덴마크, 노르웨이, 미국

출처: 기획재정부, 협동조합기본법 설명자료.

앞에서도 언급한 것처럼 글로벌 경제위기와 자본주의의 폐해에 대한 국제적인 불만과 시위의 고조로 시대적 흐름의 변화가 크게 작용하고 있다. 그로 인하여 새로운 경제사회의 발전모델로 「협동조합」이 '윤리경영' 및 '상생번영' 등 포용적인 시장경제의 대안모델로 크게 주목을 받게 되었다.

협동조합의 주요 특징을 든다면 '1인 1표의 민주적인 경영', '이익극대화가 아닌 조합원의 편익 증대', '원가주의 경영', '지역사회 기여' 등을 들 수 있는데, 이는 기존의 회사와 다른 독특한 점이다.

문제는 협동조합에 법인격이 부여되어 있지 않다는 것이다. 예를 들어 개인사업자의 형태를 취할 경우에는 대표에게 무한책임이 있다는 점, 대표 교체가 어려워서 민주적 운영이 불가능하다는 점, 대외적으로 공신력이 저하된다는 점, 정부의 정책지원 대상으로 선정이 어렵다는 점 등이 있다. 한편 주식회사의 형태를 취할 경우에는 출자에 비례하는 의결권(1주 1표, 협동조합은 1인 1표) 제도에 따라 저소득층의 사업참여가 어렵다는 점, 지분거래를 통한 경영권의 문제가 발생한다는 점이 문제점으로 대두된다.

이에 따라 법인격을 가지는 형태의 협동조합을 설립·육성하는 기반을 마련하는 것이 필요하여 「협동조합기본법」이라는 일반법의 형태로 법제정을 하게 된 것이다. 이로써 그간 8개의 개별법으로 묶여 육성되지 못한 협동조합을 활성화하여 국내 내수경기 진작 및 경제양극화 해소에 기여하게 될 수도 있을 것

이다.

협동조합은 '지속가능한 동반성장sustainable and inclusive growth'을 추구하고 취약계층의 일자리 창출 등 서민경제 활성화 및 공생발전을 통한 국민의 삶의 질을 향상시키는 데도 기여할 것으로 기대되고 있다.

나아가 오래전부터 UN과 세계협동조합연맹ICA은 각국에 대하여 협동조합공통법의 제정을 권고해 왔는데 우리의 입법은 국제적 기준의 제도개선에도 부합하는 것이다. 특히, 2008년 세계금융위기 이후 UN은 협동조합이 사회발전에 기여하는 측면에 주목하면서 협동조합법 제도개선 권고와 함께 2012년을 '세계협동조합의 해'로 선포하기까지 하였다.2)

나. 협동조합기본법의 제정 과정3)

「협동조합기본법」의 제정 운동은 2010년 10월 한국협동조합연구소가 국회사무처에 제출한 보고서 『협동조합기본법 제정에 대한 연구』에서 시작됐다고 볼수 있다. 이를 계기로 2011년 2월 '「협동조합기본법」 제정 동향과 과제 공감을위한 간담회'가 열렸고, 같은 해 3월부터 9월까지 8차례 준비모임과 2차례 대표자 회의를 거쳐, 2011년 10월 11일 〈「협동조합기본법」 제정 연대회의〉가 출범하였다. 32개 단체로 구성된 〈「협동조합기본법」 제정 연대회의〉는 비공식 협동조합 진영과 생협 진영을 대표하여, 「협동조합기본법」 제정 논의를 이끌었다.

손학규 의원은 출범식 다음날인 2011년 10월 12일 독자적으로 협동조합기본법안을 대표 발의하여, 입법 일정을 앞당기는 데 견인차 역할을 하였다. 이후 같은 해 11월 2일 김성식 의원은 정부부처간 협의 내용을 반영한 협동조합기본법안을 대표 발의하였고, 같은 날 〈「협동조합기본법」 제정 연대회의〉도 이정희 의원의 소개를 통하여 민간단체 합의안을 입법 청원하였다. 손학규 의원안, 김성식 의원안, 연대회의안이 만들어지기까지, 『협동조합기본법 제정에 대한 연구』에서 제시된 「협동조합기본법」(시안)은 논의의 근간이 되었다.

---

2) http://www.un.org/en/events/coopsyear/about.shtml; 2009년 유엔총회에서 제136호 결의문으로 "Resolution 64/136. Cooperatives in social development"에 의거하여 선포되었다.

3) 박범용, "[협동조합기본법 국회통과기념] 민간 입법실무 책임자가 직접 작성한 협동조합기본법 긴급해설서", 한국협동조합연구소, 2012. 1. 10, 1-2면.

〈표 1-3-2〉「협동조합기본법」의 주요 내용

제1장 총칙	
법인격	• 협동조합을 '법인'으로 하고, '사회적협동조합'은 '비영리법인'으로 규정(제4조)
정 책	• 기재부가 협동조합정책을 총괄하고 기본계획을 수립(제11조) • 3년 주기의 협동조합 실태조사 실시·국회 보고(제11조) • 협동조합 활성화를 위해 협동조합의 날 제정(제12조)
타법과의 관계	• 타법에 따라 설립된 협동조합 등에 대해서는 동법 적용 배제 • 제한적 공정거래법 적용배제(제13조)
제2장 협동조합	
의결·선거권	• 출자좌수에 관계없이 1개의 의결권 및 선거권을 가짐⇒ 1인 1표(제23조)
설립등록	• 협동조합 설립시 시·도지사에게 신고(제15조)
적립금	• 잉여금의 100분의 10 이상 적립 등(제50조)
해 산	• 해산시 잔여재산을 정관이 정하는 바에 따라 처분(제59조)
제3장 협동조합연합회	
설립등록	• 협동조합연합회 설립 신고(기재부장관)(제71조)
의결·선거권	• 협동조합연합회의 의결권은 협동조합의 조합원수, 연합회 사업참여량 등을 기준으로 함(제75조)
제4장 사회적협동조합	
설립인가	• 사회적협동조합은 기재부장관 인가로 설립(제85조) • 설립절차, 사업, 소액대출 등을 협동조합과 구분(제86-88조, 제93-95조)
소액대출	• 사회적협동조합은 총 출자금 범위 내에서 조합원을 대상으로 하는 소액대출 및 상호부조 가능(제94조)
해 산	• 사회적 협동조합의 경우 국고 등에 귀속(제104조)
제5장 사회적협동조합 연합회	
설립인가	• 사회적협동조합 연합회는 기재부장관 인가로 설립(제114조)
제6장 보칙 제7장 벌칙	
벌 칙	• 의무 위반사항에 대한 벌칙을 규정(제117~119조)

출처: 기획재정부, 협동조합기본법 설명자료.

「협동조합기본법」에 관한 3개의 안은 2011년 11월 4일 국회 기획재정위원회에 상정된 후, 경제재정소위원회로 회부되었다. 이후 경제재정소위원회는 3개의 안을 심사하여, 12월 26일 하나의 대안을 만들었다. 이렇게 만들어진 「협동조합기본법」(대안)은 12월 28일 기획재정위원회와 법제사법위원회를 통과한 후, 12월 29일 국회 본회의를 전격 통과하였다. 청와대 민정수석실, 기획재정부 등으로 구성된 정부의 「협동조합기본법」 제정 TF팀은 정부와 국회, 민간의 의견을 조정하며 국회통과에 큰 역할을 하였다.

「협동조합기본법」에서 규정하고 있는 주요 내용을 살펴보면 〈표 1-3-2〉 「협동조합기본법」의 주요 내용에서 보는 것과 같다.

다. 우리나라 협동조합에 관한 법률의 체계

우리나라는 국가의 산업정책적 필요와 민간의 요구에 따라 그때그때 개별적으로 협동조합에 관한 법률을 제정하여 그 법률에 근거하여 협동조합을 설립할 수 있게 하였다. 즉, 농업협동조합법, 중소기업협동조합법, 수산업협동조합법, 엽연초협동조합법, 신용협동조합법, 산림조합법, 새마을금고법, 소비자생활협동조합법으로서 모두 여덟 개 법률이다.

먼저 「협동조합기본법」은 기존 8개 협동조합법 특별법의 모법인 기본법이 되는데 기본법과 8개 특별법과의 관계에 대하여 「협동조합기본법」 제13조 제1항은 "다른 법률에 따라 설립되었거나 설립되는 협동조합에 대하여는 이 법을 적용하지 아니한다."라고 규정하였다. 다만 제13조 제2항에 따라 "법령을 제정

〈표 1-3-3〉 한국의 8개 개별 협동조합 현황

구분	설립산업	협동조합	근거법	설립년도
생산자조합	1차산업	농협	농업협동조합법	1957
		수협	수산업협동조합법	1962
		엽연초조합	엽연초협동조합법	1963
		산림조합	산림조합법	1980
	2차산업	중기협	중소기업협동조합법	1961
	3차산업	신협	신용협동조합법	1972
		새마을금고	새마을금고법	1982
소비자조합		소비자생협	소비자생활협동조합법	1999

출처: 기획재정부, 협동조합기본법 설명자료.

하거나 개정하는 경우에는 이 법의 목적과 원칙에 맞도록 하여야 한다."라고 규정하고 있다. 서로 상반되는 것 같은 이 두 개의 규정을 풀어서 해석한다면, 8개 개별 협동조합법들은 지금까지는 「협동조합기본법」의 적용이 배제되지만, 향후에는 법제정·개정 과정에서 협동조합기본법의 원칙과 목적을 반영해야 한다는 의미이다. 이미 설립되어서 활동하는 곳은 적용을 배제하지만, 앞으로는 협동조합의 기본원칙을 존중하여야 한다.

　이는 현실과 가치 모두를 고려한 결과이다. 협동조합의 모법인 「협동조합기본법」과 개별법인 8개 협동조합법과 상호 연계·협력하여 시행되어야 한다. 그러나 한국의 개별 협동조합법은 「협동조합기본법」 없이 당시 산업 및 정책수요에 따라 생겨난 특별법으로, 지난 60여년간 운영되었다. 법체계로 보면 모법이 먼저 생기고 이후에 개별 상황을 감안한 특별법이 제정되었어야 하지만, 우리는 정반대의 상황이었던 것이다. 그렇지만 앞으로 개별 협동조합법들은 큰 틀에서 협동조합기본법의 기본적인 목적과 원칙에 맞게 운영되어야 한다. 따라서 현실과 협동조합기본법 제정의 취지를 모두 감안한 결과로 볼 수 있다.

　지금부터는 기존의 개별법에 규정된 협동조합을 제외한 모든 협동조합은 제정된 「협동조합기본법」에 근거하여 협동조합을 설립하게 된다.

　그렇다면 「협동조합기본법」과 협동조합에 관한 개별법이 충돌할 때에는 어느 법률이 우선적으로 적용될 것인가? 법의 적용순위에 관한 원칙인 '신법우선의 원칙'에 따르면 「협동조합기본법」이 우선 적용될 것이다. 그러나 '특별법 우선의 원칙'에 따르면 개별법이 우선 적용되게 되어 모순이 발생하게 될 것이다. 따라서 「협동조합기본법」은 기존 개별법과의 충돌을 최소화하기 위해, 다른 법률에 따라 설립되었거나 설립되는 협동조합에 대해서는 「협동조합기본법」의 적용을 배제하는 규정을 두었다(동법 제13조 제1항). 다만 협동조합과 관련되어 기존 개별법을 개정하거나 새로운 법률을 제정할 때에는 「협동조합기본법」의 목적과 원칙에 맞아야 한다고 명시하였다(동법 제13조 제2항).

　이에 따라 우리나라 협동조합에 관한 법률의 체계는 기본법과 개별법이 공존하게 되었다. 협동조합에 관한 기본법과 개별법이 공존하는 나라는 프랑스, 러시아, 대만 등이 있다. 단일 협동조합법만이 존재하는 나라는 스페인, 캐나다,

포르투갈 등이 있다. 그리고 일본은 여전히 기본법 없이 개별법만 존재하는 나라이다.

라. 국제협동조합연맹(ICA)의 협동조합 7원칙의 반영

우리나라 「협동조합기본법」은 협동조합의 국제적인 원칙인 ICA 7원칙을 비교적 충실히 반영하고 있는 것으로 평가할 수 있다.

(1) 제1원칙: 자발적이고 개방적인 조합원 제도

제1원칙은 협동조합이 자발적인 조직으로서 협동조합을 이용하고 조합원의 책임을 다하면, 사회적 신분, 성별, 인종, 정파, 종교에 따른 차별을 두지 않는 열린 조합원 제도를 운영해야 한다는 내용을 담고 있다. 첫 번째 원칙을 자세히 살펴보면 민주주의 원칙과도 일맥상통한다는 점을 알 수 있고, 그렇기 때문에 역사적으로 협동조합을 '풀뿌리민주주의'라고 불리었다는 부분을 이해할 수 있다.[4]

하지만 역사적으로 세계 여러 나라에서는 경제적 압력과 정부정책의 일환으로 시민들에게 특정협동조합에 가입하도록 강요하는 사례가 많았다. '자발적인' 조직이라는 점이 첫 번째 원칙으로 명시된 이유도 바로 여기에 있다. 타의적인 협동조합이 설립되면 단기적으로 협동조합의 숫자는 늘어날 수 있지만, 어려움이 생기고 위기의 파도가 밀려오면 자발적인 조합과 그렇지 않은 조합은 분명한 차이가 생기게 마련이다.

우리나라 「협동조합기본법」에서도 이러한 제1원칙을 반영하고 있는데, 조합원은 협동조합의 설립 목적에 동의하고 조합원으로서의 의무를 다하고자 하는 자로서, 협동조합은 정당한 사유없이 조합원의 가입을 거절하거나 다른 조합원보다 불리한 조건을 붙일 수 없다(동법 제20조, 제21조 제1항). 또한 조합원은 정관이 정하는 바에 따라 협동조합에 탈퇴의사를 알리고 탈퇴할 수 있고, 탈퇴 조합원은 탈퇴 다음 해부터 역시 정관이 정하는 바에 따라 지분 환급을 청구할 수 있다(동법 제24조 제1항, 제26조 제1항).

---

4) 이하 이대중, "협동조합법 어렵지 않아요(「협동조합기본법」 해설서)"(3) 협동조합기본법과 국제기준과의 관계, 희망제작소(www.center4se.org) 사회적경제센터 사회적경제리포트에 연재, 2012, 3-10면에서 참조하였음.

(2) 제2원칙: 조합원에 의한 민주적 관리

협동조합에 대한 두 번째 원칙은 조합원에 의한 민주적인 운영과 관리를 명시하고 있다. 협동조합은 조합원에 의해 관리되는 민주적인 조직으로, 조합 운영과 경영에 관한 정책수립과 의사결정에 조합원의 적극적인 참여가 보장되어야 한다. 1인 1표의 민주적인 의결권과 선거권이 보장되어야 하고, 조합원 1인 1표를 통해 선출된 임원들은 조합의 주인인 조합원에 대해 책임을 지고 봉사의 의무를 갖는다.

따라서 우리나라에서도 협동조합의 조합원은 출자좌수에 관계없이 각각 1개의 의결권과 선거권을 가진다(동법 제23조 제1항). 협동조합은 총회를 두어야 하며, 총회는 이사장과 조합원으로 구성된다(동법 제28조 제1항, 제2항). 협동조합을 대표하는 이사장과 정관이 정하는 바에 따라 협동조합의 업무를 집행하는 이사들의 선출과 해임은 총회의 의결을 얻어야 한다(동법 제29조 제1항 3호, 제41조 제1항, 제2항). 한편, 연합회의 경우는 회원인 협동조합의 조합원 수, 연합회 사업참여량, 출자좌수 등 연합회 정관이 정하는 바에 따라 회원의 의결권 및 선거권에 차등을 부여할 수 있다(동법 제75조).

(3) 제3원칙: 조합원의 경제적 참여

비영리나 공익을 추구하는 비영리사단법인·공익법인 등과는 달리 협동조합은 지역사회 기여와 같은 공익적 가치를 추구하는 면도 있지만, 그 방법과 수단은 이윤을 만드는 경제활동을 통해서 전개한다는 점에서 차이가 있다. 이제까지 공익법인의 수익이 기부, 회비, 자원봉사 등에 의존할 수밖에 없었던 점에 비해 협동조합은 경제활동이라는 구체적인 수단과 도구를 갖게 되었고, 이를 통해 필요한 자금을 조달할 수 있다. 조합원은 경제활동을 위한 자본조달에 공평하게 기여하며, 조달된 자본을 민주적으로 관리해야 한다. 또한 자본금의 일부는 협동조합의 공동재산으로 하고, 출자 배당이 있을 경우 조합원은 출자액에 따라 제한된 배당을 받게 된다.

따라서 조합원은 정관으로 정하는 바에 따라 1좌 이상 출자해야 한다(동법 제22조 제1항). 이때 조합원 1인의 출자좌수는 총 출자좌수의 30%를 넘을 수 없다(동법 제22조 제2항). 협동조합은 잉여금을 '손실보전 → 법정적립 → 임의적립 → 배당'의 순서대로 처리해야 한다(동법 제51조 제2항). 잉여금 배당의 경우, 협동조합 사업이용 실적에 따른 배당은 전체 배당액의 50% 이상이어야 하고, 납입출자금에 대한 배당은 납입출자금의 10% 이하여야 한다(동법 제51조 제2항). 단, 사회적협동조합의 경우는 조합원에게 일절 배낭할 수 없다(동법 제98조 제2항).

(4) 제4원칙: 자율과 독립

협동조합은 조합원이 관리하는 자율적이고 자주, 자립적인 조직이다. 협동조합이 정부나 다른 조직들과 협정과 합의서를 체결하거나, 자본을 조달하고자 하는 경우에도 해당 협동조합은 조합원에 의한 민주적인 관리가 보장되고 자율성이 보장되어야 한다. 제4원칙은 협동조합 초기에는 없다가, 최근에 새롭게 추가된 원칙이라고 한다. 개발단계에 있는 중진국이나 사회주의 성향이 짙은 국가의 경우, 정부나 지배단체에 의해 협동조합이 설립되고 운영된 사례들을 반영한 결과이다. 1950년, 60년대에 농어촌 개발, 지역사회 활성화를 위해 1차 산업 중심의 협동조합육성책을 펼쳐온 우리나라 협동조합의 역사적인 배경을 비춰 볼 때에도 제4원칙인 자율과 독립의 원칙은 매우 중요한 의미를 갖는다.

협동조합기본법에서 이러한 제4원칙을 반영하고 있는 것은 다음과 같다. 국가 및 공공단체는 협동조합의 자율성을 침해해서는 안 된다(동법 제10조 제1항). 협동조합의 주무부처로서 기획재정부장관이 수립하는 기본계획의 목적은 협동조합의 자율적인 활동을 촉진하기 위한 것이다(동법 제10조 제1항, 제11조 제1항). 사회적협동조합의 업무에 대해서는 기획재정부장관이 감독하고 명령할 수 있지만, 이때에도 사회적협동조합의 자율성을 존중해야 한다(동법 제111조 제1항).

(5) 제5원칙: 교육, 훈련 및 정보제공

협동조합은 조합원, 임직원, 경영자, 이용자들이 협동조합에 대해 올바르게 이해하고 협동조합발전에 열정적으로 참여하도록 교육과 훈련을 제공해야 할 의무가 있다. 특히 협동조합은 일반인은 물론 젊은 층과 여론지도층에게 협동의 가치와 필요성, 그리고 장점에 대한 정보를 제공해야 한다. 교육과 훈련을 수행하기 위해서는 시간과 장소 마련 등이 필요하지만, 이는 조합원들이 내 기업으로써 협동조합에 대한 소유의식을 갖도록 하고, 적극적인 참여를 유도하는 데 매우 중요한 원칙이 아닐 수 없다. 뿐만 아니라 협동조합이 활성화되기 위해서는 일반인들이 일상생활, 경제활동에서 협동의 중요성을 배우고 인식하는 것이 필요하다. 흩어져 있는 개인적 활동이 아니라 공동의 노력으로 문제를 고민하고 해결하는 것이 협동조합을 시작하는 첫 단추이기 때문이다.

협동조합은 조합원 등의 권익증진을 위해 교육·훈련 및 정보 제공 등의 활동을 적극 수행해야 한다(동법 제7조). 협동조합은 정관에 필요한 사업을 자율적으로 정하되, 조합원과 직원에 대한 교육·훈련 및 정보제공 사업, 협동조합의 홍보사업은 포함하여야 한다(동법 제45조 제1항 제1호 내지 제3호). 또한 협동조합은 결산결과의 공고 등 운영사항을 적극 공개하고, 정관·규약·규정, 총회·이사회 의사록, 회계장부 및 조합원 명부를 주된 사무소에 비치하여야 한다(동법 제49조 제1항, 제2항). 대통령령이 정하는 일정규모 이상의 협동조합은 설립신고를 한 시·도 혹은 연합회의 홈페이지에 주요 경영공시자료를 게재해야 한다(동법 제49조 제4항). 다만, 사회적협동조합의 주요 경영공시자료는 기획재정부 혹은 연합회 홈페이지에 게재한다(동법 제96조 제4항).

(6) 제6원칙: 협동조합간 협동

지금 세계적인 협동조합도 시작은 매우 미미하였지만 이제는 어떠한 대기업과도 당당하게 경쟁할 수 있는 조직체가 되었다. 그렇다면 어떻게 5명, 10명이 모인 작은 결합체가 대규모 유통업체 등과 경쟁할 수 있는 힘을 갖추게 되었을까? 이에 대한 답은 '협력'이라는 단어에서 찾을 수 있다. 협동조합이 경쟁력을 갖출 수 있는 중요한 요인 중 하나는 다른 협동조합, 연합회, 국제단체들과의 협력과 협동이다. 협동조합은 그 조직 내적으로 협력의 결사체이지만, 조직 외적으로도 다른 협동조합, 다른 지역, 다른 국가의 협동조합과도 함께 일하고 협력하여 경쟁력을 키워야 한다.

우리사회는 이미 기술발달, 산업고도화, 생활권역 확대, 다양한 구성원의 참여, 이해관계자의 복잡화 등으로 협력의 범위와 폭을 넓혀가고 있고, 상호연대를 통해 공동의 과제에 대응해 나가야 한다. 특히 기업들이 이미 거대화, 다국적화, 세계화된 상황에서 이들 기업과 시장에서 경쟁해야 하는 협동조합에게도 지역별, 권역별, 국가별, 국제적 협동은 필연적인 과제이고 성공하기 위한 키워드이다.

협동조합 및 연합회는 다른 협동조합, 다른 법률에 따른 협동조합, 외국의 협동조합 및 관련 국제기구 등과의 상호협력, 이해증진 및 공동사업 개발 등을 위해 노력해야 한다(동법 제8조 제1항). 이를 위해 다른 협동조합, 다른 법률에 따른 협동조합 등과 협의회를 구성·운영할 수 있다(동법 제8조 제1항). 협동조합은 정관에 필요한 사업을 자율적으로 정하되, 협동조합간 협력을 위한 사업은 포함하여야 한다(동법 제45조 제1항 제2호).

(7) 제7원칙: 지역사회에 대한 기여

국경 없는 경쟁의 시대에서 협동조합의 지속가능한 발전을 위해서는 협동조합이 속한 지역사회의 동반적인 성장과 발전이 필요하다. 지역 내 생산-소비의 선순환구조가 형성되고, 지역 내 순환성·관계성·다양성이 회복되고 보존되기 위해서는 지역사회가 자율적인 발전의 원동력을 갖추는 것이 중요하다. 또한 협동조합은 그 조합원의 자발적인 의사에 따라 지역사회의 지속가능한 발전을 위해 노력해야 한다.

협동조합은 정관에 필요한 사업을 자율적으로 정하되, 지역사회를 위한 사업은 포함하여야 한다(동법 제45조 제1항 제2호). 사회적협동조합의 경우에는 ① 지역사회 재생, 지역경제 활성화, 지역주민들의 권익·복리 증진 및 기타 지역사회가 당면한 문제 해결에 기여하는 사업, ② 취약계층에게 복지·의료·환경 등의 분야에서 사회서비스 또는 일자리를 제공하는 사업, ③ 기타 공익증진에 이바지하는 사업 중 하나 이상을 주사업으로 해야 한다(동법 제93조 제1항).

마. 협동조합의 개념과 특징

(1) 법인격

협동조합은 목적과 운영방식(이용자소유기업)에 의해서 영리법인과 비영리법인으로 구분할 수 있다. 협동조합 특별법을 근거로 설립·운영되는 경우에는 특별법에 의한 특수법인의 성격을 지니며, 국가에 따라서는 주식회사나 유한회사로 설립·운영되는 경우도 있다.

(2) 의결권

조합원은 출자규모와 무관하게 1인 1표[5]라는 동일한 의결권을 행사하게 된다. 조합원의 신규가입을 촉진하고 대주주가 없는 지배구조를 보유하여 소유의 분산 및 이용자 이익이 강조되는 형태이다.

(3) 책임범위

조합원은 출자자산에 한정된 유한책임이 원칙이다. 따라서 무한책임을 지는 민법상 조합, 상법상 익명조합·합자회사·합명회사와는 구별된다.

(4) 가입과 탈퇴

조합원은 가입·탈퇴가 자유로우나, 조합원의 동질성을 유지하기 위해 가입요건은 제한된다. 농협법은 지역농협의 조합원에 대해 지역농협의 구역 안에 주소나 거소 또는 사업장이 있는 농업인으로 자격을 제한하고 있다.

(5) 배당제한

출자에 대한 배당을 금리수준으로 제한한다. 이는 이용자 이익을 최대한 확보하기 위해 투자자 이익을 제한하고, 내부유보를 통해 자본비용을 절감하는 데그 취지가 있다.

바. 협동조합기본법 시행에 따른 기대효과[6]

(1) 기업 조직법적 측면

「협동조합기본법」의 제정은 다양한 분야에서 자유롭게 '협동조합'을 설립·운영할 수 있는 토대를 제공하게 되었다. 앞에서도 살펴 본 것처럼 2012년 12월 이전까지는 협동조합을 설립하려면 8개의 특별법(농협, 수협, 중기협 등)에 의해 설립된 것처럼 법률의 제정없이는 설립되기 어려울 정도로 매우 제한적으로 설립이가능하였지만, 2012년 12월 이후부터는 자주적·자치적·자율적인 협동조합의 설립·활동을 촉진하여 서민과 지역경제를 활성화하고, 지역단위의 새로운 일자리

---

5) 영리회사의 경우에는 1주 1표제로서 출자규모에 따라 의결권이 다르다.
6) 이하 기획재정부 보도자료(2012. 1. 25) "「협동조합기본법」 공포, 2012년 12월 시행-새로운 기업모델, 「협동조합」 도입, '복지 증대'와 '일자리 창출' 효과 기대-"에서 인용하였음을 밝혀둔다.

를 창출할 수 있게 되어 국민경제 발전에도 크게 기여하게 될 것으로 기대된다.

〈표 1-3-4〉「협동조합기본법」에 의한 법인격의 부여 기대효과

내용	「협동조합기본법」 제정	⇒	새로운 형태의 '협동조합' 설립	⇒	일자리 창출 및 지역경제 활성화	⇒	'국민경제' 발전
의미	새로운 법인격 인정		소액·소규모 조합 설립		서민·지역경제 활성화		공생발전

출처: 기획재정부, 협동조합기본법 설명자료.

(2) 경제적 효과 측면

'윤리경영'과 '상생번영'의 시대정신이 반영된 협동조합이 활성화되어 새로운 경제사회 발전의 대안모델(자본주의 4.0)로 확산이 기대된다.

앞에서도 살펴 본 것처럼 협동조합이라는 조직의 특징인 첫째, 1인 1표의 민주적인 경영, 둘째, 이익극대화가 아닌 '조합원' 편익 우선, 셋째, 원가주의 경영, 넷째, 지역사회 기여 등을 보더라도 경제적인 효과가 기대된다.

조합원이 필요로 하는 서비스를 최선의 가격으로 제공함으로써 영리회사의 시장지배력을 견제하고 경쟁을 촉진할 수 있다. 특히, 2차 산업과 3차 산업에서도 협동조합의 설립이 가능하게 되어 신규창업을 통한 서비스산업의 활성화도 기대된다.

〈표 1-3-5〉「협동조합기본법」 제정에 따른 산업 적용범위

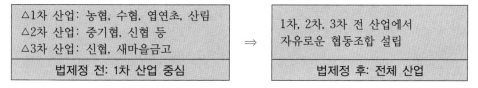

△1차 산업: 농협, 수협, 엽연초, 산림 △2차 산업: 중기협, 신협 등 △3차 산업: 신협, 새마을금고	⇒	1차, 2차, 3차 전 산업에서 자유로운 협동조합 설립
법제정 전: 1차 산업 중심		법제정 후: 전체 산업

출처: 기획재정부, 협동조합기본법 설명자료.

(3) 사회적 효과 측면

소액·소규모로 설립이 가능한 협동조합은 경제·사회 취약계층의 다양한 수요를 충족하고 사회서비스 증진에 기여할 것으로 기대된다.

〈표 1-3-6〉 사회안전망 구축 측면에서 '협동조합'의 역할

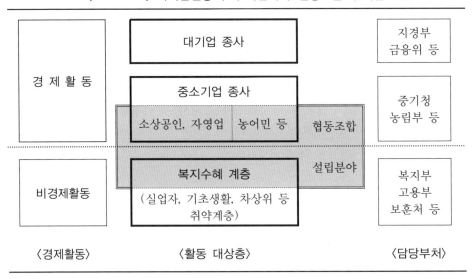

출처: 기획재정부, 협동조합기본법 설명자료.

첫째, 협동조합을 통한 영세상인·소상공인의 협력사업이 확대될 것으로 기대된다. 영세소상공인이 원재료 공동구매, 공동판매, 공동배송 등 전통·재래시장 및 골목상권 활성화의 수단으로 활용이 가능하다.

둘째, 자활공동체, 돌봄노동 등 취약계층대상의 협동조합 활동이 촉진되어 지역단위의 사회서비스가 자생력을 갖고 확대될 것으로 기대된다. 현재 개인사업자 등록방식보다 원활하게 사업을 운영할 수 있고 협동조합 운영상의 민주적 의사결정 등을 통해 동기부여와 신뢰제고의 효과도 기대된다.

셋째, 낙후지역의 사회안전망 구축과 지역개발의 활성화도 기대된다.

2. 협동조합기본법 시행 이후의 전망과 과제

가. 협동조합기본법 시행 이후의 전망

정부는 법 시행 직전인 2012. 11. 28(수) 위기관리대책회의(기획재정부 장관 주재)에서 관계부처 합동으로 마련한 「'협동조합기본법' 시행과 향후 정책방향」

을 의결하였다. 이는 2012. 12. 1. 시행되는「협동조합기본법」의 주요내용과 지난 2012년 7월 확정한 법·제도 개선과제[7]의 추진상황을 점검하고, 향후 정부의 정책방향을 국민들에게 알림으로써 협동조합에 대한 올바른 이해와 접근을 유도하기 위해 마련하였다.

정부는 협동조합기본법이 시행되면 향후 5년간 최소 8,000개에서 최대 1만개의 협동조합이 설립될 것으로 예상하고 있으며, 이를 통해 취업자 수는 향후 5년간 4~5만명 정도 증가할 것으로 전망하였다.

나아가 협동조합 활성화를 위해 기획재정부는〈표 1-3-7〉정부의「협동조합기본법」의 정책목표와 전략에서 보는 것과 같이 '건전한 협동조합 생태계 조성'을 향후 협동조합 정책의 목표로 설정하고, 이를 위한 3대 기본 방향으로 (i) 새로운 제도의 조기 정착 유도 및 부작용 최소화, (ii) 협동조합의 기본원칙(자주·자립·자치 등)에 입각한 정책지원, (iii) 다른 제도와의 유기적인 조화를 통한 정책효과 제고를 발표하였다.

동법의 시행 첫 해인 2013년도에는 정책 발전의 밑그림 마련과 안정적인 협동조합 설립·운영 지원으로 제도의 조기 정착을 유도하기 위해 (i) 정책 수행 시스템 구축, (ii) 일자리 창출 및 복지 시스템 보완 등 협동조합을 활용한 기존 정책 개선, (iii) 교육·홍보 강화, (iv) 국제 협력을 통한 제도 발전을 추진할 예정이라고 밝히고 있다.

법 시행 이후인 2013. 1. 24(목) 15시, 한국발명진흥회에서 법정기구인 '제1차 협동조합정책심의위원회'를 개최하였다. 이 회의는 2012. 12. 1.「협동조합기본법」이 시행된 이후 최초로 개최된 회의로서 행안부, 농림부 등 협동조합 관련 8개 부처와 7인의 민간전문가가 참석하여 '협동조합정책심의회 운영방안'과 '2013년 협동조합 정책추진방안' 등을 논의하였다.[8]

여기서 협동조합의 활성화가 이루어질 때 예상되는 구체적인 기대효과를 제시하고 있다.

---

7) 기획재정부,「협동조합기본법」시행령(안) 및 관련 법·제도 개선방안, 2012. 7. 4. 위기관리대책회의 자료 참고.
8) 기획재정부, 「'13년 협동조합 정책 추진방안」, 2013. 1. 24.

〈표 1-3-7〉 정부의 「협동조합기본법」의 정책목표와 전략

건전한 협동조합 생태계 조성

기 본 방 향
◇ 새로운 제도의 조기 정착 유도 및 부작용 최소화
◇ 협동조합의 기본원칙(자주·자립·자치)에 입각한 정책지원
◇ 다른 제도와의 연계성 강화를 통한 정책효과 제고

'13년 정책 추진방안

1. 협동조합 정책수행 기반 구축	2. 협동조합활용 기존정책 효과제고
· 법 개정 및 관련 법·제도개선 · 실태조사 및 기본계획 수립 · 협동조합 종합정보시스템 구축 · 권역별 중간지원체계 마련	· (일자리) 자영업자 등 공동창업 · (복지) 보육·의료, 임대주택 등 · (지역) 지역공동체, 농어촌, 낙후지역 · (기타) 통신·발전 등 경쟁제고

3. 교육·홍보 강화	4. 정책 네트워크 구축
· (교육) 대상별 맞춤형 교육, 기존 협동 조합 교육과 연계 · (홍보) '협동조합의 날' 기념행사, 성공 사례 발굴 등	· 부처·지자체·기존 협동조합·시민단체 등과의 협력체계 구축 · 국제기구(ILO, ICA 등) 및 협동조합 선 진국과 정책 협력 확대

출처: 기획재정부, 「'13년 협동조합 정책 추진방안」(2013. 1. 24), 4면.

(1) 설립수요

향후 5년간('13년~'17년) 최소 8,000개에서 최대 1만개 정도의 협동조합이 설립될 것으로 예상하는 보건사회연구원의 분석자료를 제시하였다.

〈표 1-3-8〉 향후 5년간 협동조합의 설립수요 예측　　　　(단위: 개)

구 분	'13년	'14년	'15년	'16년	'17년	합 계
최 소	2,704	2,565	1,943	704	123	8,039
최 대	3,386	3,351	2,563	955	165	10,421

(2) 고용창출 효과

향후 5년간 취업자 수는 4~5만명, 그중 피고용자는 3~4만명이 증가할 것으로 전망하였다.

〈표 1-3-9〉 향후 5년간 고용창출효과의 예측 　　(단위: 명)

구 분	취업자		피고용자	
	최소	최대	최소	최대
인 원	37,799	49,195	28,733	36,930

(3) 경제·사회적 효과

새로운 법인격 도입을 통해 일자리 확대·복지비용 절감 등 시장과 정부의 역할을 보완할 것으로 예상하고 있다.

첫째, 경제적 효과로는 창업활성화를 통한 고용창출, 유통구조 개선을 통한 물가안정 등 경기 안정화에 기여할 것으로 보고 있다. 한국개발연구원KDI은 2012. 11. 협동조합 활성화시 소비자물가지수 하락효과가 3.14%라고 분석하였다. 이러한 분석의 근거로는 예컨대, 한살림 등 소비자생협의 유기농산물은 일반 매장 대비 30% 정도 저렴한 가격으로 판매하고 있음을 제시하고 있다. 또한 중소기업·소상공인의 교섭력 증대 및 지역협동조합을 통한 지역경제 활성화 등 경제의 양극화가 완화됨으로써 기대된다는 것이다.

둘째, 사회적 효과로는 취약계층 고용 및 처우개선(임금상승 등)을 통해 복지제도 보완, 신뢰 등 사회적 자본social capital이 형성되는 효과를 예상하고 있다. 예컨대, 대리운전기사들이 모여 협동조합을 설립할 경우, 고객에게 받는 수입 중 사업주 귀속분(20~30%)을 자기수입으로 전환하는 것이 가능하다는 것이다. '사회서비스'의 기존범위(사회적기업육성법, 사회보장기본법)를 확대(범죄예방·상담치료 등 추가)하여 공공서비스를 보완하는 효과도 거둘 수 있다는 것이다.

(4) 기타 부수적인 효과

협동조합이라는 조직체에서 민주적 운영(1인 1표)에 따른 의사결정의 조합원 참여를 보장하여 구성원의 만족감과 주인의식을 높이는 효과도 거둘 수 있다고 예상하고 있다.

나. 협동조합기본법 시행 이후의 협동조합설립의 현황[9]

2012년 12월 1일 협동조합기본법이 시행되자 기존의 협동조합운동을 하던 사람들과 정부의 적극적인 홍보에 힘입어 동법에 의한 협동조합설립이 많이 이루어졌다. 일반협동조합과 사회적협동조합의 설립현황을 살펴보면 각각 〈표 1-3-10〉 일반협동조합 설립신고 및 수리 현황과 〈표 1-3-11〉 사회적협동조합 인가신청 및 인가 현황에서 보는 것과 같이 매우 짧은 기간 동안 많이 설립되었다고 할 수 있다.

또한 지자체별로 설립된 주요 협동조합의 현황을 살펴보면 〈표 1-3-12〉에서 보는 것처럼 다양한 분야에서 설립되었다.

〈표 1-3-10〉 일반협동조합 설립신고 및 수리 현황(2013. 1. 15. 현재)

연번	소관 부처	신청건수1 ('12. 12. 31)	신청건수2 ('13. 1. 15)	인가건수 ('13. 1. 15)
1	기획재정부	5건	6건	1건
2	교과부	2건	2건	-
3	보건복지부	4건	5건	-
4	환경부	-	1건	-
5	고용노동부	3건	4건	1건
6	농림수산식품부	3건	3건	-
총 계		17건	21건	2건

출처: 기획재정부, 협동조합기본법 설명자료.

〈표 1-3-11〉 사회적협동조합 인가신청 및 인가 현황(2013. 1. 15. 현재)

연번	소관 지자체	신고건수1 ('12. 12. 31)	신고건수2 ('13. 1. 15)	수리건수 ('13. 1. 15)
1	서울특별시	41건	54건	28건
2	부산광역시	17건	19건	13건
3	대구광역시	3건	3건	2건
4	인천광역시	4건	8건	5건
5	광주광역시	6건	11건	6건

9) 기획재정부, 「'13년 협동조합 정책 추진방안」(2013. 1. 24.), 10-11면.

6	울산광역시	-	2건	-
7	대전광역시	2건	3건	3건
8	경기도	15건	21건	7건
9	강원도	4건	6건	1건
10	충청남도	7건	8건	8건
11	충청북도	1건	3건	1건
12	전라남도	6건	6건	6건
13	전라북도	9건	9건	9건
14	경상북도	3건	6건	3건
15	세종특별자치시	1건	1건	1건
총 계		119건	160건	93건

출처: 기획재정부, 협동조합기본법 설명자료.

〈표 1-3-12〉 지자체별 주요 협동조합 설립 현황(2013. 1. 15. 현재)

지역	명 칭	설립동의자 (단위: 명)	출자금액 (단위: 천원)	사업내용
① 지역밀착형 협동조합				
서울	북카페마을 협동조합	29	30,100	노원구 상계1동 주민들이 커피나 전통차를 판매하고 주민들간의 소통공간 제공
	한지랑 칠보랑 협동조합	13	1,300	중랑구 면목2동 지역주민들이 모여 전통 한지·칠보 공방을 운영하여 생산 판매하고, 각종 체험프로그램운영
부산	한국문화예술협동조합	6	600	시민들과 소통할 수 있는 문화의 장을 만들고 지역사회에 문화봉사를 수행
대구	한국방과후학교 협동조합	6	20,000	방과후학교, 창의체험캠프, 저소득층 교육을 통해 지역사회 교육활성화
전남	농어촌 섬마을 유학협동조합	12	1,200	섬마을 폐교위기학교로 도시학생들의 유학을 유도하여 폐교를 막고 전인교육 실시
② 사업자형 협동조합				
서울	서울한마음 뷰티협동조합	23	23,000	미용기기 공동브랜드화, 온라인 쇼핑몰 구축, 공동 홍보 및 마케팅, 피부관리사 교육 등

지역	명 칭	설립동의자 (단위: 명)	출자금액 (단위: 천원)	사업내용
인천	송도국제신도시 부동산협동조합	5	2,500	조합원간 공동중개, 지역 내 분양대행 으로 지역경제발전에 기여
광주	더불어 樂	15	15,000	로컬 푸드 및 농산물 가공유통판매로 안정적인 일자리 창출
전북	완주한우 협동조합	60	500,000	한우 계약 사육, 공동브랜드 개발 및 직매장 운영으로 완주지역 한우사육 활성화
③ 권익증진 및 보호를 위한 협동조합				
서울	한국대리운전 협동조합	22	1,100	대리운전기사들이 자체 콜센터 운영을 통한 수수료절감, 운전 중 사고처리 지 원, 상담 및 훈련을 통해 권익신장
	지구촌 협동조합	94	46,680	이주근로자 대상 급식소와 인력중개 소를 운영하여 이주근로자들의 권익 보호

출처: 기획재정부, 협동조합기본법 설명자료.

다. 협동조합기본법 시행 이후의 과제

협동조합운동을 통하여 '소비자생활협동조합법'을 통과시켜서 '소비자생활협동조합'을 태동시키고 나아가 「협동조합기본법」을 제정하도록 한 협동조합운동가들의 입장에서는 매우 커다란 성과를 거둔 것이라고 볼 수 있다. 정부에서도 고도성장에 따른 일부 재벌의 폐해를 보고 금융위기를 겪으면서 협동조합제도에 깊은 관심을 가지고 정책적인 지원에 적극 나선 것으로 인식되고 있다. 협동조합운동가들이나 새롭게 협동조합조직에 관심을 가지게 된 사람들에게는 매우 고무적인 일이 아닐 수 없다.

세계적으로 협동조합기업의 성장과 견실성, 금융위기에도 군건하게 극복하는 사례를 통하여 새로운 기업의 대안으로 주목하고, 정부에서는 매우 긍정적으로 인식하여 적극적으로 홍보해 온 것도 사실이다.

그렇다면 향후에 협동조합기본법의 시행으로 과연 협동조합조직이 우리나라에서 얼마나 성공하는 사례를 보여 줄 것인지, 주식회사형태의 기업조직에 대응하는 새로운 대안으로 성장할 것인지에 많은 관심이 쏠릴 것이다.

협동조합조직이 성공하기 위해서는 몇 가지 과제를 생각해 볼 수 있다.

첫째, 협동조합조직을 통하여 성공하려는 사람들은 협동조합의 이념과 원칙을 기초로 삼아야 한다. 민주적 운영, 투명하고도 공정한 운영을 통하여 조직이 건전하게 운영되어야 한다. 특정인에 의한 정치적인 편향성에 좌우되거나 파벌에 의하여 운영되어 파행을 겪는 일이 없어야 한다.

둘째, 단기간의 성과에 급급하거나 성공에 집착하지 말고 조합원들의 성숙한 의식과 훈련이 뒷받침되어야 한다. 협동조합조직은 조합원에 의하여 운영되고, 조합원에 의하여 그 성과가 쌓이고, 조합의 이념과 의식이 확장되어야 성공할 수 있기 때문에 장기적인 계획과 노력이 필요하다. 영리기업이 가지는 단기적인 성과주의에 매몰되어서는 결코 협동조합이 성공하기는 어렵다. 외국의 성공한 협동조합의 사례만 보거나 정부에서 홍보하는 것처럼 장밋빛만이 보이는 것은 아니다.

셋째, 협동조합조직은 협동과 연합을 통하여 영리기업이 할 수 없는 분야를 개척하는 것이 필요하다. 협동조합조직도 생존과 지속가능한 경영이 이루어져야 하므로 블루오션의 시장을 개척하고 조직의 안정성과 성장성을 추구하여 경쟁력을 갖추어 나가야 한다. 최근 퇴직자들이 자영업에 몰두하여 해마다 극소수의 사람만이 생존하고 대부분 폐업하는 것처럼 협동조합도 무슨 유행처럼 일시적인 설립과 소멸이 발생하여서는 아니 된다.

제 2 편

협동조합기본법의 해설

제1장 총 칙

1. 「협동조합기본법」의 목적

「협동조합기본법」의 제정목적은 "협동조합의 설립·운영 등에 관한 기본적인 사항을 규정함으로써 자주적·자립적·자치적인 협동조합 활동을 촉진하고, 사회통합과 국민경제의 균형 있는 발전에 기여함을 목적"으로 한다고 규정하고 있다(동법 제1조).

따라서 동법의 목적은 크게 세 가지로 요약할 수 있다. 첫째, 협동조합의 설립과 운영에 관한 기본적인 사항을 규정하는 데 있다. 지금까지는 개별협동조합이 필요할 때마다 개별입법을 통하여 협동조합을 규율하여 왔지만 이제는 협동조합기본법에 의하여 협동조합을 설립하고 운영하는 기본적인 사항을 적용할 수 있게 되었으므로 협동조합설립의 법적인 근거를 확보함과 동시에 운영에 관한 기본적인 규칙을 정하는 데 그 목적이 있다.

둘째, 나아가 협동조합은 국제협동조합연맹ICA에서 선언한 7원칙[1]에서 규정하고 있듯이 자주적·자립적·자치적인 협동조합 활동을 촉진하는 데 있다. 이를 통하여 조합은 자생력을 가지고 기초가 튼튼한 단체로서 활동할 수 있다.

셋째, 궁극적으로는 사회통합을 이루고 국민경제의 균형있는 발전에도 기여할 것을 기대하고 있다. 어느 사회나 국가라도 이념, 종교, 성별, 인종 등 다양한 원인을 이유로 분열되고 분쟁이 종식되지 못하고 있는 것이 오늘의 현실이다.

---

[1] ICA는 협동조합의 운영원칙으로 7대 원칙을 제시하고 있는데, (1) 자발적이고 개방적인 조합원제도(Voluntary and Open Membership), (2) 조합원에 의한 민주적 관리(Democratic Member Control), (3) 조합원의 경제적 참여(Member Economic Participation), (4) 자율과 독립(Autonomy and Independence), (5) 교육, 훈련 및 정보제공(Education, Training and Information), (6) 협동조합간의 협동(Co-operation Among Co-operatives), (7) 지역사회에 대한 기여(Concern for Community)를 들고 있다.

협동조합을 통하여 이러한 다양한 분열을 극복하고 사회통합을 이루는 데 기여한다면 대단한 기대효과이다. 나아가 협동조합을 통하여 빈부의 격차가 해소되고 조합원의 소득이 증대되고 고용이 유지된다면 이는 균형있는 국민경제에도 크게 기여하게 될 것이므로 이를 입법목적으로 제시하고 있다.

2. 용어의 정의 및 명칭사용의 제한

가. 용어의 정의

동법에서 사용하는 용어의 뜻은 다음과 같다(동법 제2조 제1호 내지 제4호).

'협동조합'이란 "재화 또는 용역의 구매·생산·판매·제공 등을 협동으로 영위함으로써 조합원의 권익을 향상하고 지역 사회에 공헌하고자 하는 사업조직을 말한다."

'협동조합연합회'란 "협동조합의 공동이익을 도모하기 위하여 제1호에 따라 설립된 협동조합의 연합회를 말한다."

'사회적협동조합'이란 "제1호의 협동조합 중 지역주민들의 권익·복리 증진과 관련된 사업을 수행하거나 취약계층에게 사회서비스 또는 일자리를 제공하

〈표 2-1-1〉 협동조합과 사회적협동조합의 비교

	협 동 조 합	사회적협동조합
법인격	• 법인	• 비영리법인
설 립	• 시·도지사 신고	• 기획재정부(관계부처) 인가
사 업	• 업종 및 분야 제한 없음	• 공익사업 40% 이상 수행 - 지역사회재생, 주민권익 증진 등 - 취약계층 사회서비스, 일자리제공 - 국가·지자체 위탁사업 - 그 밖의 공익증진 사업
법정적립금	• 잉여금의 10/100 이상	• 잉여금의 30/100 이상
배 당	• 배당 가능	• 배당 금지
청 산	• 정관에 따라 잔여재산 처리	• 비영리법인·국고 등 귀속

출처: 기획재정부 보도자료(2012. 2. 8) "「협동조합기본법」 주요내용 및 후속과제"에서 인용.

는 등 영리를 목적으로 하지 아니하는 협동조합을 말한다."

'사회적협동조합연합회'란 "사회적협동조합의 공동이익을 도모하기 위하여 제3호에 따라 설립된 사회적협동조합의 연합회를 말한다."

동법에서는 협동조합을 크게 둘로 나누어 협동조합과 사회적협동조합으로 나누고 있다. 나아가 각각 연합회를 조직할 수 있도록 하고 있다. 협동조합과 사회적협동조합은 설립목적이 다르고 따라서 법적 성격도 다르다.

협동조합은 재화 또는 용역의 구매·생산·판매·제공 등을 협동으로 영위함으로써 조합원의 권익을 향상하고 지역 사회에 공헌하고자 하는 사업조직으로서 순수하게 영리만을 목적으로 하는 상법상의 주식회사와는 다르지만 영리를 추구할 수 있는 법인으로 설립한다.

그러나 사회적협동조합은 협동조합 중 지역주민들의 권익·복리 증진과 관련된 사업을 수행하거나 취약계층에게 사회서비스 또는 일자리를 제공하는 등 영리를 목적으로 하지 아니하는 협동조합을 말하므로 비영리법인으로 설립하도록 하고 있다.

나. 명칭사용의 제한

협동조합은 협동조합이라는 문자를, 협동조합연합회는 협동조합연합회라는 문자를, 사회적협동조합은 사회적협동조합이라는 문자를, 사회적협동조합연합회는 사회적협동조합연합회라는 문자를 각각 명칭에 사용하여야 한다(동법 제3조 제1항).

동법에 따라 설립되는 협동조합과 협동조합연합회(이하 "협동조합등"이라 한다) 및 동법에 따라 설립되는 사회적협동조합과 사회적협동조합연합회(이하 "사회적협동조합등"이라 한다)는 다른 협동조합등 및 사회적협동조합등의 명칭과 중복되거나 혼동되는 명칭을 사용하여서는 아니 된다(동법 제3조 제2항). 명칭이 중복되거나 혼동되지 않도록 사용하는 기준은 첫째, 「협동조합 기본법」에 따라 설립되는 협동조합 및 협동조합연합회(이하 "협동조합등"이라 한다)와 사회적협동조합 및 사회적협동조합연합회(이하 "사회적협동조합등"이라 한다)는 동법 제3조 제2항에 따라 사업 분야 및 내용, 사업구역, 조합원의 구성 등을 고려하여 다른 협동조합등 및 사회적협동조합등과 구별되는 명칭을 사용하여야 한다. 둘째, 협동조합등 및 사회적협동조합등은 동일한 특별시·광역시·특별자치시·특별자치도·시·군에서 다른 협동조합등 및 다른 사회적협동조합등이 등기한 명칭을 사용하지 못한다(동법 시행령 제2조 제1항, 제2항).

또한 동법에 따라 설립된 협동조합등 및 사회적협동조합등이 아니면 협동조합, 협동조합연합회, 사회적협동조합 및 사회적협동조합연합회라는 문자를 명칭에 사용할 수 없다(동법 제3조 제3항).

3. 법인격과 법인의 주소

협동조합등은 법인으로 하고, 사회적협동조합등은 비영리법인으로 한다(동법 제4조 제1항, 제2항). 따라서 사회적협동조합등은 비영리법인이므로 영리행위를 하지 못한다. 영리 아닌 사업이라 함은 개개의 구성원의 이익을 목적으로 하지 않는 사업을 말하며, 반드시 공익 즉, 사회일반의 이익을 목적으로 할 필요는 없다. 비영리사업과 아울러 영리사업을 하는 때에는, 그 목적은 영리성을 띠게 된다. 그러나 비영리사업의 목적을 달성하기 위하여 필요한 한도에서 그의 본질에 반하지 않는 정도의 영리행위를 하는 것은 상관없다. 그러한 영리행위로 인한 수익은 언제나 목적사업의 수행에 충당되어야 하고, 어떠한 형식으로든지 구성원에게 분배하여서는 아니 된다.

협동조합등 및 사회적협동조합등의 주소는 그 주된 사무소의 소재지로 하고, 정관으로 정하는 바에 따라 필요한 곳에 지사무소를 둘 수 있다(동법 제4조 제3항).

4. 조합의 설립목적

협동조합등 및 사회적협동조합등은 구성원(협동조합의 경우 조합원을, 연합회의 경우 회원을 말한다. 이하 "조합원등"이라 한다)의 복리 증진과 상부상조를 목적으로 하며, 조합원등의 경제적·사회적·문화적 수요에 부응하여야 한다(동법 제5조).

협동조합의 설립목적을 법으로 규정하고 있으므로 조합설립시에 조합목적을 다소 표현을 달리하더라도 조합원의 복리 증진과 상부상조를 목적으로 한다는 것을 정관에 규정하여야 할 것이다. 나아가 조합원등의 경제적·사회적·문화적 수요에 부응하도록 운영하여야 한다.

5. 협동조합의 기본원칙

협동조합의 기본원칙은 국제협동조합연맹ICA나 국제연합UN에서도 자주 언급하고 있듯이 운영에 있어서 매우 중요한 원칙이다. 동법에서는 세 가지를 규정하고 있는데, 첫째, 협동조합등 및 사회적협동조합등은 그 업무 수행시 조합원등을 위하여 최대한 봉사하여야 한다. 둘째, 협동조합등 및 사회적협동조합등은 자발적으로 결성하여 공동으로 소유하고 민주적으로 운영되어야 한다. 셋째, 협동조합등 및 사회적협동조합등은 투기를 목적으로 하는 행위와 일부 조합원등의 이익만을 목적으로 하는 업무와 사업을 하여서는 아니 된다(동법제6조).

6. 협동조합등의 책무 등

동법에서 협동조합등의 책무로서 규정하고 있는 것은 협동조합등 및 사회적협동조합등은 조합원등의 권익 증진을 위하여 교육·훈련 및 정보 제공 등의 활동을 적극적으로 수행하여야 한다는 것이다(동법제7조). 책무는 법적인 의무는 아니지만 이른바 '간접의무'라고 하는 것으로서, 여기서 책무의 주체를 협동조합이나 사회적협동조합으로 규정하고 있으나 실질적으로는 협동조합이나 사회적협동조합을 운영(경영)하는 대표기관에게 부여된 것이라고 할 수 있다.

또한 다른 협동조합등과의 협력하여야 할 책무와 다른 협동조합등과 협의회를 구성하여 운영할 수도 있다. 협동조합등 및 사회적협동조합등은 다른 협동조합, 다른 법률에 따른 협동조합, 외국의 협동조합 및 관련 국제기구 등과의 상호협력, 이해 증진 및 공동사업 개발 등을 위하여 노력하여야 한다(동법제8조제1항). 나아가 협동조합등 및 사회적협동조합등은 상호협력등의 목적 달성을 위하여 필요한 경우에는 다른 협동조합, 다른 법률에 따른 협동조합 등과 협의회를 구성·운영할 수 있다(동법제8조제2항).

7. 공직선거 관여 금지

협동조합의 순수성과 자주성을 유지하기 위해서는 정치성을 띠어서는 곤란할 것이다. 이에 협동조합이 각종 공직선거[2]에 관여하는 것을 금지하고 있다.[3] 첫째, 협동조합등 및 사회적협동조합등은 공직선거에서 특정 정당을 지지·반대하는 행위 또는 특정인을 당선되도록 하거나 당선되지 아니하도록 하는 행위를 하여서는 아니 된다(동법 제9조 제1항). 둘째, 누구든지 협동조합등 및 사회적협동조합등을 이용하여 위와 같은 공직선거에 따른 행위를 하여서는 아니 된다(동법 제9조 제2항). 이러한 협동조합기본법 제9조 제2항을 어겼을 경우에는 협동조합기본법 제117조 제3항에서 정한 2년 이하의 징역 또는 1천만원 이하의 벌금형으로 처벌 받게 된다.

8. 협동조합에 관한 정책수립

가. 국가 및 공공단체의 협동조합등에 대한 협력 등

국가 및 공공단체는 협동조합등 및 사회적협동조합등의 자율성을 침해하여서는 아니 된다. 협동조합 조직은 자율성을 기본으로 하고 있기 때문이다.

국가 및 공공단체는 협동조합등 및 사회적협동조합등의 사업에 대하여 적극적으로 협조하여야 하고, 그 사업에 필요한 자금 등을 지원할 수 있다.

국가 및 공공단체는 협동조합등 및 사회적협동조합등의 의견을 듣고 그 의견이 반영되도록 노력하여야 한다(동법 제10조 제1항 내지 제3항).

---

2) '공직선거'라 함은 대통령, 국회의원, 지방의회의원, 지방자치단체의 장 및 교육감, 교육위원 선거 등을 말한다.

3) 다른 협동조합 관련법에서 유사한 입법례를 살펴보면, 소비자생활협동조합법에서 찾아볼 수 있다. 동법 제7조 (공직선거 관여 금지)에서는 "① 조합 등은 공직선거에서 특정 정당을 지지·반대하는 행위 또는 특정인을 당선되도록 하거나 당선되지 못하도록 하는 행위를 하여서는 아니 된다. ② 누구든지 조합 등을 이용하여 제1항에 따른 행위를 하여서는 아니 된다."라고 규정하고 있다.

나. 정부의 협동조합에 관한 정책수립

기획재정부장관은 협동조합에 관한 정책을 총괄하고 협동조합의 자율적인 활동을 촉진하기 위한 기본계획을 수립한다. 기획재정부장관은 협동조합에 관한 정책을 총괄하고 기본계획을 수립함에 있어 관계 중앙행정기관의 장과 협의하여야 하고, 특별시장·광역시장·특별자치시장·도지사·특별자치도지사(이하 "시·도지사"라 한다)의 의견을 요청할 수 있다. 협동조합에 관한 정책 총괄 및 기본계획의 수립과 인가·감독 등에 관한 사항의 협의·조정 등을 위하여 필요한 사항은 대통령령으로 정한다.

기획재정부장관은 협동조합의 활동현황·자금·인력 및 경영 등에 관한 실태파악을 위하여 3년마다 실태조사를 실시한 후 그 결과를 공표하고, 국회 소관 상임위원회에 보고하여야 한다. 관계 중앙행정기관의 장 또는 시·도지사는 3년마다 하는 실태조사를 위하여 필요한 자료를 기획재정부장관에게 제출하여야 한다(동법 제11조 제1항 내지 제5항).

다. 협동조합 정책에 관한 기본계획

기획재정부장관은 동법 제11조에 따라 협동조합등 및 사회적협동조합등의 자주·자립·자치적인 활동을 촉진하기 위하여 3년마다 협동조합 정책에 관한 기본계획(이하 "기본계획"이라 한다)을 수립하여야 한다(동법 시행령 제3조 제1항).

기본계획에는 다음 각 호의 사항이 포함되어야 한다(동법 시행령 제3조 제2항 제1호 내지 제6호).

1. 협동조합등 및 사회적협동조합등의 활성화를 위한 기본방향
2. 협동조합등 및 사회적협동조합등의 활성화를 위한 관련 법령과 제도의 개선
3. 협동조합등 및 사회적협동조합등의 발전전략 및 기반조성에 관한 사항
4. 협동조합등 및 사회적협동조합등의 상호협력 및 협동조합 정책 관련 관계 기관 간 협력에 관한 사항
5. 법 제11조 제4항에 따른 협동조합 실태조사의 결과 및 협동조합 정책 개선에 관한 사항
6. 그 밖에 협동조합의 활성화를 위한 여건 조성에 관한 사항

라. 협동조합정책심의위원회의 설치 · 운영

협동조합의 정책에 관한 주요 사항을 심의하기 위하여 기획재정부장관 소속으로 협동조합정책심의위원회(이하 "심의회"라 한다)를 둔다(동법 시행령 제4조 제1항).

심의회는 다음 각 호의 사항을 심의한다(동법 시행령 제4조 제2항).

1. 기본계획의 수립 · 변경에 관한 사항
2. 협동조합등 및 사회적협동조합등의 설립 · 합병 · 분할의 신고 또는 인가에 관련된 사항
3. 협동조합등 및 사회적협동조합등의 관리 · 감독에 관련된 사항
4. 협동조합 정책과 관련된 관계 행정기관과의 협의 · 조정 등에 관련된 사항
5. 그 밖에 협동조합과 관련된 법 · 제도의 개선 등 협동조합등 및 사회적협동조합등의 활성화를 위하여 기획재정부장관이 정하는 사항

심의회의 위원장은 기획재정부 제2차관이 되며, 위원은 기획재정부령으로 정하는 관계 중앙행정기관의 고위공무원단에 속하는 공무원과 협동조합에 관한 학식과 경험이 풍부한 사람 중에서 기획재정부장관이 위촉하는 사람이 된다(동법 시행령 제4조 제3항). 동법 시행령 제1항에서 제3항까지에서 규정한 사항 외에 심의회의 구성 및 운영 등에 필요한 사항은 기획재정부령으로 정한다(동법 시행령 제4조 제4항).

협동조합정책심의위원회의 구성을 위하여 「협동조합기본법 시행령」 제4조 제3항에서 "기획재정부령으로 정하는 관계 중앙행정기관"이란 다음 각 호의 기관을 말한다(동법 시행규칙 제2조 제1항).

1. 행정안전부, 농림수산식품부, 보건복지부, 고용노동부, 공정거래위원회, 금융위원회, 중소기업청, 산림청
2. 그 밖에 협동조합정책심의위원회의 위원장이 안건 심의를 위하여 필요하다고 인정하는 관계 중앙행정기관

심의회는 위원장 1명을 포함한 20명 이내의 위원으로 구성한다. 공무원인 위원의 임기는 그 직職에 재직하는 기간으로 하며, 위촉위원의 임기는 1년으로 한다(동법 시행규칙 제2조 제2항과 제3항).

협동조합정책심의위원회의 운영에 관하여 살펴보면, 심의회는 매월 1회 개최하는 것을 원칙으로 하되, 효율적인 심의를 위하여 필요하면 심의 일정을 조정할 수 있다. 심의회의 회의는 재적위원 과반수의 출석과 출석위원 과반수의 찬성으로 의결한다. 위원장은 필요한 경우 위원회의 구성원이 아닌 사람을 회의에 출석하여 발언하게 할 수 있다. 심의회에 부칠 안건을 검토·조정하고 그 밖에 심의회의 운영을 지원하기 위하여 실무위원회를 둘 수 있다. 이 경우 실무위원회의 구성 및 운영 등에 필요한 사항은 위원회의 심의를 거쳐 기획재정부장관이 정한다(동법 시행규칙 제3조 제1항 내지 제4항).

9. 협동조합의 날

국가는 협동조합에 대한 이해를 증진시키고 협동조합의 활동을 장려하기 위하여 매년 7월 첫째 토요일을 협동조합의 날로 지정하며, 협동조합의 날 이전 1주간을 협동조합 주간으로 지정한다. 국가와 지방자치단체는 협동조합의 날의 취지에 적합한 행사 등 사업을 실시하도록 노력하여야 한다(동법. 제12조 제1항. 제2항).

10. 「협동조합기본법」과 다른 법률과의 관계

가. 협동조합기본법과 협동조합 관련법과의 관계

첫째, 다른 법률에 따라 설립되었거나 설립되는 협동조합에 대하여는 이 법을 적용하지 아니한다(동법 제13 조 제1항).

둘째, 협동조합의 설립 및 육성과 관련되는 다른 법령을 제정하거나 개정하는 경우에는 이 법의 목적과 원칙에 맞도록 하여야 한다(동법 제13 조 제2항).

이는 「협동조합기본법」과 기존의 8개 협동조합에 관한 특별법과의 관계에 대하여 규정한 것이다. 개별 협동조합에 관한 특별법들은 지금까지는 「협동조합기본법」의 적용이 배제되지만, 향후에는 법제정·개정시에는 협동조합기본법의 원칙과 목적을 반영해야 한다는 의미이다. 이미 설립되어서 활동하는 곳은 적용을 배제하지만, 앞으로는 협동조합의 기본원칙을 존중하여야 한다.

앞에서 살펴보았듯이 「협동조합기본법」에 따라 농협, 수협을 설립할 수는 없다. 그러나 농·어촌지역에서도 농협과 수협이 아닌 다른 형태(예를 들면, 농촌 노인복지, 귀농귀촌, 방과 후 학교 등)의 협동조합의 설립은 가능하게 되었다.

나. 협동조합과 공정거래법과의 관계

『독점규제 및 공정거래에 관한 법률』(이하 「공정거래법」이라 한다)은 공정하고 바른 상거래와 시장 질서를 유지하기 위해 시장경제에서 필수적인 규율이다. 하지만 취약계층 등 경제적인 약자들이 상호 협동과 협력을 기반으로 사업조직인 협동조합을 설립하여 소득격차를 완화하고 경제의 균형발전을 도모한다면, 대기업과 경쟁하기 위한 토대를 마련하기 위해 이러한 중소기업 규모의 협동조합들을 「공정거래법」 적용에서 일부 배제할 필요가 있었다. 그렇지만 다른 한편으로는, 소규모로 시작된 협동조합간 협동행위의 범위를 벗어나 화물, 택배, 대리운전 노동자협동조합의 공동행위로 인한 카르텔 문제 등이 발생한다면 자유로운 시장질서를 저해하는 요인은 물론 기존 기업과의 법 적용에 있어 형평성 문제가 대두되어, 「공정거래법」을 적용해야 할 것이다. 「공정거래법」 적용 여부도 「협동조합기본법」 입법과정에서 쟁점 중의 하나였다. 실제로 「협동조합기본법」은 최초로 「공정거래법」 적용관계를 개별법으로 명시한 법률이다. 협동조합 기본법을 제정하면서 공정거래법과의 관계를 어떻게 설정할 것인가에 대하여 여러 가지 사항을 고려하였는데, 첫째, 「공정거래법」 적용 배제와 관련, 시장지배력을 갖는 기업이 협동조합의 특혜적 조치를 오용할 가능성, 영리기업과 그 성질이 크게 다르지 않은 협동조합이 시장지배력을 갖는 경우, 사안에 따라 「공정거래법」 적용의 필요성을 고려하였다. 둘째, 현행 「공정거래법」은 이미 일정한 조합의 행위에 대해 적용배제의 근거를 두고 있는 점을 검토하였다. 그리고 셋째, 단기간 내에 시장지배적인 협동조합이 등장하기 어렵다는 현실성 등을 종합적으로 논의한 결과, 협동조합에 대하여 일괄적인 적용을 배제하기보다는 사안을 고려하여, 현행 「공정거래법」 배제 수준에서 탄력적으로 적용할 필요가 있다는 데 의견을 모으게 되었다.

협동조합기본법에서는 동법의 대통령령으로 정하는 요건에 해당하는 협동조합등 및 사회적협동조합등의 행위에 대하여는 『독점규제 및 공정거래에 관한 법률』을 적용하지 아니한다. 다만, 불공정거래행위 등 일정한 거래분야에서 부당하게 경쟁을 제한하는 경우에는 그러하지 아니하다(동법제13조 제3항). 동법 제13조 제3항에서 "대통령령으로 정하는 요건에 해당하는 협동조합등 및 사회적협동조합등"이란 다음 각 호의 요건을 모두 갖춘 협동조합능 및 사회적협동조합등을 말한다(동법 시행령 제5조 제1호 내지 제4호).

1. 소규모 사업자 또는 소비자의 상부상조를 목적으로 할 것
2. 임의로 설립되고, 조합원 또는 회원(이하 이 조에서 "조합원등"이라 한다)이 임의로 가입하거나 탈퇴할 수 있을 것
3. 각 조합원등이 평등한 의결권을 가질 것
4. 조합원등에게 이익을 배분하는 경우에는 그 한도가 정관에 정해져 있을 것

이처럼 「협동조합기본법」에서 「공정거래법」의 적용을 명시적으로 배제하고 있는 취지는 사회·경제적 약자들로 구성된 자립·자활공동체 또는 공익실현을 위하여 결성된 조직의 경제적 활동은 당연히 보호되어야 하며, 협동조합의 성격상 시장지배적 지위를 활용하여 불공정거래행위나 부당공동행위를 할 여지는 없어 보이므로 원천적으로 「공정거래법」의 적용배제를 규정하는 것은 타당하다는 것이다.

이는 「공정거래법」 제60조[4])에서 규정하고 있는 바와 같은 취지를 반영하여 제한적으로 공정거래법의 적용을 배제하고 있다. 다만, 공동행위 확대로 인한 카르텔 문제가 발생할 가능성이 있으므로 「공정거래법」 전부를 적용배제하기보다는 일정한 조건하에 「공정거래법」의 적용을 배제하고 있는 것이다.

---

4) 독점규제 및 공정거래에 관한 법률 제12장 적용제외에서 "제60조 (일정한 조합의 행위) 이 법의 규정은 다음 각 호의 요건을 갖추어 설립된 조합(조합의 연합회를 포함한다)의 행위에 대하여는 이를 적용하지 아니한다. 다만, 불공정거래행위 또는 부당하게 경쟁을 제한하여 가격을 인상하게 되는 경우에는 그러하지 아니하다.
  1. 소규모의 사업자 또는 소비자의 상호부조를 목적으로 할 것
  2. 임의로 설립되고, 조합원이 임의로 가입 또는 탈퇴할 수 있을 것
  3. 각 조합원이 평등한 의결권을 가질 것
  4. 조합원에 대하여 이익배분을 행하는 경우에는 그 한도가 정관에 정하여져 있을 것"
이라고 규정하고 있는데 이 규정의 취지를 반영한 것이다.

다. 외국의 입법례

(1) 미 국

상부상조의 목적으로 소규모 사업자들이 모여 운영되는 협동조합에 대한 공정거래법 적용여부는 국제적으로도 논쟁이 많은 과제 중 하나이다. 설립배경과 활동에 따라서 차이가 있지만 원칙적으로 협동조합도 공정하게 시장에서 경쟁해 나가야 하므로 공정거래법의 일괄적인 배제를 규정하지 않은 상황이다. 경제력집중과 시장지배적행위의 문제점을 알고 있는 미국은 협동조합에 대해 포괄적인 적용 배제를 인정하지 않는다. 다만 분야별 규정에 따라 농업은 「캐퍼 볼스테드법Capper-Volstead Act」을 통해, 어업은 「어민단체마케팅법Fishermen's Collective Marketing Act」을 통해 제한적으로 적용배제를 인정한다.

실제로 캐퍼 볼스테드법은 주식자본 유무에 관계없이 농산물 생산 종사자 연합체를 독점금지법 적용에서 배제($\frac{제}{1조}$)하고 있지만 이에 따른 부작용도 고려하여 불공정한 행위에 대하여는 시정명령과 법원제소 권한을 부여하였다($\frac{동법}{제2조}$).[5]

(2) 일 본

한국의 「공정거래법」 제정의 법적, 이론적인 토대를 제공한 일본도 공정거래법이라고 볼 수 있는 「사적독점의 금지 및 공정거래의 확보에 관한 법률」(줄여서 '독점금지법'이라 함) 제60조에서 구체화된 협동조합 요건 충족시 적용배제를 인정한다.

① 소규모의 사업자 또는 소비자의 상호부조를 목적으로 할 것, ② 임의로 설립되고, 조합원이 임의로 가입 또는 탈퇴할 수 있을 것, ③ 각 조합원이 평등한 의결권을 가질 것, ④ 조합원에 대하여 이익배분을 행하는 경우 한도가 정관

---

5) 캐퍼 볼스테드법 제1조는 "농민·재배자·목장주·낙농가·과수농가 등 농산물 생산에 종사하는 자는 자본출자 여부에 관계없이, 가공·유통 전 처리·매매·유동과정에 국내외 거래에 걸쳐 생산자가 참여하는 연합체 또는 다른 형태의 조직을 통해 공동대처할 수 있다. 이러한 조직체는 일반적으로 유통대리점을 설립할 수 있으며 참여조합원과 함께 목적달성을 위해 필요한 협약과 계약을 맺을 수 있다."
제2조는 "농산물 가격을 비정상적으로 올림으로써 독점하고 있거나 공정거래를 제한하고 있는 농업생산자 연합체에 대하여 농무부장관에게 시정명령과 법원에 제소할 수 있는 권한을 부여한다."

에 정하여져 있을 것을 요건으로 하고 있다. 다만, 중소기업조합법, 수협법 등 개별법령에서 자본금, 출자총액, 종업원 수 등 명확한 기준을 충족하는 조합원으로 구성된 협동조합에 한하여 적용배제를 허용하여 관련 제도가 남용되지 않도록 규정하였다.[6]

11. 다른 법률의 준용

동법 제4조 제1항의 협동조합등에 관하여 동법에서 규정한 사항 외에는 「상법」 제1편 총칙, 제2편 상행위, 제3편 제3장의2 유한책임회사에 관한 규정을 준용한다. 이 경우 "상인"은 "협동조합등"으로, "사원"은 "조합원등"으로 본다 ($\frac{동법 제14}{조 제1항}$).

동법 제4조 제2항의 사회적협동조합등에 관하여 동법에서 규정한 사항 외에는 「민법」 제1편 제3장 법인에 관한 규정을 준용한다. 이 경우 "사단법인"은 "사회적협동조합등"으로, "사원"은 "조합원등"으로, "허가"는 "인가"로 본다 ($\frac{동법 제14}{조 제2항}$).

이는 협동조합은 법인, 사회적협동조합은 비영리법인이라는 법인격을 고려하여 협동조합은 상행위에 관한 기본법인 상법에서의 관련 규정을, 사회적협동조합은 비영리법인에 관한 기본법인 민법에서의 관련규정을 준용[7]하도록 하고 있다.

---

6) 일본 중소기업협동조합법 제7조에서 "① 다음 조합은 공정거래법의 적용에 대해 동법 제22조 제1호의 요건을 구비한 조합으로 본다.
  1. 사업협동조합, 화재공제협동조합, 또는 신용협동조합으로서 그 조합원인 사업자가 다음 중 어느 하나에 게재된 자인 것
    가. 자본금 또는 출자총액이 1억엔, 소매업 또는 서비스업을 주된 사업으로 하는 사업자에 대하여는 1,000만엔, 도매업을 주된 사업으로 하는 사업자에 대하여는 3,000만엔을 넘지 않는 법인으로 된 사업자
    나. 항상 사용하는 종업원의 수가 300명(소매업 또는 서비스업은 50명, 도매업자는 100명)을 넘지 않는 사업자
  2. 사업협동소(小)조합
  3. 앞의 2호에서 언급한 조합으로 조직한 협동조합 연합회
② 사업협동조합 또는 신용협동조합으로, 전항 제1호 가. 또는 나.에 언급한 자 이외의 사업자를 조합원에 포함한 경우, 그 조합이 공정거래법 제22조 제1호의 요건을 구비한 조합에 해당하는지의 판단은 공정거래위원회의 권한에 속한다."라고 규정하고 있다.
7) 준용(準用) 또는 유추적용은 법적 개념으로서 필요한 경우 그 한도에서 변경을 가하여 적용

〈표 2-1-2〉 협동조합등의 경우 적용되는 상법 준용사항

(1) 상법 제1편 총칙을 준용하는 사항
- 자기명의로 상행위를 하는 자를 협동조합등이라 함
- 동일한 영업에는 단일상호를 사용하고, 지점의 상호에는 본점과의 종속관계표시
- 누구든지 부정한 목적으로 타인의 영업으로 오인할 수 있는 상호사용 불가
- 협동조합등은 영업상의 재산 및 손익의 상황을 명백히 하기 위하여 회계장부 및 대차대조표를 작성하고 10년간 보존 등

(2) 상법 제2편 상행위를 준용하는 사항
- 상행위로 인한 채무의 법정이율은 연6%로 하며, 협동조합등이 그 영업에 대하여 금전을 대여한 경우에는 법정이자를 청구할 수 있음
- 상행위로 인한 채권은 다른 규정이 없는 한 5년간 행사하지 않으면 소멸시효 인정

(3) 상법 제3장의2 유한책임회사에 관한 규정을 준용하는 사항
- 협동조합등을 대표하는 이사가 그 업무집행으로 타인에게 손해를 입힌 경우에는 협동조합등은 그 이사와 연대하여 배상 등

〈표 2-1-3〉 사회적협동조합등의 경우 적용되는 민법 준용사항

민법 제1편 제3장 법인에 관한 규정을 준용하는 사항
- 이사의 대표권에 대한 제한은 이를 정관에 기재하지 아니하면 그 효력이 없음(민법 제41조)
- 이사의 직무집행을 정지하거나 직무대행자를 선임하는 가처분을 하거나 그 가처분을 변경·취소하는 경우에는 주사무소와 분사무소가 있는 곳의 등기소에 등기(민법 제52조 2항)
- 조합원 등의 지위는 양도 또는 상속불가(민법 제56조)
- 이사가 없거나 결원이 있는 경우에 이로 인하여 손해가 생길 염려가 있는 때에는 법원은 임시이사 선임(민법 제63조)
- 이사는 선량한 관리자의 주의로 그 직무를 행하여야 함(민법 제61조)
- 이사가 그 임무를 해태한 때에는 그 이사는 법인에 대하여 연대하여 손해배상의 책임이 있음(민법 제65조)
- 청산인은 알고 있는 채권자에게 대한 채권신고최고 의무 등(민법 제89조)

한다는 것을 말한다. 준용을 하는 이유는 법전을 간소화하고 같은 내용의 반복을 피하기 위해서이다.

제 2 장   협동조합

「협동조합기본법」에 근거하여 협동조합을 설립하는 방법을 살펴보면, 협동조합설립에 관한 법 조항으로 「협동조합기본법」 제15조부터 제19조, 그리고 제61조에서 규정하고 있다. 동법에 따른 협동조합 설립절차는 크게 8개의 단계로 구분된다. 먼저 ① 5인 이상의 발기인을 모집하여 ② 정관을 작성하고 ③ 창립총회 개최 및 의결을 거친 후 ④ 설립신고를 시·도지사(사회적협동조합은 중앙행정기관의 장)에게 제출한 후 ⑤ 사무를 이사장에게 인계하고 ⑥ 출자금을 납입한 후 ⑦ 설립등기를 관할등기서에 제출하는 단계를 거치면 ⑧ 협동조합이라는 법인격을 부여받게 된다. 기존의 8개 개별 협동조합의 경우에는 모두 ④번의 설립신고가 아닌, 설립인가라는 보다 까다로운 과정을 거쳐야 했지만, 「협동조합기본법」의 제정으로 관할 시·도지사에게 설립신고를 통해서 설립이 가능하게 되었다.

1. 협동조합의 설립요건

가. 설립행위와 설립신고 등

협동조합을 설립하고자 하는 때에는 5인 이상의 조합원 자격을 가진 자가 발기인이 되어 정관을 작성하고 창립총회의 의결을 거친 후 주된 사무소의 소재지를 관할하는 시·도지사에게 신고하여야 한다.

민법상 사단법인의 설립행위는 2인 이상의 설립자가 의사표시를 한다는 점에서 계약과 유사하지만 의사표시내용이 대립성을 보이지 않고 각자가 법인설립이라는 공통의 목적을 위하여 동일한 내용을 가지고 협동한다는 의미에서 계약과 구별된다. 목적의 동일성이란 점에서 수 개의 단독행위가 경합된 것과 비숫하지만 설립행위는 반드시 2인 이상의 의사표시가 필요하고 비대립적인 합의가 존재한다는 점에서 단독행위와도 다르다.

이와 같은 차이점 때문에 사단법인의 설립행위를 합동행위로 분류하는 통설적 견해[1]와 사단법인의 설립행위도 당사자의 합의에 의한다는 점에서 굳이 합동행위라는 새로운 법률행위의 유형으로 볼 것이 아니라 계약의 특수한 유형으로 이해하는 소수설[2]이 있다. 판례는 사단법인의 정관의 법적 성질을 계약이 아니라 자치법규라고 한다($\substack{대판. 2000. 11.\\24. 99다12437}$). 사단법인의 설립행위는 정관의 작성 등 법정된 형식에 의하는 요식행위이다.

협동조합의 설립행위도 마찬가지로 합동행위로 이해할 수 있다. 5인 이상의 사람이 조합을 결성하려는 의사표시가 일치하여 정관을 작성하고 창립총회의 의결을 거치는 행위이므로 이를 특수한 계약으로 보기보다는 통설과 같이 합동행위로 이해하는 것이 타당하다. 또한 법인성립의 입법주의 중에서 주된 사무소의 소재지를 관할하는 시·도지사에게 신고가 필요하다는 점에서 신고주의를 취하고 있어서 매우 자유롭게 협동조합이라는 법인을 설립할 수 있게 된 것이다.

창립총회의 의사는 창립총회 개의 전까지 발기인에게 설립동의서를 제출한 자 과반수의 출석과 출석자 3분의 2 이상의 찬성으로 의결한다. 시·도지사는 협동조합의 설립신고를 받은 때에는 즉시 기획재정부장관에게 그 사실을 통보하여야 한다($\substack{동법. 제15조 제1\\항 내지 제3항}$).

동법 제15조 제1항에 따라 협동조합의 설립신고를 하려는 자는 기획재정부령으로 정하는 협동조합 설립신고서에 다음 각 호의 서류를 첨부하여 특별시장·광역시장·특별자치시장·도지사·특별자치도지사(이하 "시·도지사"라 한다)에게 제출하여야 한다.

---

1) 고상룡, 민법총칙, 제3판, 법문사, 2003, 186면; 곽윤직, 민법총칙, 제7판 박영사, 2007, 133면; 김상용, 민법총칙, 화산미디어, 2009, 218면; 김준호, 민법총칙, 전정판, 법문사, 2008, 134면; 백태승, 민법총칙, 제4판, 법문사, 2009, 231면; 송덕수, 신민법강의, 제6판, 박영사, 2013, 421면 참조.
2) 김증한·김학동, 민법총칙, 제9판, 박영사, 2001, 175면; 이영준, 민법총칙, 개정증보판, 박영사, 2007, 806면; 이은영, 민법총칙, 제5판, 박영사, 2009, 258면 참조.

1. 정관
2. 창립총회 의사록
3. 사업계획서
4. 임원 명부
5. 동법 제15조 제2항에 따라 창립총회가 열리기 전까지 발기인에게 설립동의서를 제출한 자의 명부
6. 합병 또는 분할을 의결한 총회의사록(동법 제56조에 따라 합병 또는 분할로 인하여 설립되는 경우만 해당하며, 합병 또는 분할로 인하여 존속하거나 설립되는 협동조합이 승계하여야 할 권리·의무의 범위가 의결사항으로 적혀 있어야 한다)
7. 그 밖에 기획재정부령으로 정하는 서류

시·도지사는 협동조합 설립신고서를 접수하였을 때에는 특별한 사유가 없으면 30일 이내에 신고필증을 발급하여야 한다. 동법 제71조 제1항의 협동조합연합회의 설립신고에 관하여는 협동조합의 설립신고에 관한 동법 시행령 제6조 제1항 및 제2항을 준용한다. 이 경우 "협동조합"은 "협동조합연합회"로, "시·도지사"는 "기획재정부장관"으로 본다(동법 시행령 제6조 제1항 내지 제3항).

협동조합등의 설립신고를 함에 있어서 동법 시행령 제6조 제1항(같은 조 제3항에서 준용하는 경우를 포함한다)에 따른 협동조합 및 협동조합연합회의 설립신고서는 〈별지 제1호 서식〉에 따른다.

동법 시행령 제6조 제1항 제7호에서 "기획재정부령으로 정하는 서류"는 다음 각 호와 같다.

1. 수입·지출 예산서
2. 출자 1좌座당 금액과 조합원 또는 회원별로 인수하려는 출자 좌수를 적은 서류
3. 창립총회 개최 공고문

동법 시행령 제6조 제2항(같은 조 제3항에서 준용하는 경우를 포함한다)에 따른 협동조합등의 설립신고필증은 〈별지 제2호 서식〉에 따른다(동법 시행규칙 제4조 제1항 내지 제3항).

나. 정관의 작성과 정관변경

(1) 정관의 작성

'정관'이란 협동조합의 조직형태, 운영방법 및 사업 활동 등에 관한 기본적인 사항을 규정한 최고의 자치법규를 말한다. 모든 법인(협동조합 포함)의 설립행위에는 반드시 정관작성이 포함되어야 한다. 정관은 단체의 기본규범에 해당하는 것으로 단체활동의 근거가 되므로 반드시 구비되어야 한다. 따라서 법인격을 취득하기 위해 모든 단체는 반드시 서면으로 작성한 정관을 가지고 등기를 통해 공시하는 절차를 거쳐야 하는 것이다. 앞서 모집된 5인 이상의 발기인은 조합의의 근본규칙이 될 정관을 함께 작성하고 이를 서면에 기재한 후 각자 정관에 기명날인 또는 서명을 해야 한다. 형편에 따라서 설립동의자 모집 이후에 발기인 및 설립동의자가 모두 참여하여 정관을 작성할 수도 있으나, 이 때에도 발기인만이 기명날인 또는 서명을 하여야 한다.

정관에는 반드시 기재하여야 하는 사항인 필수적 기재사항과 그렇지 않은 임의적 기재사항이 있다. 필수적 기재사항 중 한 가지라도 누락되면 정관 전체가 무효가 되며, 임의적 기재사항은 기재하지 않아도 정관 자체의 효력에는 영향이 없지만 기재하지 않으면 그 사항에 대해서 법률상의 효력이 발생하지 않게 된다. 임의적 기재사항은 필수적 기재사항과는 달리 반드시 기재되어야 하는 것은 아니지만 일단 정관에 기재되었다면 필수적 기재사항과 동일하게 법인의 정관규정으로서의 효력을 가진다. 그 변경도 정관변경절차에 따라야 한다. 협동조합기본법에는 협동조합의 정관에 반드시 포함되어야 할 14가지 항목(필수적 기재사항)을 규정하고 있다. 즉, 협동조합의 정관에는 다음 각 호의 사항이 포함되어야 한다(_{동법 제16}조_{제1항}).

    1. 목적
    2. 명칭 및 주된 사무소의 소재지
    3. 조합원 및 대리인의 자격
    4. 조합원의 가입, 탈퇴 및 제명에 관한 사항
    5. 출자 1좌의 금액과 납입 방법 및 시기, 조합원의 출자좌수 한도

6. 조합원의 권리와 의무에 관한 사항

7. 잉여금과 손실금의 처리에 관한 사항

8. 적립금의 적립방법 및 사용에 관한 사항

9. 사업의 범위 및 회계에 관한 사항

10. 기관 및 임원에 관한 사항

11. 공고의 방법에 관한 사항

12. 해산에 관한 사항

13. 출자금의 양도에 관한 사항

14. 그 밖에 총회·이사회의 운영 등에 필요한 사항

(2) 정관의 변경

협동조합의 정관의 변경은 설립신고를 한 시·도지사에게 신고를 하여야 효력이 발생한다(동법 제16조 제2항). 동법 제16조 제2항(동법 제72조에서 준용하는 경우를 포함한다)에 따라 협동조합등의 정관을 변경하려는 자는 〈별지 제3호 서식〉의 정관변경 신고서에 다음 각 호의 서류를 첨부하여 기획재정부장관 또는 시·도지사에게 제출하여야 한다(동법 시행규칙 제5조).

1. 정관 중 변경하려는 사항을 적은 서류
2. 정관 변경을 의결한 총회 의사록
3. 정관 변경 후의 사업계획서와 수입·지출 예산서(사업계획이 변경되어 정관을 변경하는 경우만 해당한다)
4. 대차대조표와 출자감소의 의결, 채권자 공고 및 이의신청의 처리 등의 사실관계를 증명할 수 있는 서류(출좌 1좌당 금액 감소에 따라 정관을 변경하는 경우만 해당한다)

(3) 규약 또는 규정의 제정

협동조합의 운영 및 사업실시에 필요한 사항으로서 정관으로 정하는 것을 제외하고는 규약 또는 규정으로 정할 수 있다(동법 제17조). 규약이나 규정은 정관으로 정하는 것을 제외하고 협동조합의 조직과 사업 활동에 필요한 사항을 정하는 것으로 총회에서 제정, 변경해야 하며 정관과 달리 지자체장에게 신고를 할 필요가 없으므로 총회의 결의로서 그 효력이 발생한다.

다. 설립사무의 인계와 출자납입

발기인은 동법 제15조 제1항에 따라 설립신고를 하면 지체 없이 그 사무를 이사장에게 인계하여야 한다. 발기인으로부터 이사장이 그 사무를 인수하면 기일을 정하여 조합원이 되려는 자에게 출자금을 납입하게 하여야 한다. 현물출자자는 납입기일 안에 출자 목적인 재산을 인도하고 등기·등록, 그 밖의 권리의 이전에 필요한 서류를 구비하여 협동조합에 제출하여야 한다(동법 제18조 제1항 내지 제3항).

라. 협동조합의 성립(설립등기)

협동조합은 주된 사무소의 소재지에서 동법 제61조에 따른 설립등기를 함으로써 성립한다. 협동조합의 설립 무효에 관하여는 「상법」 제328조[3]를 준용한다(동법 제19조 제1항, 제2항). 협동조합은 출자금의 납입이 끝난 날로부터 14일 이내에 주 사무소 소재지(등기소)에서 설립등기를 하여야 하고, 등기가 완료되면 비로소 협동조합으로서의 법인격이 부여된다.

조합이 법인으로 성립하는 것은 설립등기를 한 때에 성립한다. 법인의 등기는 설립등기만이 성립요건이며, 그 밖의 등기는 모두 제3자에 대한 대항요건이다. 따라서 분사무소 설치, 사무소이전, 등기사항의 변경, 해산, 청산은 이를 등기하여야만 그 사실을 제3자에게 대항할 수 있다. 등기하지 않으면 악의의 제3자에게도 그 사실을 주장할 수 없다고 할 것이다. 그러나 제3자가 그 사실을 인정하는 것은 무방하다.

설립등기를 마친 협동조합이 사업을 하려면 사업개시일부터 20일 이내에 사업을 하고자 하는 장소(사업장)의 관할세무서장에게 사업자등록을 하여야 한다.

---

3) 상법 제328조 (설립무효의 소) ① 회사설립의 무효는 주주·이사 또는 감사에 한하여 회사성립의 날로부터 2년 내에 소만으로 이를 주장할 수 있다.
② 제186조 내지 제193조의 규정은 제1항의 소에 준용한다.

2. 조 합 원

조합원은 협동조합의 설립목적에 동의하고 조합원으로서의 의무를 다하고자 하는 자이다(동법 제20조). 따라서 협동조합은 정당한 사유 없이 가입을 거절하거나 다른 조합원보다 불리한 조건을 붙일 수 없다(동법 제21조 제1항). 다만 정관으로 정하는 바에 따라 협동조합의 설립목적 및 특성에 부합되는 자로 조합원의 자격을 제한할 수 있다(동법 제21조 제2항). 조합원으로 가입하면 이에 따른 의무와 권리가 부여된다. 보통 조합원은 출자·회의·교육·행사 등에 참여할 의무가 있다. 그런데 「협동조합기본법」에는 출자의 의무만 명시하여, 조합원은 정관으로 정하는 바에 따라 1좌 이상 출자해야 한다(동법 제22조 제1항). 출자 1좌의 금액 및 최소납입 출자좌수는 정관으로 정하기 때문에, 협동조합의 최소납입출자금은 협동조합에 따라 달라질 수밖에 없게 된다. 한편, 「협동조합기본법」은 조합원 1인의 출자좌수를 총 출자좌수의 30%까지로 제한하고 있다(동법 제22조 제2항). 이는 어느 특정조합원이 조합을 좌지우지하는 것을 막고 민주적으로 운영되도록 하는 데 있다.

「협동조합기본법」에 명시된 조합원의 권리를 살펴 보면, ① 의결권 및 선거권(동법 제23조 제1항), ② 조합원 대리행사권(동법 제23조 제2항), ③ 제명 이전 의견진술권(동법 제25조 제2항), ④ 탈퇴·제명시 지분환급청구권(동법 제26조 제1항), ⑤ 대의원 피선거권(동법 제31조 제2항), ⑥ 임원 해임 요구권(동법 제40조 제1항), ⑦ 사업이용 우선권(동법 제46조), ⑧ 서류열람권 및 사본청구권(동법 제49조 제2항, 제3항), ⑨ 잉여금 배당권(동법 제51조 제3항), ⑩ 잔여재산 청구권(동법 제59조) 등이 있다. 한편, 협동조합의 대의원이 조합원 중에서 선출되는 것과 달리, 이사·감사 등 임원의 선출방법은 정관으로 정하기 때문에, 임원의 피선거권은 조합원의 배타적 권리가 되는 것은 아니다(동법 제31조 제2항, 제34조 제2항).

가. 조합원의 자격

조합원은 협동조합의 설립 목적에 동의하고 조합원으로서의 의무를 다하고자 하는 자로 한다(동법 제20조). 조합원이 될 수 있는 자는 자연인뿐만 아니라 법인도 조합원이 될 수 있다. 그리고 외국인도 외국인등록번호가 있는 경우 조합원으로 가입이 가능하고, 외국법인도 내외국인 평등주의에 따라 조합원으로 참여가 가능하다. 다만, 이 경우 외국인 출자규제 관련 법률(예: 외국인투자촉진법, 외국환거래법)에 적합해야 한다. 다만, 지방자치단체는 지방재정법 제18조에 따라 출자가 제한되기 때문에 발기인 및 조합원으로 참여할 수 없다.[4]

나. 조합의 가입과 자격제한

협동조합은 정당한 사유 없이 조합원의 자격을 갖추고 있는 자에 대하여 가입을 거절하거나 가입에 있어 다른 조합원보다 불리한 조건을 붙일 수 없다. 그러나 협동조합은 정관으로 정하는 바에 따라 협동조합의 설립 목적 및 특성에 부합되는 자로 조합원의 자격을 제한할 수 있다(동법 제21조 제1항, 제2항).

다. 조합원의 의무와 책임

조합원은 기본적으로 출자의무와 회의 · 교육 · 행사 등에 참가할 의무가 있다. 협동조합기본법에서는 출자의무만 명시적으로 규정하고 있다. 조합원은 정관으로 정하는 바에 따라 1좌 이상을 출자하여야 한다. 다만, 필요한 경우 정관으로 정하는 바에 따라 현물을 출자할 수 있다. 조합원 1인의 출자좌 수는 총출자좌 수의 100분의 30을 넘어서는 아니 된다. 조합원이 납입한 출자금은 질권[5]의 목적이 될 수 없다. 협동조합에 납입할 출자금은 협동조합에 대한 채권과 상계하지 못한다(동법 제22조 제1항 내지 제4항).

조합원의 책임은 납입한 출자액을 한도로 한다(동법 제22조 제5항). 따라서 출자액에 따르는 유한책임이다.

라. 조합원의 권리(의결권 및 선거권)

사단법인의 구성요소인 사원과 같이 조합에는 조합원이 있다. 사원은 법인의

---

4) 기획재정부, 협동조합 설립 운영 안내서 「아름다운 협동조합 만들기」, 2013. 1, 162-163면.

5) 질권(質權)이란 채권자가 채무의 변제를 받을 때까지 그 채권의 담보로서 채무자 또는 제3자로부터 받은 물건(또는 재산권)을 유치하고, 변제가 없는 때에는 그 물건의 가액(교환가치)에서 우선적으로 변제를 받을 수 있는 담보물권을 말한다(민법 제329조 및 제345조; 이영준, 한국민법론 - 물권편 - 신정2판, 박영사, 735면).

사업에 참여함에 있어서 각종의 권리와 의무를 갖게 되는데, 이것을 총괄한 사원의 지위를 사원권이라고 한다. 사원권은 정관의 규정에 따라 취득한다(민법 제40조 제6호).

사원권은 크게 공익권(결의권·소수사원권·사무집행권·감독권 등)과 자익권(이익배당청구권·잔여재산분배청구권·시설이용권 등)으로 나눌 수 있는데, 비영리법인에서는 공익권이, 영리법인에서는 자익권이 중심을 이룬다. 이러한 차이에서, 사원권의 양도·상속이 영리법인의 경우에는 허용되나(상법 제335조), 비영리법인의 경우에는 부인된다(민법 제56조).

협동조합에서도 조합원은 ① 관리·운영에 참여하는 것을 내용으로 하는 권리(사단법인에서의 공익권)와 ② 조합원이 조합으로부터 개인적으로 경제적 이익을 받는 것을 내용으로 하는 권리(사단법인에서의 자익권)로 크게 나눌 수 있다.

(1) 조합의 관리·운영에 참여할 권리

조합원은 총회에 참석하여 조합의 운영에 관한 사항의 의사결정에 참여할 수 있는 의결권을 가지며 임원과 대의원을 선출하는 선거권과 임원 또는 대의원으로 선출될 수 있는 피선거권을 갖는다. 그 밖에 조합원은 제명 이전 의견진술권, 임원 해임 요구권, 서류열람권 및 사본청구권 등의 권리를 갖는다.

조합원이 갖는 의결권과 선거권은 출자좌 수에 관계없이 1인 1표 원칙에 의한다. 조합원은 직접 총회에 참석하여 의결권 또는 선거권을 행사할 수 없을 때에는 대리인으로 하여금 의결권 또는 선거권을 행사하게 할 수 있다. 이 경우 그 조합원은 출석한 것으로 본다. 조합원의 대리인은 다른 조합원 또는 본인과 동거하는 가족(조합원의 배우자, 조합원 또는 그 배우자의 직계 존속·비속과 형제자매, 조합원의 직계 존속·비속 및 형제자매의 배우자를 말한다. 이하 같다)이어야 하며, 대리인이 대리할 수 있는 조합원의 수는 1인에 한한다. 조합원의 대리인은 정관으로 정하는 바에 따라 대리권을 증명하는 서면을 협동조합에 제출하여야 한다(동법 제23조 제1항 내지 제3항).

(2) 조합으로부터 경제적 이익을 받는 권리

조합원은 협동조합의 사업을 이용할 권리를 갖는다. 조합원은 이 사업이용권을 행사하여 협동조합으로부터 경제적 이익을 받는 것이 주목적이며, 주식회사 등 영리법인과는 달리 잉여금배당청구권은 부수적인 것에 불과하다. 협동조합에 이익잉여금이 발생한 때에는 손실보전금과 법정적립금 및 임의적립금 등을 적립한 이후에 조합원에게 배당을 할 수 있다(잉여금 배당권). 탈퇴하거나, 제명된 조합원은 지분환급청구권을 갖는다. 또한 협동조합이 해산할 경우 채무를 변제하고 잔여재산이 있을 때에는 정관으로 정하는 경우에는 잔여재산청구권이 부여될 수 있다.

마. 조합의 탈퇴

조합원은 정관으로 정하는 바에 따라 협동조합에 탈퇴의사를 알리고 탈퇴할 수 있다. 조합원이 다음 각 호의 어느 하나에 해당하면 당연히 탈퇴된다.

1. 조합원의 자격이 없는 경우
2. 사망한 경우
3. 파산한 경우
4. 금치산선고를 받은 경우
5. 조합원인 법인이 해산한 경우
6. 그 밖에 정관으로 정하는 사유에 해당하는 경우

조합원지위의 양도 또는 조합원지분의 양도는 총회의 의결을 받아야 한다 $\left(\begin{smallmatrix}\text{동법 제24조 제1}\\\text{항 내지 제3항}\end{smallmatrix}\right)$.

바. 조합원의 제명

협동조합은 조합원이 다음 각 호의 어느 하나에 해당하면 해당 조합원을 제명할 수 있다.

1. 정관으로 정한 기간 이상 협동조합의 사업을 이용하지 아니한 경우
2. 출자 및 경비의 납입 등 협동조합에 대한 의무를 이행하지 아니한 경우
3. 그 밖에 정관으로 정하는 사유에 해당하는 경우

협동조합은 조합원을 제명하고자 할 때에는 총회 개최 10일 전까지 해당 조합원에게 제명사유를 알리고, 총회에서 의견을 진술할 기회를 주어야 한다. 제명하려는 조합원에게 의견진술의 기회를 주지 아니하고 행한 총회의 제명 의결은 해당 조합원에게 대항하지 못한다(동법 제25조 제1항 내지 제3항).

사. 조합원의 지분환급청구권과 환급정지, 조합손실액 부담청구

탈퇴 조합원(제명된 조합원을 포함)은 탈퇴(제명을 포함) 당시 회계연도의 다음 회계연도부터 정관으로 정하는 바에 따라 그 지분의 환급을 청구할 수 있다. 조합원의 지분환급청구권의 행사에 따른 지분은 탈퇴한 회계연도 말의 협동조합의 자산과 부채에 따라 정한다. 지분환급청구권은 2년간 행사하지 아니하면 시효로 인하여 소멸된다.

협동조합은 탈퇴 조합원이 협동조합에 대한 채무를 다 갚을 때까지는 지분환급청구권에 따른 지분의 환급을 정지할 수 있다(동법 제26조 제1항 내지 제4항).

한편 협동조합은 협동조합의 재산으로 그 채무를 다 갚을 수 없는 경우에는 동법 제26조에 따른 지분의 환급분을 계산할 때 정관으로 정하는 바에 따라 탈퇴 조합원이 부담하여야 할 손실액의 납입을 청구할 수 있다. 이 경우 동법 제26조 제3항을 준용하여 조합이 탈퇴 조합원에 대하여 가지는 조합손실액 부담청구권은 2년간 행사하지 아니하면 시효로 인하여 소멸된다(동법 제27조).

3. 협동조합의 기관

협동조합은 법인이므로 독립된 권리주체가 되지만, 자연인처럼 그 자체가 활동할 수는 없다. 조합이라는 법인이 독립된 인격체로서 사회적으로 활동하기 위해서는 법인의 의사를 결정하여 외부에 이를 대표하며, 또 내부에서 그 사무를 처리하는 일정한 조직이 필요하다. 그 조직을 이루는 것을 법인의 기관이라고 한다. 일반적으로 의사결정기관, 업무집행기관과 협동조합의 운영감독기관의 3종류가 있는데 「협동조합기본법」에 근거하여 설립된 협동조합은 의사결정기관으로서 총회, 대의원총회가 있으며, 업무집행기관으로 이사회를 두고 있으며,

감독기관으로 감사가 있다.

「협동조합기본법」에는 총회, 대의원총회, 이사회 등 3개 기관의 구성 및 운영에 관한 사항을 규정하고 있다. 이중 총회와 이사회는 모든 협동조합이 필수적으로 설치해야 하는 기관이고, 대의원총회는 대통령령으로 정하는 조합원 수를 초과하는 협동조합에 한해 설치 여부를 선택할 수 있는 기관이다(동법 제28조 제1항, 제31조 제1항, 제32조 제1항). 감독기관으로 감사도 반드시 두어야 하는 필수기관이다.

가. 조합의 총회

협동조합에는 총회를 둔다. 총회는 이사장과 조합원으로 구성한다. 이사장은 총회를 소집하며, 총회의 의장이 된다. 정기총회는 매년 1회 정관으로 정하는 시기에 소집하고, 임시총회는 정관으로 정하는 바에 따라 필요하다고 인정될 때 소집할 수 있다. 협동조합은 정기총회 7일 전까지 사업보고서, 대차대조표, 손익계산서, 잉여금[손실금]처분안 등이 포함된 결산보고서를 감사에게 제출해야 하고, 감사는 결산보고서와 감사의견서를 정기총회에 제출해 승인을 받아야 하며, 매 회계연도의 사업계획서와 수지예산서를 작성하여 총회의 의결을 얻어야 한다.

이사장은 총회 개최 7일 전까지 회의목적·안건·일시 및 장소를 정하여 정관으로 정한 방법에 따라 총회소집을 통지하여야 한다(동법 제28조 제1항 내지 제5항).

총회의 의결사항으로 정하고 있는 다음 각 호의 사항은 총회의 의결을 받아야 한다.

1. 정관의 변경
2. 규약의 제정·변경 또는 폐지
3. 임원의 선출과 해임
4. 사업계획 및 예산의 승인
5. 결산보고서의 승인
6. 감사보고서의 승인
7. 협동조합의 합병·분할·해산 또는 휴업
8. 조합원의 제명

9. 총회의 의결을 받도록 정관으로 정하는 사항

10. 그 밖에 이사장 또는 이사회가 필요하다고 인정하는 사항

총회의 의결사항 중에 정관의 변경($^{제1}_{호}$), 협동조합의 합병·분할·해산 또는 휴업($^{제7}_{호}$), 조합원의 제명($^{제8}_{호}$)의 사항은 총조합원 과반수의 출석과 출석자 3분의 2 이상의 찬성으로 의결하며, 그 밖의 사항은 총조합원 과반수의 출석과 출석자 과반수의 찬성으로 의결한다($^{동법. 제29조}_{제1항. 제2항}$).

총회의 의사에 관하여 의사록을 작성하여야 한다. 의사록에는 의사의 진행 상황과 그 결과를 적고 의장과 총회에서 선출한 조합원 3인 이상이 기명날인하거나 서명하여야 한다($^{동법}_{제30조}$).

나. 조합의 대의원총회

조합원의 수가 많아지면 조합원 총회의 성립 자체가 현실적으로 어려울 수가 있다. 물론 조합원은 대리인으로 하여금 의결권 및 선거권을 행사할 수 있지만, 대리인이 대리할 수 있는 조합원의 수는 1인으로 한정된다.

따라서 조합원의 수가 대통령령으로 정하는 수를 초과하는 경우, 총회를 갈음하는 대의원총회를 둘 수 있다. 대의원총회를 둘 수 있는 경우는 조합원의 수가 200인을 초과하는 경우를 말한다($^{동법시행}_{제7조}$).

대의원총회는 조합원 중에서 선출된 대의원으로 구성한다. 대의원의 의결권 및 선거권은 대리인으로 하여금 행사하게 할 수 없다. 대의원총회에 관하여는 총회에 관한 규정을 준용하며, 이 경우 "조합원"은 "대의원"으로 본다. 다만, 대의원총회는 협동조합의 합병·분할 및 해산에 관한 사항은 의결할 수 없다($^{동법 제31조 제}_{1항 내지 제4항}$). 협동조합의 합병·분할 및 해산은 협동조합의 생존과도 같은 중요한 사항으로서 반드시 조합원의 총의를 물어야 하므로 총회의 전권사항이다.

다. 조합의 이사회

협동조합에 이사회를 둔다. 이사회는 이사장 및 이사로 구성하며, 협동조합에 반드시 두어야 하는 필수기관이다. 이사회는 총회 소집의 능률화를 기하고

협동조합을 합리적으로 운용하려는 제도로서 총회에서 의결된 사항을 집행함에 필요한 세부사항을 의결한다.

이사장은 이사회를 소집하고 그 의장이 된다. 이사회는 구성원 과반수의 출석과 출석원 과반수의 찬성으로 의결하며, 그 밖에 이사회의 개의 및 의결방법 등 이사회의 운영에 관하여 필요한 사항은 정관으로 정한다(동법 제32조 제1항 내지 제4항).

이사회는 다음 각 호의 사항을 의결한다(동법 제33조).

1. 협동조합의 재산 및 업무집행에 관한 사항
2. 총회의 소집과 총회에 상정할 의안
3. 규정의 제정·변경 및 폐지
4. 사업계획 및 예산안 작성
5. 법령 또는 정관으로 이사회의 의결을 받도록 정하는 사항
6. 그 밖에 협동조합의 운영에 중요한 사항 또는 이사장이 부의하는 사항

라. 조합의 임원(이사장, 이사, 감사)

임원은 어떤 단체에 소속하여 그 단체의 중요한 일을 맡아보는 사람으로, 협동조합의 임원은 이사장, 이사, 감사를 말한다. 협동조합기본법상 임원으로서의 자격과 관련하여 특별한 제한을 두지 않기 때문에 비조합원도 임원이 될 수 있다.

(1) 이사의 수와 선출방법

협동조합에 임원으로서 이사장 1명을 포함한 3명 이상의 이사와 1명 이상의 감사를 둔다. 이사의 정수 및 이사·감사의 선출방법 등은 정관으로 정한다. 이사장은 이사 중에서 정관으로 정하는 바에 따라 총회에서 선출한다(동법 제34조 제1항 내지 제3항).

(2) 임원의 임기와 결격사유

임원의 임기는 4년의 범위에서 정관으로 정한다. 임원은 연임할 수 있다. 다만, 이사장은 2차에 한하여 연임할 수 있다.[6] 이사장이 아닌 임원은 연임에 제

---

6) 표준국어대사전에서 '연임(連任)'은 "정해진 임기를 마친 후에 거듭해서 그 임기의 직책에 임명되는 것"이라 정의하고 있고, '중임(重任)'은 "먼저 근무하던 직위에 거듭 임명되는 것"으로 정의

한이 없으므로 계속하여 임원을 맡을 수 있으나, 이사장은 2차에 한하여 연임할 수 있으므로 연속하여 두 번 임기의 이사장을 맡을 수 있다고 해석된다. 그 후 다른 사람이 이사장을 맡은 후에 다시 연임제한에 걸린 전임이사장이 다시 이사장을 맡을 수 있느냐에 대하여는 가능하다고 해석된다. 결원으로 인하여 선출된 임원의 임기는 전임자의 임기종료일까지로 한다(동법 제35조 제1항 내지 제3항).

임원의 결격사유로서 다음 각 호의 어느 하나에 해당하는 사람은 협동조합의 임원이 될 수 없다(동법 제36조 제1항).

1. 금치산자[7]

2. 한정치산자[8]

3. 파산선고를 받고 복권되지 아니한 사람

4. 금고 이상의 실형을 선고받고 그 집행이 끝나거나(집행이 끝난 것으로 보는 경우를 포함한다) 집행이 면제된 날부터 3년이 지나지 아니한 사람

5. 금고 이상의 형의 집행유예를 선고받고 그 유예기간 중에 있거나 유예기간이 끝난 날부터 2년이 지나지 아니한 사람

6. 금고 이상의 형의 선고유예를 받고 그 선고유예기간 중에 있는 사람

하고 있다. 따라서 "현행 헌법에는 대통령의 연임(連任)을 금하고 있다."라고 하여 현행 헌법에서 대통령의 5년 임기가 끝난 후에 같은 사람이 다시 대통령직에 머물 수 없다는 뜻으로 해석해야 한다. '연임(連任)'과 '중임(重任)'의 가장 큰 차이는 그 직위가 특정한 기간인가 하는 것이다. '연임(連任)'은 특정한 기간에 특정한 자리에 연속해서 머무르는 것인 반면, '중임'은 불특정 기간에 특정 자리에 거듭 임명되는 것이다.

7) 금치산자(禁治産者)는 심신상실의 상태에 있는 자로서 가정법원으로부터 금치산선고를 받은 자를 말한다(민법 제12조). 금치산자의 법률행위는 언제나 취소할 수 있다(민법 제13조). 이는 민법의 개정으로 2013. 7. 1.부터 민법 제9조로 대치되어 "① 가정법원은 질병, 장애, 노령, 그 밖의 사유로 인한 정신적 제약으로 사무를 처리할 능력이 지속적으로 결여된 사람에 대하여 본인, 배우자, 4촌 이내의 친족, 미성년후견인, 미성년후견감독인, 한정후견인, 한정후견감독인, 특정후견인, 특정후견감독인, 검사 또는 지방자치단체장의 청구에 의하여 성년후견개시의 심판을 한다. ② 가정법원은 성년후견개시의 심판을 할 때 본인의 의사를 고려하여야 한다."로 개정되었다.

8) 한정치산자(限定治産者)란 심신이 박약한 자 또는 재산의 낭비로 자기나 가족의 생활을 궁박하게 할 염려가 있는 자로서 가정법원으로부터 한정치산의 선고를 받을 자를 말한다(민법 제9조). 한정치산자는 미성년자와 같은 행위능력을 가지는 것으로 본다(민법 제10조). 이는 민법의 개정으로 2013. 7. 1.부터 민법 제12조로 대치되어 "① 가정법원은 질병, 장애, 노령, 그 밖의 사유로 인한 정신적 제약으로 사무를 처리할 능력이 지속적으로 결여된 사람에 대하여 본인, 배우자, 4촌 이내의 친족, 미성년후견인, 미성년후견감독인, 한정후견인, 한정후견감독인, 특정후견인, 특정후견감독인, 검사 또는 지방자치단체장의 청구에 의하여 한정후견개시의 심판을 한다. ② 가정법원은 한정후견개시의 심판을 할 때 본인의 의사를 고려하여야 한다."로 개정되었다.

7. 법원의 판결 또는 다른 법률에 따라 자격이 상실 또는 정지된 사람

임원결격사유가 발생하면 해당 임원은 당연히 퇴직된다. 임원결격사유로 퇴직된 임원이 퇴직 전에 관여한 행위는 그 효력을 상실하지 아니한다(동법 제36조 제2항. 제3항).

(3) 임원 또는 대의원 선거운동의 제한

누구든지 자기 또는 특정인을 협동조합의 임원 또는 대의원으로 당선되도록 하거나 당선되지 아니하도록 할 목적으로 다음 각 호의 어느 하나에 해당하는 행위를 할 수 없다(동법 제37 조 제1항).

1. 조합원(협동조합에 가입신청을 한 자를 포함)이나 그 가족 또는 조합원이나 그 가족이 설립·운영하고 있는 기관·단체·시설에 대한 다음 각 목의 어느 하나에 해당하는 행위

   가. 금전·물품·향응이나 그 밖의 재산상의 이익을 제공하는 행위

   나. 공사公私의 직을 제공하는 행위

   다. 금전·물품·향응, 그 밖의 재산상의 이익이나 공사의 직을 제공하겠다는 의사표시 또는 그 제공을 약속을 하는 행위

2. 후보자가 되지 못하도록 하거나 후보자를 사퇴하게 할 목적으로 후보자가 되려는 사람이나 후보자에게 제1호 각 목에 규정된 행위를 하는 행위

3. 제1호 또는 제2호의 이익이나 직을 제공받거나 그 제공의 의사표시를 승낙하는 행위 또는 그 제공을 요구하거나 알선하는 행위

임원 또는 대의원이 되려는 사람은 정관으로 정하는 기간 중에는 선거운동을 위하여 조합원을 호별로 방문하거나 특정 장소에 모이게 할 수 없다. 누구든지 협동조합의 임원 또는 대의원 선거와 관련하여 연설·벽보, 그 밖의 방법으로 거짓의 사실을 공표하거나 공연히 사실을 적시하여 후보자를 비방할 수 없다(동법. 제37조 제2항. 제3항).

누구든지 임원 또는 대의원 선거와 관련하여 다음 각 호의 방법 중 정관으로 정하는 행위 외의 선거운동을 할 수 없다(동법.제37 조.제4항).

1. 선전 벽보의 부착

2. 선거 공보의 배부

3. 소형 인쇄물의 배부

4. 합동 연설회 또는 공개 토론회의 개최

5. 전화·컴퓨터통신을 이용한 지지 호소

위와 같이 협동조합의 임원 또는 대의원에 관한 선거규정을 위반하게 되면 2년 이하의 징역 또는 1천만원 이하의 벌금에 처하게 되는 형벌이 규정되어 있다.

협동조합은 임원 및 대의원 선거를 공정하게 관리하기 위하여 선거관리위원회를 구성·운영할 수 있다. 선거관리위원회의 기능·구성 및 운영 등에 관하여 필요한 사항은 정관으로 정할 수 있다(동법. 제38조 제1항. 제2항).

(4) 임원의 의무와 책임

협동조합의 임원에게는 선량한 관리자로서의 주의의무가 있으며, 이를 위반하였거나 임원으로서의 임무를 게을리하였을 경우에는 이로 인하여 협동조합이나 제3자에게 손해를 가한 때에는 그 손해를 배상할 책임이 있다. 이는 협동조합기본법에서 특별히 임원의 불법행위책임을 규정하고 있는 것이다.

한편, 임원 중 조합의 대표기관인 이사장이나 이사장을 대리하는 이사가 불법행위를 하여 제3자에게 손해를 가한 경우에 제3자가 조합을 상대로 불법행위를 이유로 손해배상책임을 물을 수 있는가. 협동조합도 법인으로서 민법상 법인의 불법행위책임에 관한 규정(민법 제35조)이 유추적용될 수 있다고 생각된다. 그렇지 않으면 민법 제750조의 일반불법행위책임에 관한 규정이 적용될 수 있다.

참고 민법상 법인의 불법행위책임(민법 제35조)

가. 의 의

법인은 이사 기타 대표자가 그 직무에 관하여 타인에게 가한 손해를 배상할 책임이 있다(민법. 제35조 제1항 전문). 즉 대표기관이 직무에 관하여 제3자에게 가한 불법행위에 대하여 법인 스스로가 그 배상책임을 진다. 그 외에 민법은 법인 이외에 대표기관 개인의 배상책임도 긍정한다(민법. 제35조 제1항 후문).

나. 법인의 불법행위의 요건

(1) 대표기관의 행위

대표기관의 행위가 있어야 한다. 대표기관으로는 이사(민법 제57조)·임시이사(민법 제63조)·특별대리인(민법 제64조)·청산인(민법 제82조·제83조)이 있다. 대표기관이 아닌 기관, 예컨대 사원총회와 감사의 행위에 관하여는 법인의 불법행위가 성립하지 않는다.

(2) 직무행위

대표기관이 직무에 관하여 타인에게 손해를 가하여야 한다. 대표기관이 직무에 관하여 한 행위만이 법인의 행위가 되고, 이러한 행위에 대하여만 법인의 불법행위 책임이 발생한다. 여기서 "직무에 관하여"라 함은, 행위의 외형상 기관의 직무수행 행위라고 볼 수 있는 행위 및 직무행위와 사회관념상 관련성을 가지는 행위를 말한다.

(3) 불법행위에 관한 일반적 요건

불법행위에 관한 일반적 요건을 갖추어야 한다. 민법 제35조 제1항은 민법 제750조를 전제로 하는 규정이기 때문이다. 따라서 대표기관의 고의·과실로 인한 위법행위로 타인에게 손해를 주었어야 한다.

다. 효 과

법인의 불법행위에 대하여는 법인은 피해자에게 그 손해를 배상하여야 한다(민법 제35조 제1항 전단). 그 밖에 법인의 사용자의 자격에서 사용자배상책임(민법 제756조)을 지기도 한다. 즉 양 책임은 경합한다. 법인의 불법행위가 성립하는 경우에는 가해행위를 한 대표기관 개인은 법인과 함께 피해자에 대하여 배상책임을 진다(민법 제35조 제1항 후단). 따라서 피해자는 법인 또는 대표기관에 대하여 선택적으로 손해배상을 청구할 수 있다.

한편 법인의 대표기관이 법인의 목적범위 외의 행위, 즉 직무 외의 행위로 인하여 타인에게 손해를 가한 때에는 법인이 불법행위가 성립하지 않는다. 이때에는 대표기관 본인만이 불법행위책임을 지는 것이 원칙이지만 민법에서는 피해자의 보호를 위하여 그 사항의 의결에 찬성하거나 그 의결을 집행한 사원·이사 및 기타 대표기관이 언제나 연대하여 배상책임을 지도록 하고 있다(민법 제35조 제2항).

(가) 임원의 의무

임원은 동법, 동법에 따른 명령, 정관·규약·규정 및 총회와 이사회의 의결을 준수하고 협동조합을 위하여 성실히 그 직무를 수행하여야 한다. 이른바 '선량한 관리자로서의 주의의무(선관의무)'가 있다(동법 제39조 제1항).

(나) 임원의 협동조합에 대한 불법행위로 인한 손해배상책임

임원이 법령 또는 정관을 위반하거나 그 임무를 게을리하여 협동조합에 손해를 가한 때에는 연대하여 그 손해를 배상하여야 한다(동법 제39조 제2항).

(다) 임원의 제3자에 대한 불법행위로 인한 손해배상책임

임원이 고의 또는 중대한 과실로 그 임무를 게을리하여 제3자에게 손해를 끼친 때에는 제3자에게 연대하여 그 손해를 배상하여야 한다(동법 제39조 제3항).

(라) 임원의 조합과 제3자에 대한 불법행위가 이사회의결인 경우의 이사의 책임

임원이 조합과 제3자에 대한 불법행위가 이사회의 의결에 의한 것일 때에는 그 의결에 찬성한 이사도 같은 책임이 있다. 이사회의 의결에 참가한 이사로서 명백한 반대의사를 표시하지 아니한 자는 그 의결에 찬성한 것으로 본다(동법 제39조 제4항, 제5항).

(5) 임원의 해임

조합원은 조합원 5분의 1 이상의 동의로 총회에 임원의 해임을 요구할 수 있다. 임원의 해임을 의결하려면 해당 임원에게 해임의 이유를 알리고, 총회에서 의견을 진술할 기회를 주어야 한다(동법 제40조 제1항, 제2항). 해당 임원에게 해임의 이유를 알리지 않거나 총회에서 의견을 진술할 기회를 주지 않고 해임을 의결한 경우에는 절차상의 위법으로 해임은 취소당할 수 있다. 해임의 의결은 총조합원 과반수의 출석과 출석자 과반수의 찬성으로 의결한다(동법 제29조 제1항, 제2항).

(6) 이사장 및 이사의 직무

이사장은 협동조합을 대표하고 정관으로 정하는 바에 따라 협동조합의 업무를 집행한다. 이른바 대표기관이다. 이사는 정관으로 정하는 바에 따라 협동조합의 업무를 집행하고, 이사장이 사고가 있을 때에는 정관으로 정하는 순서에 따라 그 직무를 대행한다. 이사장이 사고가 있을 경우와 이사장이 권한을 위임한 경우를 제외하고는 이사장이 아닌 이사는 협동조합을 대표할 수 없다(동법 제41조 제1항 내지 제3항).

(7) 감사의 직무와 협동조합의 대표권

감사는 협동조합의 업무를 감독하는 필수적 감독기관으로, 협동조합의 업무 집행상황, 재산상태, 장부 및 서류 등을 감사하여 총회에 보고하여야 한다. 감사는 예고 없이 협동조합의 장부나 서류를 대조·확인할 수 있다. 감사는 이사장 및 이사가 이 법, 이 법에 따른 명령, 정관·규약·규정 또는 총회의 의결에 반하여 업무를 집행한 때에는 이사회에 그 시정을 요구하여야 한다. 감사는 총회 또는 이사회에 출석하여 의견을 진술할 수 있다(동법 제42조 제1항 내지 제4항).

협동조합이 이사장을 포함한 이사와 소송을 하는 때에는 감사가 협동조합을 대표한다(동법 제43조). 이는 이사장을 비롯한 이사가 협동조합과 이해상반행위를 하는 것이므로 대표권이 없게 되어 민법에서는 특별대리인[9]을 선임하는 절차를 두고 있으나 협동조합기본법에서는 감사에게 협동조합의 대표권을 부여하고 있다.

(8) 임직원의 겸직금지

이사장은 다른 협동조합의 이사장을 겸직할 수 없다. 이사장을 포함한 이사와 직원은 감사를 겸직할 수 없다. 임원은 해당 협동조합의 직원을 겸직할 수 없다. 다만, 사업의 성격, 조합원 구성 등을 감안하여 대통령령으로 정하는 바에 따라 예외적으로 임원과 직원을 겸직할 수 있다(동법 제44조 제1항 내지 제3항).

대통령령으로 정하여 예외적으로 겸직이 허용되는 경우는 동법 제44조 제3항 단서(동법 제79조에 따라 준용되는 경우를 포함하며, 이 경우 제1호 및 제2호의 '조합원'은 "전체 회원 조합에 속하는 총조합원"으로 본다)에 따라 협동조합등이 다음 각 호의 어느 하나에 해당하는 경우에는 해당 협동조합등의 임원이 직원을 겸직할 수 있다(동법 시행령 제8조).

1. 조합원의 3분의 2 이상이 직원이고, 조합원인 직원이 전체 직원의 3분의 2 이상인 경우(임원이 직원을 겸직하기 전의 시점을 기준으로 한다)
2. 조합원 수가 10인 이하인 경우

---

9) 민법에서 특별대리인은 "민법 제6조 (특별대리인) 법인과 이사의 이익이 상반하는 사항에 관하여는 이사는 대표권이 없다. 이 경우에는 전조의 규정에 의하여 특별대리인을 선임하여야 한다." 라고 규정하여 일정한 사항에 대하여 법인의 대표기관이 된다.

〈표 2-2-1〉 협동조합에서 임직원 겸직허용

유 형	임직원 겸직허용 이유
직원협동조합	근로자로 구성된 협동조합으로 직원＝조합원이므로 임원(조합원)과 직원(조합원)간 이익충돌의 우려가 없음.
소규모협동조합	조합원 수가 10인 이하인 협동조합의 경우 소규모 인력으로 사업을 운영하기 위해 겸직이 불가피함.
사회적협동조합	사회적협동조합의 설립목적(＝공익실현)상 다양한 이해관계자(직원 등)가 이사회에 참여하도록 해야 함.

출처: 기획재정부, 협동조합기본법 설명자료.

3. 그 밖에 협동조합등의 규모·자산·사업 등을 고려하여 임원이 직원을 겸직할 필요가 있는 경우로서 기획재정부장관이 정하여 고시하는 경우

4. 협동조합의 사업

가. 사업내용

협동조합은 설립 목적을 달성하기 위하여 필요한 사업을 자율적으로 정관으로 정하되, 다음 각 호의 사업은 포함하여야 한다(동법 제45조 제1항).

1. 조합원과 직원에 대한 상담, 교육·훈련 및 정보 제공 사업
2. 협동조합 간 협력을 위한 사업
3. 협동조합의 홍보 및 지역사회를 위한 사업

협동조합의 사업은 관계 법령에서 정하는 목적·요건·절차·방법 등에 따라 적법하고 타당하게 시행되어야 한다(동법 제45조 제1항). 즉, 협동조합으로 설립되었다 하더라도, 인·허가가 필요한 사업을 하기 위해서는 관계 법령에 따라 사업의 요건을 갖추고 신고·등록·허가·면허·승인·지정 등을 받아야 한다. 예를 들어 「협동조합기본법」에 따라 버스협동조합을 설립하였더라도, 여객자동차운수사업법에 따라 국토해양부장관의 면허를 받지 못하면, 운수사업을 할 수 없다. 따라서 협동조합 설립과 별개로, 사업을 시작하기에 앞서, 관계 법령을 검토하여 관계법령에서 정한 법적 요건을 구비하여야만 한다.

나. 협동조합의 사업으로서 금융 및 보험업의 금지

협동조합을 설립하고 관계 법령에서 정한 인·허가 요건을 갖추었다 하더라도, 「통계법」 제22조 제1항에 따라 통계청장이 고시하는 한국표준산업분류에 의한 금융 및 보험업을 영위할 수 없다(동법제45조). 이는 협동조합의 경우와 마찬가지로 사회적협동조합도 금융 및 보험업을 영위할 수 없다. 이에 따라 협동조합은 주된 사업으로나 부수적인 사업으로나 금융 및 보험업을 하는 것은 허용되지 않는다. 이는 「협동조합기본법」 제정 과정에서 마지막까지 쟁점이 된 사항으로서, 이번에 제정된 「협동조합기본법」 내용 중 가장 큰 문제점으로 지적된다는 견해도 있다.[10]

협동조합은 구성원의 자발적인 동기에 의해 설립된 자조조직임을 감안할 때, 조합운영의 민주성과 자율성은 최대한 보장되어야 한다. 특히 협동조합이 사업조직임을 감안하면, 자율적이고 자조적인 자금조달의 기능이 필요할 것이다. 다만 협동조합이 이러한 취지와 당위성과는 달리 금융 및 보험관련 사업으로 무분별하게 확장할 경우, 최근 저축은행 사태에서 보듯이 조합원과 지역경제 및 사회에 적지 않은 피해를 줄 수 있다. 특히 소규모, 소액 형태의 협동조합이 다수 설립되어 금융업을 영위하는 경우, 금융감독의 사각지대에 놓일 가능성도 크기 때문에 협동조합의 금융업 영위는 제한되었다.

다. 협동조합의 사업에 대한 조합원이용의 원칙과 비조합원의 사업이용

협동조합은 조합원이 아닌 자에게 협동조합의 사업을 이용하게 하여서는 아니 된다(동법제46조). 원칙적으로 조합원에 한하여 조합의 사업을 이용할 수 있다.

그러나 이러한 조합원이용의 원칙에도 불구하고 예외적으로 협동조합은 조합원이 이용하는 데에 지장이 없는 범위에서 대통령령으로 정하는 바에 따라 조합원이 아닌 자에게 그 사업을 이용하게 할 수 있다(동법제46조). 협동조합의 조합원이 아닌 자의 사업 이용을 허용하고 있는데 대하여 세부적으로 정한 대통령령을 살펴보면 동법 제46조 제2항에 따라 협동조합이 조합원이 아닌 자에게 그

---

10) 박범용, "민간 입법실무 책임자가 직접 작성한 협동조합기본법 긴급해설서", 한국협동조합연구소, 2012. 1. 10, 9면.

사업을 이용하게 할 수 있는 경우는 다음 각 호의 어느 하나에 해당하는 경우로 한다(동법 시행령
제9조 제1항).

1. 협동조합이 재고로 보유하고 있는 물품으로서 부패 또는 변질의 우려가 있어 즉시 유통되지 아니하면 제품의 품질을 유지하기 어려운 물품을 처리하기 위한 경우

2. 조합원으로 가입하도록 홍보하기 위하여 견본품을 유상 또는 무상으로 공급하는 경우. 다만, 협동조합이 「사회서비스 이용 및 이용권 관리에 관한 법률」 제2조 제4호[11])에 따른 사회서비스 제공자인 경우는 제외한다.

3. 공공기관·사회단체 등이 공익을 목적으로 주최하는 행사에 참여하는 경우

4. 협동조합이 정부, 지방자치단체 및 「공공기관의 운영에 관한 법률」 제4조[12]) 에 따른 공공기관과 공동으로 추진하는 사업에서 일반 국민이 해당 사업의 목적에 따라 사업을 이용하는 경우

5. 다른 법령에서 조합원이 아닌 자에게 의무적으로 물품을 공급하게 하거나 용역을 제공하도록 규정하는 경우

6. 천재지변이나 그 밖에 이와 유사한 긴급한 상황일 때 공중公衆에게 생활필수품 또는 용역을 공급하는 경우

---

11) 사회서비스 이용 및 이용권 관리에 관한 법률 제2조 (정의) 이 법에서 사용하는 용어의 뜻은 다음과 같다. 1.~3. (생략). 4. "사회서비스 제공자"(이하 "제공자"라 한다)란 제16조에 따라 등록을 하고 이용자가 제시하는 이용권에 따라 사회서비스를 제공하는 자 또는 기관을 말한다.

12) 공공기관의 운영에 관한 법률 제4조 (공공기관) ① 기획재정부장관은 국가·지방자치단체가 아닌 법인·단체 또는 기관(이하 "기관"이라 한다)으로서 다음 각 호의 어느 하나에 해당하는 기관을 공공기관으로 지정할 수 있다.

1. 다른 법률에 따라 직접 설립되고 정부가 출연한 기관
2. 정부지원액(법령에 따라 직접 정부의 업무를 위탁받거나 독점적 사업권을 부여받은 기관의 경우에는 그 위탁업무나 독점적 사업으로 인한 수입액을 포함한다. 이하 같다)이 총수입액의 2분의 1을 초과하는 기관
3. 정부가 100분의 50 이상의 지분을 가지고 있거나 100분의 30 이상의 지분을 가지고 임원 임명권한 행사 등을 통하여 당해 기관의 정책 결정에 사실상 지배력을 확보하고 있는 기관
4. 정부와 제1호 내지 제3호의 어느 하나에 해당하는 기관이 합하여 100분의 50 이상의 지분을 가지고 있거나 100분의 30 이상의 지분을 가지고 임원 임명권한 행사 등을 통하여 당해 기관의 정책 결정에 사실상 지배력을 확보하고 있는 기관
5. 제1호 내지 제4호의 어느 하나에 해당하는 기관이 단독으로 또는 두 개 이상의 기관이 합하여 100분의 50 이상의 지분을 가지고 있거나 100분의 30 이상의 지분을 가지고 임원 임명권한 행사 등을 통하여 당해 기관의 정책 결정에 사실상 지배력을 확보하고 있는 기관
6. 제1호 내지 제4호의 어느 하나에 해당하는 기관이 설립하고, 정부 또는 설립 기관이 출연한 기관

7. 학교를 사업구역으로 하는 협동조합이 그 사업구역에 속하는 학생·교직원 및 학교 방문자를 대상으로 물품을 공급하거나 용역을 제공하는 경우

8. 협동조합(「사회서비스 이용 및 이용권 관리에 관한 법률」 제2조 제4호에 따른 사회서비스 제공자에 해당하는 협동조합은 제외한다)이 가입을 홍보하기 위하여 시·도지사에게 신고하는 기간(이하 이 호에서 "홍보기간"이라 하며, 그 기간은 1년에 3개월을 넘지 못한다) 동안 전년도 총공급고總供給高의 100분의 5 범위에서 물품을 유상 또는 무상으로 공급하는 경우. 다만, 협동조합이 설립 신고필증을 받은 날부터 1년(단위매장의 경우에는 매장 개장일부터 1년) 동안은 홍보기간이 6개월을 넘지 아니하는 범위에서 총공급고에 대한 제한 없이 물품을 유상 또는 무상으로 공급할 수 있다.

9. 조합원과 같은 가구에 속하는 자가 협동조합의 사업을 이용하는 경우

10. 조합원의 3분의 2 이상이 직원이고 조합원인 직원이 전체 직원의 3분의 2 이상인 협동조합이 전체 직원의 3분의 1을 넘지 아니하는 범위에서 비조합원을 고용하는 형태로 조합의 사업을 이용하게 하는 경우

11. 그 밖에 협동조합의 사업 성격·유형 등을 고려하여 기획재정부장관이 정하여 고시하는 경우

나아가 동법 제81조 제1항 단서에 따른 협동조합연합회의 회원이 아닌 자의 사업의 이용에 관하여는 제1항을 준용한다. 이 경우 제1항 중 "협동조합"은 "협동조합연합회"로, 제1항 각 호 외의 부분 및 제2호·제5호의 "조합원"은 "회원"으로, 제8호 본문의 "시·도지사"는 "기획재정부장관"으로, 제9호 및 제10호의 "조합원"은 "전체 회원 조합에 속하는 총조합원"으로 본다(동법 시행령 제9조 제1항).

5. 회   계

회계는 기업의 일상적인 상행위시 발생하는 모든 종류의 거래를 기록해 이해관계자들에게 경제적 정보를 제공하는 것을 목적으로 한다. 재무는 세무를 포함한 회계정보를 통해 유형화되며, 기업의 회계정보는 재무제표를 통해 화폐금액으로 표시된다.

협동조합은 조합원의 복리 증진을 위하여 수익을 창출해야 하는 기능단위로 존재한다. 이러한 영리활동은 거래를 통한 재화의 교환이 필수적이며, 거래는 협동조합의 재무요소를 변화시킨다. 협동조합의 일상적인 교환활동에서 발생하는 모든 종류의 거래를 기록해 이해관계자들에게 유용한 정보를 제공하는 것이 회계의 목적이다. 일반인이 가계부를 적고 현금출납부를 적는 것도 일종의 회계다. 회계는 일정한 주기를 하나의 단위로 하여 계속 순환하는 과정을 지니고 있으며, 이를 회계의 순환과정 또는 회계기간이라 한다. 우리나라의 경우 상법이나 세법에서 회계기간은 1년을 초과하지 못하도록 하고 있다.

개인이 아닌 법인의 경우에는 자료를 분류하고 입력하여 일정한 형태의 자료를 산출하는 시스템을 부기簿記, Book Keeping라고 한다. 부기는 다시 단식부기와 복식부기로 구분할 수 있는데 거래가 발생할 때 이를 한 번 인식하면 단식부기Single-entry Bookkeeping가 되고, 두 번 인식하면 복식부기Bookkeeping by double entry가 된다. 복식부기에 있어 모든 거래는 차변과 대변으로 동시에 나뉘어 기록되고, 거래금액은 차변금액과 대변금액이 항상 일치하게 된다. 이를 '대차평균의 원리'라고 한다. 복식부기란 대차평균의 원리를 이용해 하나의 거래내용을 장부에 두 번 기록하는 것을 말한다. 현행 세법은 사업자의 소득금액을 계산할 수 있도록 증빙서류를 비치하고 그 사업에 관한 모든 거래사실이 객관적으로 파악될 수 있도록 복식부기에 의하여 장부에 기록·관리하도록 규정하고 있다. 이때의 사업자를 복식부기의무자라 하는데, 대통령령으로 정하는 간편장부 대상자를 제외한 모든 법인과 부동산임대소득, 사업소득 또는 산림소득이 있는 사업자 등이 해당된다. 협동조합의 회계 역시 복식부기의 대상이다. 회계상 거래는 '회사의 재산상태에 영향을 미쳐야 하고' 그 영향을 '금액으로 정확하게 측정'할 수 있어야 한다. 예를 들어 계약만 이루어지고 자산, 부채, 자본, 수익, 비용에 아무런 변동을 가져오지 않으면 거래로 보지 않는다.[13]

---

13) 기획재정부, 협동조합 설립 운영 안내서 「아름다운 협동조합 만들기」, 2013. 1, 180-181면 참조.

가. 협동조합의 회계 등

협동조합의 회계연도는 정관으로 정한다. 협동조합의 회계는 일반회계와 특별회계로 구분하되, 각 회계별 사업부문은 정관으로 정한다(동법 제47조 제1항, 제2항).

협동조합은 매 회계연도의 사업계획서와 수지예산서를 작성하여 총회의 의결을 받아야 한다(동법 제48조).

나. 협동조합 운영의 공개

협동조합은 결산결과의 공고 등 운영사항을 적극 공개하여야 한다. 협동조합은 정관·규약·규정, 총회·이사회 의사록, 회계장부 및 조합원 명부를 주된 사무소에 비치하여야 한다. 협동조합의 채권자 및 조합원은 주된 사무소에 비치된 정관·규약·규정, 총회·이사회 의사록, 회계장부 및 조합원 명부에 관한 서류를 열람하거나 그 사본을 청구할 수 있다(동법 제49조 제1항 내지 제3항).

대통령령으로 정하는 일정 규모 이상의 협동조합은 설립신고를 한 특별시·광역시·특별자치시·도·특별자치도 또는 협동조합연합회의 홈페이지에 주요 경영공시자료를 게재하여야 한다(동법 제49조 제4항).

동법 제49조 제4항(법 제82조에 따라 준용되는 경우를 포함하며, 이 경우 제1호의 "조합원"은 "전체 회원 조합에 속하는 총조합원"으로 본다)에서 "대통령령으로 정하는 일정 규모 이상의 협동조합"이란 다음 각 호의 어느 하나에 해당하는 협동조합을 말한다(동법 시행령 제10조 제1항).

1. 조합원 수가 200인 이상인 협동조합
2. 직전 사업연도의 결산보고서(법 제52조 제2항에 따라 정기총회의 승인을 받은 것을 말한다)에 적힌 자기자본이 30억원 이상인 협동조합

일정 규모 이상의 협동조합에 해당하는 협동조합등은 매 회계연도의 결산일부터 3개월 이내에 사업결과보고서 등 기획재정부령으로 정하는 주요 경영공시자료를 특별시·광역시·특별자치시·도·특별자치도(이하 "시·도"라 한다)의 홈페이지 등에 게재하여야 한다(동법 시행령 제10조 제2항).

대통령령 제10조 제2항에서 "사업결과보고서 등 기획재정부령으로 정하는

주요 경영공시자료"는 다음 각 호와 같다(동법 시행
규칙 제6조).

1. 정관(정관이 변경된 경우를 포함한다)
2. 〈별지 제4호 서식〉의 사업계획서
3. 〈별지 제5호 서식〉의 사업결산 보고서
4. 〈별지 제6호 서식〉의 총회, 대의원 총회, 이사회 활동 상황
5. 사업결과 보고서

다. 법정적립금 및 임의적립금

협동조합은 매 회계연도 결산의 결과, 잉여금이 있는 때에는 자기자본의 3배가 될 때까지 잉여금의 100분의 10 이상을 적립(이하 "법정적립금"이라 한다)하여야 한다(동법 제50
조 제1항). 협동조합은 손실의 보전에 충당하거나 해산하는 경우 외에는 법정적립금을 사용하여서는 아니 된다(동법 제50
조 제3항).

협동조합은 정관으로 정하는 바에 따라 사업준비금 등을 적립(이하 "임의적립금"이라 한다)할 수 있다(동법 제50
조 제2항).

라. 손실금의 보전과 잉여금의 배당

협동조합은 매 회계연도의 결산 결과, 손실금(당기손실금을 말한다)이 발생하면 미처분이월금, 임의적립금, 법정적립금의 순으로 이를 보전하고, 보전 후에도 부족이 있을 때에는 이를 다음 회계연도에 이월한다(동법 제51
조 제1항). 협동조합이 손실금을 보전하고 동법 제50조에 따른 법정적립금 및 임의적립금 등을 적립한 이후에는 정관으로 정하는 바에 따라 조합원에게 잉여금을 배당할 수 있다(동법 제51
조 제2항). 잉여금 배당의 경우 협동조합사업 이용실적에 대한 배당은 전체 배당액의 100분의 50 이상이어야 하고, 납입출자액에 대한 배당은 납입출자금의 100분의 10을 초과하여서는 아니 된다(동법 제51
조 제3항).

마. 결산보고서의 감사제출의무 및 정기총회의 승인

협동조합은 정기총회일 7일 전까지 결산보고서(사업보고서, 대차대조표, 손익계산서, 잉여금처분안 또는 손실금처리안 등을 말한다)를 감사에게 제출하여야 한다.

협동조합은 결산보고서와 감사의 의견서를 정기총회에 제출하여 승인을 받아야
한다(동법, 제52조
제1항, 제2항).

바. 출자감소의 의결 등

협동조합은 출자 1좌 금액의 감소를 의결하면 의결한 날부터 14일 이내에
대차대조표를 작성하여야 한다. 협동조합은 감자의결에 따른 수정대차대조표를
작성하여야 하는 14일 이내의 기간에 채권자에 대하여 이의가 있으면 일정한
기간에 신청하여야 할 것을 공고함과 동시에 이미 알고 있는 채권자에 대하여
는 개별적으로 최고하여야 한다. 이의신청 기간은 30일 이상으로 하여야 한다
(동법 제53조 제
1항 내지 제3항).

채권자가 동법 제53조 제2항에 따른 이의신청 기간에 출자감소에 대하여 이
의를 신청하지 아니하면 출자 1좌의 금액의 감소를 승인한 것으로 본다. 채권자
가 이의를 신청하면 협동조합은 채무를 변제하거나 상당한 담보를 제공하여야
한다(동법, 제54조
제1항, 제2항).

또한 협동조합은 조합원의 출자지분을 취득하거나 이를 질권의 목적으로 하
여서는 아니 된다(동법
제55조).

6. 협동조합의 합병ㆍ분할ㆍ해산 및 청산

가. 합병 및 분할

(1) 합 병

협동조합의 합병이란 2개 이상의 협동조합을 1개의 협동조합과 통합하는 것
으로서, 당사자인 협동조합의 일부 또는 전부가 해산하고, 재산관계 등이 청산
절차 없이 포괄적으로 존속협동조합 또는 신설협동조합에 이전하는 것을 말한
다. 합병의 방법에 따라 합병의 당사자로 된 협동조합의 일방만이 해산ㆍ소멸되
고 다른 일방의 협동조합이 그 소멸된 협동조합을 흡수하여 하나의 협동조합으
로 존속하는 흡수합병과, 합병의 당사자로 된 모든 협동조합이 해산ㆍ소멸함과

동시에 새로운 협동조합이 설립되어 그 소멸된 협동조합 모두를 합체하는 신설 합병으로 구분할 수 있다.

(2) 분 할

협동조합의 분할은 합병에 반대되는 개념으로서 일정한 절차에 따라 1개의 협동조합이 2개 이상의 협동조합으로 분리되는 것을 말한다. 분할에 의해 본래의 협동조합은 규모가 축소된 상태로 존속하거나(존속분할의 경우), 소멸(소멸분할의 경우)하게 된다.

분할의 유형으로는 분할되는 협동조합이 분할 후에 해산·소멸되는지 여부에 따라 소멸하지 않고 존속하는 존속분할과 소멸하고 모두 새로운 협동조합들로 분할되는 소멸분할로 나뉜다. 그리고 위의 분류에 앞서 분할의 개념적 분류를 단순분할과 분할합병으로 할 수 있다. 단순분할은 분할에 의해 1개 또는 수개의 협동조합이 설립되는 것을 말하며, 분할합병은 분할과 동시에 1개 또는 수개의 존립 중인 다른 협동조합과 합병하는 것을 말한다. 한편 단순분할과 분할합병이 혼합하여 나타날 수도 있다.

(3) 합병과 분할의 절차

협동조합은 합병계약서 또는 분할계획서를 작성한 후 총회의 의결을 받아 합병 또는 분할할 수 있다. 협동조합이 합병할 경우, 합병 후 존속하는 협동조합은 합병신고를, 분할 후 새로 설립되는 협동조합은 설립신고를, 합병으로 소멸되는 협동조합은 해산신고를 각 사무소의 소재지에서 하여야 한다. 합병 또는 분할로 인하여 존속하거나 설립되는 협동조합은 합병 또는 분할로 소멸되는 협동조합의 권리·의무를 승계한다(동법 제56조 제1항 내지 제3항).

합병이나 분할로 설립되는 협동조합에 대하여는 동법 제15조부터 제17조까지의 규정을 준용한다(동법 제56조 제4항).

협동조합은 이 법에 따른 협동조합 이외의 법인, 단체 및 협동조합 등과 합병하거나 이 법에 따른 협동조합 이외의 법인, 단체 및 협동조합 등으로 분할할 수 없다(동법 제56조 제5항).

협동조합의 합병 및 분할에 관하여는 동법 제53조 및 제54조를 준용한다

(동법 제56
조 제6항). 즉, 합병과 분할로 출자 1좌의 금액을 감소하여야 하는 상황이 발생하
게 되므로 이를 규정한 동법 제53조와 제54조의 규정을 준용하도록 하고 있다.

나. 해 산

협동조합의 해산은 협동조합이 그 활동을 정지한 이후 소멸에 이르기까지의
절차를 밟는 것으로서 협동조합의 법인격의 소멸 원인이 되는 법률사실을 말한
다. 협동조합은 법에서 정한 일정한 사유가 발생하면 해산하고, 이에 따라 청산절
차에 들어간다. 그러나 협동조합이 해산하는 경우에는 해산으로 말미암아 곧바로
법인이 소멸하는 것은 아니며, 청산절차를 통해 기본적 법률관계를 마무리함으로
써 비로소 법인격이 완전히 소멸하게 된다. 다만, 해산의 사유가 합병, 분할 또는
분할합병인 경우에는 청산절차를 거치지 않고 소멸하고, 해산사유가 파산인 경
우에는 파산절차에 들어가 파산절차가 마무리됨으로써 법인격이 소멸된다.

(1) 해산사유와 해산신고

협동조합은 다음 각 호의 어느 하나에 해당하는 사유로 해산한다(동법 제57
조 제1항).

1. 정관으로 정한 해산 사유의 발생
2. 총회의 의결
3. 합병·분할 또는 파산

협동조합이 해산한 때에는 청산인은 파산의 경우를 제외하고는 그 취임 후
14일 이내에 설립신고를 한 시·도지사에게 신고하여야 한다(동법 제57
조 제2항).

동법 제57조 제2항(동법 제83조에서 준용하는 경우를 포함한다)에 따라 협동조
합등의 해산을 신고하려는 자는 〈별지 제7호 서식〉의 해산신고서(전자문서로 된
신고서를 포함한다)에 해산을 결의한 총회 의사록을 첨부하여 기획재정부장관
또는 시·도지사에게 제출하여야 한다. 기획재정부장관 또는 시·도지사는 해
산신고서를 받으면 「전자정부법」 제36조 제1항14)에 따른 행정정보의 공동이용

---

14) 전자정부법 제36조 (행정정보의 효율적 관리 및 이용) ① 행정기관 등의 장은 수집·보유하
고 있는 행정정보를 필요로 하는 다른 행정기관등과 공동으로 이용하여야 하며, 다른 행정기관 등
으로부터 신뢰할 수 있는 행정정보를 제공받을 수 있는 경우에는 같은 내용의 정보를 따로 수집하
여서는 아니 된다.

을 통하여 법인 등기사항증명서를 확인하여야 한다(동법 시행령 제7조).

협동조합이 해산하면 청산절차가 개시된다(이미 본 바와 같이 합병, 분할, 분할합병, 파산의 경우는 예외). 그리고 이에 따라 협동조합이 청산절차에 들어가게 되면 협동조합은 청산의 범위 내에서만 권리능력이 존재하게 되고, 청산절차가 종료하게 되면 비로소 협동조합의 법인격이 소멸하게 된다.

여기서 청산사무의 종결의 의미는 잔여재산의 분배 등 모든 청산사무가 처리되었음을 의미한다. 따라서 청산종결등기가 되었더라도 실제 청산사무가 남아 있다면 이를 처리하기 위한 범위 내에서 법인격이 유지되고 있다는 점을 유의해야 한다.

(2) 청산인

협동조합이 해산하면 파산으로 인한 경우 외에는 이사장이 청산인이 된다. 다만, 총회에서 다른 사람을 청산인으로 선임하였을 경우에는 그에 따른다. 청산인은 취임 후 지체 없이 협동조합의 재산상태를 조사하고 재산목록과 대차대조표를 작성한 다음 재산처분의 방법을 정하여 총회의 승인을 받아야 한다. 청산사무가 종결된 때에는 청산인은 지체 없이 결산보고서를 작성하여 총회의 승인을 받아야 한다. 청산사무를 처리하기 위하여 소집한 총회가 2회 이상 소집하여도 총회가 구성되지 아니할 때에는 출석조합원 3분의 2 이상의 찬성이 있으면 총회의 승인이 있은 것으로 본다(동법 제58조 제1항 내지 제4항).

(3) 잔여재산의 처리

협동조합이 해산할 경우 채무를 변제하고 잔여재산이 있을 때에는 정관으로 정하는 바에 따라 이를 처분한다(동법 제59조).

(4) 민법 등의 준용

협동조합의 해산과 청산에 관하여는 「민법」 제79조, 제81조, 제87조, 제88조 제1항·제2항, 제89조부터 제92조까지, 제93조 제1항·제2항 및 「비송사건절차법」 제121조를 준용한다(동법 제60조).

먼저, 법인이 채무를 완제하지 못하게 된 때에는 이사는 지체없이 파산신청을 하여야 한다(민법 제79조). 해산한 법인은 청산의 목적범위 내에서만 권리가 있고

의무를 부담한다(민법제81조). 청산인의 직무는 ① 현존사무의 종결, ② 채권의 추심 및 채무의 변제, ③ 잔여재산의 인도이다. 청산인은 위의 직무를 행하기 위하여 필요한 모든 행위를 할 수 있다(민법제87조). 청산인은 비송사건절차법에 규정에 따라 일정한 결격사유가 있는 경우에는 청산인으로 선임될 수 없다. 즉, ① 미성년자, ② 금치산자와 한정치산자, ③ 자격이 정지되거나 상실된 자, ④ 법원에서 해임된 청산인, ⑤ 파산선고를 받은 자이다(비송사건절차법제121조).

청산인은 취임한 날로부터 2월 내에 3회 이상의 공고로 채권자에 대하여 일정한 기간 내에 그 채권을 신고할 것을 최고하여야 한다. 그 기간은 2월 이상이어야 한다. 이 공고에는 채권자가 기간 내에 신고하지 아니하면 청산으로부터 제외될 것을 표시하여야 한다(민법제1항, 제88조제2항). 청산인은 알고 있는 채권자에게 대하여는 각각 그 채권신고를 최고하여야 한다. 알고 있는 채권자는 청산으로부터 제외하지 못한다(민법제89조).

청산인은 민법 제88조 제1항의 채권신고기간 내에는 채권자에 대하여 변제하지 못한다. 그러나 법인은 채권자에 대한 지연손해배상의 의무를 면하지 못한다(민법제90조). 청산중의 법인은 변제기에 이르지 아니한 채권에 대하여도 변제할 수 있다. 이 경우에는 조건있는 채권, 존속기간의 불확정한 채권 기타 가액의 불확정한 채권에 관하여는 법원이 선임한 감정인의 평가에 의하여 변제하여야 한다(민법제1항, 제91조제2항). 청산으로부터 제외된 채권자는 법인의 채무를 완제한 후 귀속권리자에게 인도하지 아니한 재산에 대하여서만 변제를 청구할 수 있다(민법제92조).

청산중 법인의 재산이 그 채무를 완제하기에 부족한 것이 분명하게 된 때에는 청산인은 지체없이 파산선고를 신청하고 이를 공고하여야 한다. 청산인은 파산관재인에게 그 사무를 인계함으로써 그 임무가 종료한다(민법제1항, 제93조제2항).

7. 등   기

가. 설립등기

협동조합은 출자금의 납입이 끝난 날부터 14일 이내에 주된 사무소의 소재지에서 설립등기를 하여야 하며, 설립등기신청서에는 다음 각 호의 사항을 적어야 한다(동법. 제61조 제1항. 제2항).

1. 동법 제16조 제1항 제1호와 제2호의 사항
2. 출자 총좌수와 납입한 출자금의 총액
3. 설립신고 연월일
4. 임원의 성명·주민등록번호 및 주소

설립등기를 할 때에는 이사장이 신청인이 된다(동법 제61조 제3항). 설립등기신청서에는 설립신고서, 창립총회의사록 및 정관의 사본을 첨부하여야 한다(동법 제61조 제4항).

합병이나 분할로 인한 협동조합의 설립신고신청서에는 다음 각 호의 서류를 모두 첨부하여야 한다(동법 제61조 제5항).

1. 동법 제61조 제4항에 따른 서류
2. 동법 제53조에 따라 공고하거나 최고한 사실을 증명하는 서류
3. 동법 제54조에 따라 이의를 신청한 채권자에게 변제나 담보를 제공한 사실을 증명하는 서류

나. 지사무소의 설치등기, 이전등기 및 변경등기

협동조합이 지사무소를 설치하였으면 주된 사무소의 소재지에서는 21일 이내에, 지사무소의 소재지에서는 28일 이내에 등기하여야 한다(동법 제62조).

협동조합이 사무소를 이전하였으면 전소재지와 현소재지에서 각각 21일 이내에 이전등기를 하여야 한다. 이전등기를 할 때에는 이사장이 신청인이 된다(동법 제63조 제1항. 제2항).

협동조합은 동법 제61조 제2항 각 호의 사항(동법 제16조 제1항 제1호와 제2호의 사항, 출자 총좌수와 납입한 출자금의 총액, 설립신고 연월일, 임원의 성명·주민등록번호 및 주소)이 변경되면 주된 사무소 및 해당 지사무소의 소재지에서 각각 21일 이내에 변경등기를 하여야 한다. 다만, 동법 제61조 제2항 제2호의 사항(출자 총좌수와 납입한 출자금의 총액)에 관한 변경등기는 회계연도 말을 기준으로 그 회계연도가 끝난 후 1개월 이내에 등기하여야 한다.

변경등기를 할 때에는 이사장이 신청인이 된다. 변경등기신청서에는 등기 사

항의 변경을 증명하는 서류를 첨부하여야 한다(동법 제64조 제
1항 내지 제4항).

출자감소, 합병 또는 분할로 인한 변경등기신청서에는 다음 각 호의 서류를 모두 첨부하여야 한다(동법 제64
조 제5항).

1. 동법 제64조 제4항에 따른 서류
2. 동법 제53조에 따라 공고하거나 최고한 사실을 증명하는 서류
3. 동법 제54조에 따라 이의를 신청한 채권자에게 변제나 담보를 제공한 사실을 증명하는 서류

다. 합병등기와 해산등기

협동조합이 합병한 경우에는 합병신고를 한 날부터 14일 이내에 그 사무소의 소재지에서 합병 후 존속하는 협동조합은 변경등기를, 합병으로 소멸되는 협동조합은 해산등기를, 합병으로 설립되는 협동조합은 동법 제61조에 따른 설립등기를 각 사무소의 소재지에서 하여야 한다.

합병으로 소멸되는 협동조합에 대한 해산등기를 할 때에는 합병으로 소멸되는 협동조합의 이사장이 신청인이 된다. 이 때 해산등기를 하는 경우에 해산 사유를 증명하는 서류를 첨부하여야 한다(동법 제65조 제
1항 내지 제3항).

협동조합이 해산한 경우에는 합병과 파산의 경우 외에는 주된 사무소의 소재지에서는 14일 이내에, 지사무소의 소재지에서는 21일 이내에 해산등기를 하여야 한다. 해산등기를 할 때에는 청산인이 신청인이 된다. 해산등기신청서에는 해산 사유를 증명하는 서류를 첨부하여야 한다(동법 제66조 제
1항 내지 제3항).

라. 청산인등기와 청산종결등기

청산인은 그 취임일부터 14일 이내에 주된 사무소의 소재지에서 그 성명·주민등록번호 및 주소를 등기하여야 한다. 청산인등기를 할 때 이사장이 청산인이 아닌 경우에는 신청인의 자격을 증명하는 서류를 첨부하여야 한다(동법 제67조
제1항, 제2항).

청산이 끝나면 청산인은 주된 사무소의 소재지에서는 14일 이내에, 지사무소의 소재지에서는 21일 이내에 청산종결의 등기를 하여야 한다. 청산종결에 따른

청산종결등기신청서에는 동법 제58조 제3항에 따른 결산보고서의 승인을 증명하는 서류를 첨부하여야 한다(동법 제68조 제1항, 제2항).

마. 등기부비치 및 「비송사건절차법」 등의 준용

등기소는 협동조합등기부를 갖추어 두어야 한다(동법 제69조). 협동조합의 등기에 관하여 이 법에서 정한 사항 외에는 「비송사건절차법」 및 「상업등기법」 중 등기에 관한 규정을 준용한다(동법 제70조).

제3장 협동조합연합회

협동조합기본법에 의해 설립된 협동조합들이나 사회적협동조합들이 공동의
이익을 도모하기 위하여 연합회를 만들 수 있다. 이때 협동조합은 협동조합들끼
리 협동조합연합회를 만들 수 있고, 사회적협동조합은 사회적협동조합들끼리
사회적협동조합연합회를 만들 수 있다.

그러나 협동조합과 사회적협동조합이 함께 모여 연합회를 만들 수는 없다.
그리고 농협, 신협, 생협 등 개별법에 따라 만들어진 협동조합들과 함께 연합회
를 만드는 것도 불가능하다. 다만 협동조합, 사회적협동조합, 그리고 개별법에
따른 협동조합들이 함께 모여 협의회를 결성할 수는 있다. 연합회와 회원 조직
들은 주로 사업적인 관계를 맺는다는 점에서 협회와 다르다. 협회는 주로 회원
조직들의 이해를 대변하고 옹호하는 기능을 한다. 또한 연합회는 독자적인 법인
격을 가지고 있다는 점에서 임의단체 성격인 협의회와도 다르다. 협동조합기본
법에 따르면 협동조합연합회는 '법인'이고 사회적협동조합연합회는 '비영리법
인'이다.

1. 협동조합연합회의 설립

협동조합연합회(이하 "연합회"라 한다)를 설립하고자 하는 때에는 회원 자격
을 가진 셋 이상의 협동조합이 발기인이 되어 정관을 작성하고 창립총회의 의
결을 거친 후 기획재정부장관에게 신고하여야 한다.

구성원은 '조합원'이 아니라 '회원'이라고 하며, 협동조합기본법에 따라 설립된
협동조합만이 연합회의 회원이 될 수 있다. 즉 회원 협동조합의 구성원인 조합원
을 포함하여 개인이나 협동조합이 아닌 법인은 연합회의 회원이 될 수 없다.

창립총회의 의사는 창립총회 개의 전까지 발기인에게 설립동의서를 제출한

협동조합 과반수의 출석과 출석자 3분의 2 이상의 찬성으로 의결한다(동법, 제71조 제1항, 제2항).

연합회의 설립에 관하여는 동법 제16조부터 제19조까지의 규정을 준용한다. 이 경우 "협동조합"은 "연합회"로, "조합원"은 "회원"으로, "시·도지사"는 "기획재정부장관"으로 보고, 제16조 제1항 제3호 중 "조합원 및 대리인"은 "회원"으로 본다(동법 제72조).

2. 협동조합연합회의 회원

연합회의 회원은 연합회의 설립 목적에 동의하고 회원으로서의 의무를 다하고자 하는 협동조합으로 한다. 연합회는 정관으로 정하는 바에 따라 회원의 자격을 제한할 수 있다(동법, 제73조 제1항, 제2항).

회원은 정관으로 정하는 바에 따라 연합회에 탈퇴 의사를 알리고 탈퇴할 수 있다. 회원은 다음 각 호의 어느 하나에 해당하면 당연히 탈퇴된다(동법, 제74조 제1항, 제2항).

1. 회원으로서의 자격을 상실한 경우
2. 해산 또는 파산한 경우
3. 그 밖에 정관으로 정하는 사유에 해당하는 경우

연합회는 회원인 협동조합의 조합원 수, 연합회 사업참여량, 출자좌수 등 정관으로 정하는 바에 따라 회원의 의결권 및 선거권을 차등하여 부여할 수 있다(동법 제75조).

연합회의 회원에 관하여는 동법 제21조, 제22조 및 제25부터 제27조까지의 규정을 준용한다. 이 경우 "협동조합"은 "연합회"로, "조합원"은 "회원"으로 보고, 제22조 제2항 중 "조합원 1인"은 "한 회원"으로, "100분의 30"은 "100분의 40"으로 본다(동법 제76조).

3. 협동조합연합회의 기관

연합회에 총회를 둔다. 총회는 회장과 회원으로 구성한다(동법, 제77조 제1항, 제2항). 연합회의 임원은 정관으로 정하는 바에 따라 총회에서 회원에 속한 조합원 중에서 선출한다(_{동별}^{제78조}).

협동조합연합회든 사회적협동조합연합회든, 연합회의 최종 의사결정기관은 총회이다. 연합회의 총회는 회장과 회원으로 구성된다. 만약 회원협동조합이 200개 이상인 연합회는 대의원총회를 두어 총회를 갈음할 수 있다. 다만 대의원총회는 합병·분할 및 해산에 관한 사항은 의결할 수 없다는 점에 주의하여야 한다.

연합회의 임원은 이사 및 감사로 구성된다. 임원은 총회에서 회원 협동조합에 속한 조합원 중에서 선출한다. 임원의 임기는 4년의 범위 내에서 연합회 자율적으로 정할 수 있다. 이사의 연임은 가능하지만, 회장의 연임은 2차례로 제한된다. 만약 연합회의 임원을 해임하려 한다면, 회원 3분의 1 이상의 동의로 총회에 해임을 요구할 수 있다. 이는 조합원 5분의 1 이상의 동의로 총회에 임원의 해임을 요구할 수 있는 개별 협동조합의 경우와 대비된다. 그 밖에 기관운영에 관한 사항은 개별 협동조합의 기관운영에 준해서 이루어진다.

연합회의 기관에 관하여는 동법 제28조 제3항부터 제5항까지, 제29조부터 제44조까지의 규정을 준용한다. 이 경우 "협동조합"은 "연합회"로, "이사장"은 "회장"으로, "조합원"은 "회원"으로 보고, 제40조 제1항 중 "5분의 1"은 "3분의 1"로 보며, 제29조, 제30조 및 제40조 제1항 중 "조합원"은 "대의원"으로 보고, 제37조 중 "조합원"은 "대의원이나 회원에 속한 조합원"으로, "가입신청을 한 자"는 "가입신청을 한 협동조합에 속한 조합원"으로 본다(_{동별}^{제79조}).

4. 협동조합연합회의 사업

연합회는 설립 목적을 달성하기 위하여 필요한 사업을 정관으로 정하되, 다음 각 호의 사업은 포함하여야 한다(_{동법}_{조 제1항}^{제80}).

1. 회원에 대한 지도·지원·연락 및 조정에 관한 사업
2. 회원에 속한 조합원 및 직원에 대한 상담, 교육·훈련 및 정보 제공 사업
3. 회원의 사업에 관한 조사·연구 및 홍보 사업

연합회의 사업은 관계 법령에서 정하는 목적·요건·절차·방법 등에 따라 적법하고 타당하게 시행되어야 한다. 연합회는 「통계법」 제22조 제1항에 따라 통계청장이 고시하는 한국표준산업분류에 의한 금융 및 보험업을 영위할 수 없다(동법, 제80조 제2항, 제3항).

연합회는 회원이 아닌 자에게 연합회의 사업을 이용하게 하여서는 아니 된다. 다만, 홍보 또는 재고물품의 처리 등 사업의 원활한 운영을 위하여 대통령령으로 정하는 경우에는 그러하지 아니하다. 회원인 조합의 조합원이 사업을 이용하는 경우에는 이를 회원이 이용한 것으로 본다(동법, 제81조 제1항, 제2항).

5. 협동조합연합회의 회계

연합회의 회계에 관하여는 동법 제47조부터 제55조까지의 규정을 준용한다. 이 경우 "협동조합"은 "연합회"로, "조합원"은 "회원"으로 본다(동법 제82조).

6. 협동조합연합회의 합병·분할·해산 및 청산

연합회의 합병·분할·해산 및 청산에 관하여는 동법 제56조부터 제60조까지의 규정을 준용한다. 이 경우 "협동조합"은 "연합회"로, "조합원"은 "회원"으로, "시·도지사"는 "기획재정부장관"으로 보고, 제56조 제4항 중 "제15조부터 제17조까지의 규정"은 "제71조 및 제72조"로 보며, 제58조 제4항 중 "조합원"은 "대의원"으로 본다(동법 제83조).

7. 협동조합연합회의 등기

연합회의 등기에 관하여는 동법 제61조부터 제70조까지의 규정을 준용한다. 이 경우 "협동조합"은 "연합회"로, "이사장"은 "회장"으로 본다(동법 제84조).

제4장 사회적협동조합

　사회적협동조합은 1991년 이탈리아에서 가장 먼저 법적으로 인정받았고, 그리스에서는 1999년에 법적으로 인정되었다. 사회적협동조합은 포르투갈에서는 '사회연대협동조합', 프랑스에서는 '공익협동조합', 캐나다에서는 '연대협동조합'이란 이름으로 다양하게 존재한다. 한국의 경우도 이번 「협동조합기본법」에 사회적협동조합이 별도의 장으로 규정되어 있다.

　그렇다면 앞에서 살펴본 협동조합과 여기의 사회적 협동조합은 어떠한 차이가 있는가.

　첫째, 법인인 협동조합과 비영리법인인 사회적협동조합은 (1) 최소설립인원 5인, (2) 1인 1표의 민주적인 의결권, (3) 조합원자격요건, (4) 가능한 사업, (5) 회계, 등기 등 대부분의 요건과 사항에서 동일하다. 사실상 운영과 절차, 방식에서의 일반 협동조합과 사회적협동조합의 차이는 크지 않다.

　둘째, 협동조합과 사회적협동조합은 여러 가지 면에서 다른 점이 있다.

　사회적협동조합은 협동조합에 비해 공익적인 가치와 목적을 더 강조한다. 협동조합기본법 제2조 제3호에서 "사회적협동조합은 협동조합 중 지역주민들의 권익·복리 증진과 관련된 사업을 수행하거나 취약계층에게 사회서비스 또는 일자리를 제공하는 등 영리를 목적으로 하지 아니하는 협동조합"이라고 정의하여 공익적인 측면과 비영리성을 강조한다.

　또한 협동조합은 운영 사업에 제한이 없는 반면에 사회적협동조합은 전체 사업 중에 법령에서 명시한 공익적 사업을 40% 이상 운영하여야 하고, 설립시 시·도지사에 '신고'가 아닌 관계중앙행정기관의 장의 '인가'를 받아야 하는 점이 다르다.

　나아가 가장 두드러진 차이점은 비영리법인격을 지닌 사회적협동조합은 공익적 성격으로 인해 배당이 금지되며, 인가를 받은 행정기관의 감독의 대상이 된다. 또한 청산시에도 보다 엄격한 요건이 적용되어 잔여재산을 국고, 유사단체, 협회 다른 비영리법인 등에 귀속해야 하는 의무가 발생하게 된다. 잉여금의 적립금 규모도 사회적협동조합은 일반 협동조합의 10%보다 높은 30%를 적립해야 한다.

끝으로 사회적협동조합은 부가적인 의무와 책임은 발생하지만 비영리법인격을 갖게 됨에 따라 국세, 지방세, 부과금 상에서 기존 비영리법인들이 갖는 이점을 누릴 수 있는 근거를 가지고 있다. 조세 이외에는 각종의 부과금은 면제가 될 수 있다.

1. 사회적협동조합의 설립요건

가. 설립행위와 설립인가 등

(1) 설립인가 등

사회적협동조합 설립절차와 방법은 「협동조합기본법」 제85조부터 제88조, 그리고 제106조에서 규정하고 있다. 앞서 제4장(협동조합 설립)의 내용과 같이 사회적협동조합의 설립절차도 크게 8단계로 구분된다. 먼저 ① 5인 이상의 발기인을 모집하여, ② 정관을 작성하고, ③ 설립동의자를 모집하여 창립총회 개최 및 의결을 거친 후, ④ 설립인가를 중앙행정기관의 장에 제출한 후, ⑤ 사무를 이사장에게 인계하고, ⑥ 출자금을 납입한 후, ⑦ 설립등기를 관할 등기소에 제출하는 단계를 거치면, ⑧ 사회적협동조합이라는 비영리법인이라는 법인격을 부여받게 된다.

사회적협동조합을 설립하고자 하는 때에는 5인 이상의 조합원 자격을 가진 자가 발기인이 되어 정관을 작성하고 창립총회의 의결을 거친 후 기획재정부장관에게 인가를 받아야 한다(동법 제85조 제1항). 창립총회의 의사는 창립총회 개의 전까지 발기인에게 설립동의서를 제출한 자 과반수의 출석과 출석자 3분의 2 이상의 찬성으로 의결한다(동법 제85조 제2항).

기획재정부장관이 설립인가 신청을 받으면 다음 각 호의 경우 외에는 신청일부터 60일 이내에 인가하여야 한다. 다만, 부득이한 사유로 처리기간 내에 처리하기 곤란한 경우에는 60일 이내에서 1회에 한하여 그 기간을 연장할 수 있다(동법 제85조 제3항).

1. 설립인가 구비서류가 미비된 경우
2. 설립의 절차, 정관 및 사업계획서의 내용이 법령을 위반한 경우
3. 그 밖에 설립인가 기준에 미치지 못하는 경우

설립인가에 관한 신청 절차와 조합원 수, 출자금, 그 밖에 인가에 필요한 기준, 인가 방법에 관한 상세한 사항은 대통령령으로 정한다(동법 제85조 제4항). 동법 제85조 제1항에 따른 사회적협동조합 설립인가의 기준은 다음 각 호와 같다(동법 시행령 제12조 제1항).

1. 설립동의자가 5인 이상일 것. 이 경우 설립동의자는 동법 제93조 제1항의 사업을 원활히 수행할 수 있도록 생산자, 소비자, 직원, 자원봉사자 및 후원자 등 다양한 이해관계자로 구성되어야 한다.
2. 설립동의자의 출자금 납입총액이 정관에 정해져 있을 것

위와 같은 설립인가기준에도 불구하고 사회적협동조합이 의료기관을 개설하는 경우 사회적협동조합 설립인가의 기준은 다음 각 호와 같다(동법 시행령 제12조 제2항).

1. 개설되는 의료기관 1개소個所당 설립동의자가 500인 이상일 것
2. 설립동의자 1인당 최저출자금이 5만원 이상일 것. 다만, 동법 제18조 제1항 제2호부터 제6호까지 및 같은 항 제8호에 해당하는 자는 그러하지 아니하다.
3. 1인당 최고출자금이 출자금 납입총액의 10퍼센트 이내일 것. 다만, 2인 이상의 설립동의자가 기획재정부령으로 정하는 특수한 관계가 있는 자에 해당하는 경우에는 그 2인 이상의 설립동의자의 출자금 총액을 출자금 납입총액의 10퍼센트 이내로 하여야 한다.
4. 출자금 납입총액이 1억원 이상이면서 총자산의 100분의 50 이상일 것. 다만, 기획재정부장관의 승인을 받아 총자산 중 출자금 납입총액의 비율을 100분의 50 미만으로 할 수 있다.
5. 그 밖에 기획재정부장관이 관계 중앙행정기관의 장과 협의하여 정하여 고시

하는 기준을 충족할 것

동법 제85조 제1항에 따른 인가를 받아 의료기관을 개설한 사회적협동조합이 의료기관을 추가로 개설하려는 경우에는 개설하려는 해당 시·군·구(자치구를 말한다. 이하 이 항에서 같다)마다 제2항 각 호의 요건(이 경우 제2항 각 호 중 "설립동의자"는 "조합원"으로 본다)을 모두 갖추어야 한다. 다만, 사회적협동조합이 주사무소의 소재지를 관할하는 시·군·구 및 인접 시·군·구에 추가로 의료기관을 개설하는 경우에는 그러하지 아니하다.

동법 시행령 제12조 제2항 제3호에서 "기획재정부령으로 정하는 특수한 관계에 있는 자"란 다음 각 호의 어느 하나에 해당하는 자를 말한다(동법 시행 규칙 제9조).

1. 6촌 이내의 혈족
2. 4촌 이내의 인척
3. 배우자(사실상 혼인관계에 있는 사람을 포함한다)
4. 그 밖에 기획재정부장관이 정하여 고시하는 자

사회적협동조합의 인가에 관한 기획재정부장관의 권한은 사회적협동조합이 수행하는 구체적인 사업 내용, 성격 등을 고려하여 대통령령으로 정하는 바에 따라 관계 중앙행정기관의 장에게 위임할 수 있다(동법 제85 조 제5항).

(2) 설립인가의 신청

동법 제85조 제1항에 따라 사회적협동조합의 설립인가를 신청하려는 자는 기획재정부령으로 정하는 설립인가신청서에 다음 각 호의 서류를 첨부하여 기획재정부장관에게 제출하여야 한다(동법 시행령 제 11조 제1항 제).

1. 정관
2. 창립총회 의사록
3. 사업계획서(추정재무제표를 포함한다)
4. 임원 명부
5. 동법 제85조 제2항에 따라 창립총회가 열리기 전까지 발기인에게 설립동의서를 제출한 자(이하 이 조 및 제12조에서 "설립동의자"라 한다)의 명부

6. 합병 또는 분할을 의결한 총회의사록(동법 제101조에 따라 합병 또는 분할로 인하여 설립되는 경우만 해당하며, 합병 또는 분할로 인하여 존속하거나 설립되는 사회적협동조합이 승계하여야 할 권리·의무의 범위가 의결사항으로 적혀 있어야 한다)

7. 그 밖에 기획재정부령으로 정하는 서류

동법 시행령 제11조 제1항(같은 조 제2항에서 준용하는 경우를 포함한다. 이하 이 조에서 같다)에 따른 사회적협동조합 및 사회적협동조합연합회(이하 "사회적협동조합등"이라 한다)의 설립인가 신청서는 〈별지 제8호 서식〉에 따른다(동법 시행규칙 제8조 제1항).

또한 동법 시행령 제11조 제1항 제7호에서 "기획재정부령으로 정하는 서류"는 다음 각 호와 같다(동법 시행규칙 제8조 제2항).

1. 〈별지 제9호 서식〉의 수입·지출 예산서
2. 출자 1좌座당 금액과 조합원 또는 회원별로 인수하려는 출자 좌수를 적은 서류
3. 창립총회 개최 공고문
4. 주 사업의 내용이 설립인가 기준을 충족함을 증명하는 서류

동법 제85조 제1항 및 동법 제114조 제1항에 따른 사회적협동조합등의 설립인가증은 〈별지 제10호 서식〉에 따른다(동법 시행규칙 제8조 제3항).

동법 제114조 제1항에 따른 사회적협동조합연합회의 설립인가 신청에 관하여는 사회적협동조합의 설립인가신청에 관한 규정을 준용한다. 이 경우 "사회적협동조합"은 "사회적협동조합연합회"로, "설립동의자"는 "설립동의 회원"으로 본다(동법 시행령 제11조 제2항).

(3) 정관의 내용과 정관변경

사회적협동조합의 정관에는 다음 각 호의 사항이 포함되어야 한다(동법 제86조 제1항).

1. 목적
2. 명칭 및 주된 사무소의 소재지
3. 조합원 및 대리인의 자격

4. 조합원의 가입, 탈퇴 및 제명에 관한 사항

5. 출자 1좌의 금액과 납입 방법 및 시기, 조합원의 출자좌수 한도

6. 조합원의 권리와 의무에 관한 사항

7. 잉여금과 손실금의 처리에 관한 사항

8. 적립금의 적립방법 및 사용에 관한 사항

9. 사업의 범위 및 회계에 관한 사항

10. 기관 및 임원에 관한 사항

11. 공고의 방법에 관한 사항

12. 해산에 관한 사항

13. 출자금의 양도에 관한 사항

14. 그 밖에 총회·이사회의 운영 등에 관하여 필요한 사항

사회적협동조합의 정관의 변경은 기획재정부장관의 인가를 받아야 그 효력이 발생한다(동법 제86조 제2항). 동법 제86조 제2항(동법 제115조 제3항에 따라 준용되는 경우를 포함한다)에 따른 사회적협동조합등의 정관 변경인가 신청을 하려는 자는 〈별지 제11호 서식〉의 정관 변경인가 신청서에 다음 각 호의 서류를 첨부하여 기획재정부장관 또는 관계 중앙행정기관의 장에게 제출하여야 한다(동법 시행규칙 제10조).

1. 정관 중 변경하려는 사항을 적은 서류

2. 정관의 변경을 의결한 총회 의사록

3. 정관 변경 후의 사업계획서와 수입·지출 예산서(사업계획이 변경되어 정관을 변경하는 경우만 해당한다)

4. 대차대조표와 출자감소의 의결, 채권자 공고 및 이의신청의 처리 등의 사실관계를 증명할 수 있는 서류(출좌 1좌당 금액 감소에 따라 정관을 변경하는 경우만 해당한다)

정관변경에 관한 인가권한을 가지고 있는 기획재정부장관은 그의 권한을 대통령령으로 정하는 바에 따라 관계 중앙행정기관의 장에게 위임할 수 있다(동법 제86조 제3항).

(4) 설립사무의 인계와 출자납입

발기인은 동법 제85조 제1항에 따라 설립인가를 받으면 지체 없이 그 사무를 이사장에게 인계하여야 한다. 이사장이 그 사무를 인수하면 기일을 정하여 조합원이 되려는 자에게 출자금을 납입하게 하여야 한다. 현물출자자는 출자금 납입기일 안에 출자 목적인 재산을 인도하고 등기·등록, 그 밖의 권리의 이전에 필요한 서류를 구비하여 협동조합에 제출하여야 한다(동법 제87조 제1항 내지 제3항).

사회적협동조합의 설립에 관하여는 동법 제17조 및 제19조를 준용한다. 이 경우 "협동조합"은 "사회적협동조합"으로 보고, 제19조 제1항 중 "제61조에 따른 설립등기"는 "제106조에 따른 설립등기"로 본다(동법 제88조).

2. 사회적협동조합의 조합원

가. 조합원의 자격, 가입, 책임과 권리 등

사회적협동조합의 조합원에 관하여는 동법 제20조부터 제25조까지의 규정을 준용한다. 이 경우 "협동조합"은 "사회적협동조합"으로 본다(동법 제91조).

(1) 조합원의 자격과 가입

사회적협동조합의 조합원은 사회적협동조합의 설립 목적에 동의하고 조합원으로서의 의무를 다하고자 하는 자로 한다(동법 제91조에 의하여 동법 제20조 준용).

사회적협동조합은 정당한 사유 없이 조합원의 자격을 갖추고 있는 자에 대하여 가입을 거절하거나 가입에 있어 다른 조합원보다 불리한 조건을 붙일 수 없다. 그러나 사회적협동조합은 예외적으로 정관으로 정하는 바에 따라 협동조합의 설립 목적 및 특성에 부합되는 자로 조합원의 자격을 제한할 수 있다(동법 제91조에 의하여 동법 제21조 준용).

(2) 조합원의 출자의무와 책임

조합원은 정관으로 정하는 바에 따라 1좌 이상을 출자하여야 한다. 다만, 필요한 경우 정관으로 정하는 바에 따라 현물을 출자할 수 있다. 사회적협동조합도 협동조합과 마찬가지로 조합원 1인의 출자좌수는 총 출자좌수의 100분의 30을 넘어서는 아니 된다. 조합원이 납입한 출자금은 질권의 목적이 될 수 없다. 사회적협동조합에 납입할 출자금은 사회적협동조합에 대한 채권과 상계하지 못한다. 조합원의 책임은 납입한 출자액을 한도로 한다(동법 제91조에 의하여 동법 제22조 준용).

(3) 조합원의 권리

조합원은 출자좌수에 관계없이 각각 1개의 의결권과 선거권을 가진다. 1인 1표제이다. 조합원은 대리인으로 하여금 의결권 또는 선거권을 행사하게 할 수 있다. 이 경우 그 조합원은 출석한 것으로 본다. 조합원의 대리인은 다른 조합원 또는 본인과 동거하는 가족(조합원의 배우자, 조합원 또는 그 배우자의 직계 존속·비속과 형제자매, 조합원의 직계 존속·비속 및 형제자매의 배우자를 말한다. 이하 같다)이어야 하며, 대리인이 대리할 수 있는 조합원의 수는 1인에 한한다. 조합원의 대리인은 정관으로 정하는 바에 따라 대리권을 증명하는 서면을 사회적협동조합에 제출하여야 한다(동법 제91조에 의하여 동법 제23조 준용).

(4) 조합원의 조합탈퇴

조합원은 정관으로 정하는 바에 따라 협동조합에 탈퇴의사를 알리고 탈퇴할 수 있다. 조합원이 다음 각 호의 어느 하나에 해당하면 당연히 탈퇴된다.

1. 조합원의 자격이 없는 경우
2. 사망한 경우
3. 파산한 경우
4. 금치산선고를 받은 경우
5. 조합원인 법인이 해산한 경우
6. 그 밖에 정관으로 정하는 사유에 해당하는 경우

조합원지위의 양도 또는 조합원지분의 양도는 총회의 의결을 받아야 한다(동법 제91조에 의하여 동법 제24조 준용).

(5) 조합원의 제명

사회적협동조합은 조합원이 다음 세 가지 제명사유의 어느 하나에 해당하면 해당 조합원을 제명할 수 있다.

첫째, 정관으로 정한 기간 이상 사회적협동조합의 사업을 이용하지 아니한 경우, 둘째, 출자 및 경비의 납입 등 사회적협동조합에 대한 의무를 이행하지 아니한 경우, 셋째, 그 밖에 정관으로 정하는 사유에 해당하는 경우이다.

사회적협동조합은 조합원을 제명하고자 할 때에는 총회 개최 10일 전까지 해당 조합원에게 제명사유를 알리고, 총회에서 의견을 진술할 기회를 주어야 한다. 제명할 조합원에게 총회에서 의견진술의 기회를 주지 아니하고 행한 총회의 제명 의결은 해당 조합원에게 대항하지 못한다(동법 제91조에 의하여 동법 제25조 준용).

나. 조합원의 출자금환급청구권과 환급정지

탈퇴 조합원(제명된 조합원을 포함한다. 이하 이 조와 제90조에서 같다)은 탈퇴(제명을 포함한다. 이하 이 조와 제90조에서 같다) 당시 회계연도의 다음 회계연도부터 정관으로 정하는 바에 따라 그 출자금의 환급을 청구할 수 있다.[1] 출자금환급청구권은 2년간 행사하지 아니하면 시효로 인하여 소멸된다. 사회적협동조합은 탈퇴 조합원이 사회적협동조합에 대한 채무를 다 갚을 때까지는 출자금환급청구권의 행사에 따른 출자금의 환급을 정지할 수 있다(동법 제89조 제1항 내지 제3항).

다. 탈퇴 조합원의 손실액 부담

사회적협동조합은 사회적협동조합의 재산으로 그 채무를 다 갚을 수 없는 경우에는 동법 제89조에 따른 출자금의 환급분을 계산할 때 정관으로 정하는 바에 따라 탈퇴 조합원이 부담하여야 할 손실액의 납입을 청구할 수 있다. 이 경우 동법 제89조 제2항을 준용한다(동법 제90조). 즉, 사회적협동조합이 조합원에게 행사하는 손실액의 납입청구권은 2년간 행사하지 아니하면 시효로 인하여 소멸

---

1) 일반적인 협동조합에서는 조합원이 '지분'환급청구권을 가지는 반면에 사회적협동조합에서는 '출자금'환급청구권을 갖는 점에서 차이가 있다.

된다.

3. 사회적협동조합의 기관

사회적협동조합의 기관에 관하여는 동법 제28조부터 제44조까지의 규정을 준용한다. 이 경우 "협동조합"은 "사회적협동조합"으로 본다(통법 제92조). 따라서 협동조합의 기관에 관한 규정이 사회적협동조합의 기관에 맞게 준용하게 된다.

가. 사회적협동조합의 총회

사회적협동조합에는 총회를 둔다. 총회는 이사장과 조합원으로 구성한다. 이사장은 총회를 소집하며, 총회의 의장이 된다. 정기총회는 매년 1회 정관으로 정하는 시기에 소집하고, 임시총회는 정관으로 정하는 바에 따라 필요하다고 인정될 때 소집할 수 있다. 사회적협동조합은 정기총회 7일 전까지 사업보고서, 대차대조표, 손익계산서, 잉여금[손실금]처분안 등이 포함된 결산보고서를 감사에게 제출해야 하고, 감사는 결산보고서와 감사의견서를 정기총회에 제출해 승인을 받아야 하며, 매 회계연도의 사업계획서와 수지예산서를 작성하여 총회의 의결을 얻어야 한다.

이사장은 총회 개최 7일 전까지 회의목적·안건·일시 및 장소를 정하여 정관으로 정한 방법에 따라 총회소집을 통지하여야 한다(동법 제28조 제1항 내지 제5항).

총회의 의결사항으로 정하고 있는 다음 각 호의 사항은 총회의 의결을 받아야 한다.

1. 정관의 변경
2. 규약의 제정·변경 또는 폐지
3. 임원의 선출과 해임
4. 사업계획 및 예산의 승인
5. 결산보고서의 승인
6. 감사보고서의 승인
7. 사회적협동조합의 합병·분할·해산 또는 휴업

8. 조합원의 제명

9. 총회의 의결을 받도록 정관으로 정하는 사항

10. 그 밖에 이사장 또는 이사회가 필요하다고 인정하는 사항

총회의 의결사항 중에 정관의 변경(제1호), 사회적협동조합의 합병·분할·해산 또는 휴업(제7호), 조합원의 제명(제8호)의 사항은 총조합원 과반수의 출석과 출석자 3분의 2 이상의 찬성으로 의결하며, 그 밖의 사항은 총조합원 과반수의 출석과 출석자 과반수의 찬성으로 의결한다(동법 제29조 제1항, 제2항).

총회의 의사에 관하여 의사록을 작성하여야 한다. 의사록에는 의사의 진행 상황과 그 결과를 적고 의장과 총회에서 선출한 조합원 3인 이상이 기명날인하거나 서명하여야 한다(동법 제30조).

나. 사회적협동조합의 대의원총회

조합원의 수가 많아지면 조합원 총회의 성립 자체가 현실적으로 어려울 수가 있다. 물론 조합원은 대리인으로 하여금 의결권 및 선거권을 행사할 수 있지만, 대리인이 대리할 수 있는 조합원 수는 1인으로 한정된다.

따라서 조합원 수가 대통령령으로 정하는 수를 초과하는 경우, 총회를 갈음하는 대의원총회를 둘 수 있다. 대의원총회를 둘 수 있는 경우는 조합원의 수가 200인을 초과하는 경우를 말한다(동법 시행령 제7조).

대의원총회는 조합원 중에서 선출된 대의원으로 구성한다. 대의원의 의결권 및 선거권은 대리인으로 하여금 행사하게 할 수 없다. 대의원총회에 관하여는 총회에 관한 규정을 준용하며, 이 경우 "조합원"은 "대의원"으로 본다. 다만, 대의원총회는 사회적협동조합의 합병·분할 및 해산에 관한 사항은 의결할 수 없다(동법 제31조 제1항 내지 제4항). 사회적협동조합의 합병·분할 및 해산은 사회적협동조합의 생존과도 같은 중요한 사항으로서 반드시 조합원의 총의를 물어야 하므로 총회의 전권사항이다.

다. 사회적협동조합의 이사회

사회적협동조합에 이사회를 둔다. 이사회는 이사장 및 이사로 구성하며, 협

동조합에 반드시 두어야 하는 필수기관이다. 이사회는 총회 소집의 능률화를 기하고 사회적협동조합을 합리적으로 운용하려는 제도로서 총회에서 의결된 사항을 집행함에 필요한 세부사항을 의결한다.

이사장은 이사회를 소집하고 그 의장이 된다. 이사회는 구성원 과반수의 출석과 출석원 과반수의 찬성으로 의결하며, 그 밖에 이사회의 개의 및 의결방법 등 이사회의 운영에 관하여 필요한 사항은 정관으로 정한다(동법 제32조 제 1항 내지 제4항).

이사회는 다음 각 호의 사항을 의결한다(동법 제33조).

1. 사회적협동조합의 재산 및 업무집행에 관한 사항
2. 총회의 소집과 총회에 상정할 의안
3. 규정의 제정·변경 및 폐지
4. 사업계획 및 예산안 작성
5. 법령 또는 정관으로 이사회의 의결을 받도록 정하는 사항
6. 그 밖에 사회적협동조합의 운영에 중요한 사항 또는 이사장이 부의하는 사항

라. 조합의 임원(이사장, 이사, 감사)

임원은 어떤 단체에 소속하여 그 단체의 중요한 일을 맡아보는 사람으로, 사회적협동조합의 임원은 이사장, 이사, 감사를 말한다. 협동조합기본법상 임원으로서의 자격과 관련하여 특별한 제한을 두지 않기 때문에 비조합원도 임원이 될 수 있다.

(1) 이사의 수와 선출방법

사회적협동조합에 임원으로서 이사장 1명을 포함한 3명 이상의 이사와 1명 이상의 감사를 둔다. 이사의 정수 및 이사·감사의 선출방법 등은 정관으로 정한다. 이사장은 이사 중에서 정관으로 정하는 바에 따라 총회에서 선출한다(동법 제34조 제 1항 내지 제3항).

(2) 임원의 임기와 결격사유

임원의 임기는 4년의 범위에서 정관으로 정한다. 임원은 연임할 수 있다. 다만, 이사장은 2차에 한하여 연임할 수 있다. 이사장이 아닌 임원은 연임에 제한

이 없으므로 계속하여 임원을 맡을 수 있으나, 이사장은 2차에 한하여 연임할 수 있으므로 연속하여 두 번 임기의 이사장을 맡을 수 있다고 해석된다. 그 후 다른 사람이 이사장을 맡은 후에 다시 연임제한에 걸린 전임이사장이 다시 이사장을 맡을 수 있느냐에 대하여는 가능하다고 해석된다. 결원으로 인하여 선출된 임원의 임기는 전임자의 임기종료일까지로 한다(동법 제35조 제1항 내지 제3항).

임원의 결격사유로서 다음 각 호의 어느 하나에 해당하는 사람은 협동조합의 임원이 될 수 없다(동법 제36조 제1항).

1. 금치산자
2. 한정치산자
3. 파산선고를 받고 복권되지 아니한 사람
4. 금고 이상의 실형을 선고받고 그 집행이 끝나거나(집행이 끝난 것으로 보는 경우를 포함한다) 집행이 면제된 날부터 3년이 지나지 아니한 사람
5. 금고 이상의 형의 집행유예를 선고받고 그 유예기간 중에 있거나 유예기간이 끝난 날부터 2년이 지나지 아니한 사람
6. 금고 이상의 형의 선고유예를 받고 그 선고유예기간 중에 있는 사람
7. 법원의 판결 또는 다른 법률에 따라 자격이 상실 또는 정지된 사람

임원결격사유가 발생하면 해당 임원은 당연히 퇴직된다. 임원결격사유로 퇴직된 임원이 퇴직 전에 관여한 행위는 그 효력을 상실하지 아니한다(동법 제36조 제2항, 제3항).

(3) 임원 또는 대의원 선거운동의 제한

누구든지 자기 또는 특정인을 사회적협동조합의 임원 또는 대의원으로 당선되도록 하거나 당선되지 아니하도록 할 목적으로 다음 각 호의 어느 하나에 해당하는 행위를 할 수 없다(동법 제37조 제1항).

1. 조합원(사회적협동조합에 가입신청을 한 자를 포함)이나 그 가족 또는 조합원이나 그 가족이 설립·운영하고 있는 기관·단체·시설에 대한 다음 각 목의 어느 하나에 해당하는 행위
   가. 금전·물품·향응이나 그 밖의 재산상의 이익을 제공하는 행위
   나. 공사의 직을 제공하는 행위

다. 금전·물품·향응, 그 밖의 재산상의 이익이나 공사의 직을 제공하겠다는
　　의사표시 또는 그 제공을 약속을 하는 행위
2. 후보자가 되지 못하도록 하거나 후보자를 사퇴하게 할 목적으로 후보자가 되
　려는 사람이나 후보자에게 제1호 각 목에 규정된 행위를 하는 행위
3. 제1호 또는 제2호의 이익이나 직을 제공받거나 그 제공의 의사표시를 승낙하
　는 행위 또는 그 제공을 요구하거나 알선하는 행위

　임원 또는 대의원이 되려는 사람은 정관으로 정하는 기간 중에는 선거운동
을 위하여 조합원을 호별로 방문하거나 특정 장소에 모이게 할 수 없다. 누구든
지 사회적협동조합의 임원 또는 대의원 선거와 관련하여 연설·벽보, 그 밖의
방법으로 거짓의 사실을 공표하거나 공연히 사실을 적시하여 후보자를 비방할
수 없다(동법, 제37조 제2항, 제3항).

　누구든지 임원 또는 대의원 선거와 관련하여 다음 각 호의 방법 중 정관으로
정하는 행위 외의 선거운동을 할 수 없다(동법, 제37 조, 제4항).

1. 선전 벽보의 부착
2. 선거 공보의 배부
3. 소형 인쇄물의 배부
4. 합동 연설회 또는 공개 토론회의 개최
5. 전화·컴퓨터통신을 이용한 지지 호소

　위와 같이 사회적협동조합의 임원 또는 대의원에 관한 선거규정을 위반하게
되면 2년 이하의 징역 또는 1천만원 이하의 벌금에 처하게 되는 벌칙이 있다.
　사회적협동조합은 임원 및 대의원 선거를 공정하게 관리하기 위하여 선거관
리위원회를 구성·운영할 수 있다. 선거관리위원회의 기능·구성 및 운영 등에
관하여 필요한 사항은 정관으로 정할 수 있다(동법, 제38조 제1항, 제2항).

(4) 임원의 의무와 책임
　사회적협동조합의 임원에게는 선량한 관리자로서의 주의의무가 있으며, 이
를 위반하였거나 임원으로서의 임무를 게을리하였을 경우에는 이로 인하여 사

회적협동조합이나 제3자에게 손해를 가한 때에는 그 손해를 배상할 책임이 있다. 이는 협동조합기본법에서 특별히 임원의 불법행위책임을 규정하고 있는 것이다.

한편, 임원중 조합의 대표기관인 이사장이나 이사장을 대리하는 이사가 불법행위를 하여 제3자에게 손해를 가한 경우에 제3자가 조합을 상대로 불법행위를 이유로 손해배상책임을 물을 수 있는가. 사회적협동조합도 법인으로서 민법상 법인의 불법행위책임에 관한 규정(민법조)이 유추적용될 수 있다고 생각된다. 그렇지 않으면 민법 제750조의 일반불법행위책임에 관한 규정이 적용될 수 있다.

(가) 임원의 의무

임원은 동법, 동법에 따른 명령, 정관·규약·규정 및 총회와 이사회의 의결을 준수하고 사회적협동조합을 위하여 성실히 그 직무를 수행하여야 한다. 이른바 '선량한 관리자로서의 주의의무(선관의무)'가 있다(동법 제39조 제1항).

(나) 임원의 사회적협동조합에 대한 불법행위로 인한 손해배상책임

임원이 법령 또는 정관을 위반하거나 그 임무를 게을리하여 사회적협동조합에 손해를 가한 때에는 연대하여 그 손해를 배상하여야 한다(동법 제39조 제2항).

(다) 임원의 제3자에 대한 불법행위로 인한 손해배상책임

임원이 고의 또는 중대한 과실로 그 임무를 게을리하여 제3자에게 손해를 끼친 때에는 제3자에게 연대하여 그 손해를 배상하여야 한다(동법 제39조 제3항).

(라) 임원의 조합과 제3자에 대한 불법행위가 이사회의결인 경우의 이사의 책임

임원이 조합과 제3자에 대한 불법행위가 이사회의 의결에 의한 것일 때에는 그 의결에 찬성한 이사도 같은 책임이 있다. 이사회의 의결에 참가한 이사로서 명백한 반대의사를 표시하지 아니한 자는 그 의결에 찬성한 것으로 본다(동법 제39조 제4항, 제5항).

(5) 임원의 해임

조합원은 조합원 5분의 1 이상의 동의로 총회에 임원의 해임을 요구할 수 있다. 임원의 해임을 의결하려면 해당 임원에게 해임의 이유를 알리고, 총회에서 의견을 진술할 기회를 주어야 한다(동법 제40조 제1항, 제2항). 해당 임원에게 해임의 이유를 알

리지 않거나 총회에서 의견을 진술할 기회를 주지 않고 해임을 의결한 경우에
는 절차상의 위법으로 해임은 취소당할 수 있다. 해임의 의결은 총조합원 과반
수의 출석과 출석자 과반수의 찬성으로 의결한다(동법, 제29조 제1항, 제2항).

(6) 이사장 및 이사의 직무

이사장은 사회적협동조합을 대표하고 정관으로 정하는 바에 따라 사회적협
동조합의 업무를 집행한다. 이른바 대표기관이다. 이사는 정관으로 정하는 바에
따라 사회적협동조합의 업무를 집행하고, 이사장이 사고가 있을 때에는 정관으
로 정하는 순서에 따라 그 직무를 대행한다. 이사장이 사고가 있을 경우와 이사
장이 권한을 위임한 경우를 제외하고는 이사장이 아닌 이사는 사회적협동조합
을 대표할 수 없다(동법 제41조 제1항 내지 제3항).

(7) 감사의 직무와 협동조합의 대표권

감사는 사회적협동조합의 업무를 감독하는 필수적 감독기관으로, 사회적협
동조합의 업무집행상황, 재산상태, 장부 및 서류 등을 감사하여 총회에 보고하
여야 한다. 감사는 예고 없이 사회적협동조합의 장부나 서류를 대조·확인할 수
있다. 감사는 이사장 및 이사가 이 법, 이 법에 따른 명령, 정관·규약·규정 또
는 총회의 의결에 반하여 업무를 집행한 때에는 이사회에 그 시정을 요구하여야
한다. 감사는 총회 또는 이사회에 출석하여 의견을 진술할 수 있다(동법 제42조 제1항 내지 제4항).

사회적협동조합이 이사장을 포함한 이사와 소송을 하는 때에는 감사가 사회
적협동조합을 대표한다(동법 제43조). 이는 이사장을 비롯한 이사가 사회적협동조합과
이해상반행위를 하는 것이므로 대표권이 없게 되어 민법에서는 특별대리인을
선임하는 절차를 두고 있으나 협동조합기본법에서는 감사에게 사회적협동조합
의 대표권을 부여하고 있다.

(8) 임직원의 겸직금지

이사장은 다른 사회적협동조합의 이사장을 겸직할 수 없다. 이사장을 포함한
이사와 직원은 감사를 겸직할 수 없다. 임원은 해당 사회적협동조합의 직원을
겸직할 수 없다. 다만, 사업의 성격, 조합원 구성 등을 감안하여 대통령령으로

정하는 바에 따라 예외적으로 임원과 직원을 겸직할 수 있다(동법 제44조 제1항 내지 제3항).

또한 사회적협동조합등의 임직원의 겸직에 관한 규정은 동법 제92조 및 제115조 제1항에서 준용되는 동법 제44조에 따라 사회적협동조합등은 직원을 겸직하는 임원 수가 임원 총수의 3분의 1을 초과하지 아니하는 범위에서 임원이 직원을 겸직할 수 있다. 다만, 사회적협동조합등이 동법 제8조 각 호의 어느 하나에 해당하는 경우에는 임원 총수의 3분의 1을 초과하여 임원이 직원을 겸직할 수 있다. 예컨대, 사회적협동조합이 조합원의 3분의 2 이상이 직원이고 조합원인 직원이 전체 직원이 3분의 2 이상(이른바 '직원협동조합')인 경우, 조합원 수가 10인 이하인 경우에는 3분의 1 이상을 초과하여 겸직이 허용된다.

이러한 단서규정에 따라 사회적협동조합연합회에 대하여 동법 제8조 각 호를 적용함에 있어서 "조합원"은 "전체 회원 조합에 속하는 총조합원"으로, "협동조합등"은 "사회적협동조합연합회"로 본다(동법 시행령 제13조 제1항, 제2항).

4. 사회적협동조합의 사업

가. 일정한 주 사업의 수행

사회적협동조합은 다음 각 호의 사업 중 하나 이상을 주 사업으로 하여야 한다(동법 제93조 제1항).

1. 지역사회 재생, 지역경제 활성화, 지역 주민들의 권익·복리 증진 및 그 밖에 지역사회가 당면한 문제 해결에 기여하는 사업
2. 취약계층에게 복지·의료·환경 등의 분야에서 사회서비스 또는 일자리를 제공하는 사업
3. 국가·지방자치단체로부터 위탁받은 사업
4. 그 밖에 공익증진에 이바지 하는 사업

여기서 '주 사업'이란 목적사업이 협동조합 전체 사업량의 100분의 40 이상인 경우를 의미한다(동법 제93조 제2항).

(1) 주 사업의 판단기준

주 사업의 판단 기준 및 방법에 대하여는 동법 시행령 제14조에서 세부적으로 규정하고 있다. 즉, 동법 제93조 제1항에 따른 사회적협동조합의 주 사업의 판단 기준은 다음과 같은 구분에 따른다(동법 시행령 제14조 제1항).

첫째, 동법 제93조 제1항 제1호의 사업: 다음 각 목의 어느 하나에 해당할 것
가. 지역특산품·자연자원 활용사업 등 지역의 인적·물적 자원을 활용하여 지역사회의 재생 및 지역경제의 활성화에 기여하는 사업

이에 대한 사회적협동조합의 주 사업의 판단 기준은 동법 시행령 제14조 제1항 제1호 가목에 따른 주 사업은 다음 각 호의 사업으로 한다(동법 시행규칙 제11조 제1항).

1. 지역특산품·자연자원 활용사업
2. 전통시장·상가 활성화 사업
3. 농산물·임산물·축산물·수산물의 생산 및 유통에 관한 사업
4. 그 밖에 지역의 인적·물적 자원을 활용하여 지역사회를 재생하고 지역경제를 활성화하여 지역사회에 공헌하려는 사업으로서 기획재정부장관이 정하여 고시하는 사업

나. 지역주민의 생활환경 개선사업 등 지역주민의 권익과 복리를 증진시키는 사업

이에 대한 주 사업은 다음 각 호의 사업으로 한다(동법 시행규칙 제11조 제2항).

1. 지역주민의 생활환경 개선사업
2. 지역의 공중접객업소 위생 개선 사업
3. 지역의 감염병 또는 질병 예방에 관한 사업
4. 지역의 재해, 화재 또는 안전사고의 예방에 관한 사업
5. 지역주민들의 고충 상담을 위한 사업
6. 지역주민에게 사회서비스를 제공하는 사업
7. 그 밖에 지역주민들의 권익과 복리를 증진시키려는 사업으로서 기획재정부장관이 정하여 고시하는 사업

다. 그 밖에 지역사회가 당면한 문제 해결에 기여하는 사업

둘째, 동법 제93조 제1항 제2호의 사업:「사회적기업 육성법」제2조 제2호의 취약계층 및 그 밖에 기획재정부장관이 정하는 취약계층에게 사회서비스 또는 일자리를 제공하는 사업으로서 다음 각 목의 어느 하나에 해당하는 사업일 것

　1. 교육, 보건·의료, 사회복지, 환경 및 문화 분야의 관련 사업

　2. 보육, 간병 및 가사 지원 서비스를 제공하는 사업

　3.「직업안정법」제2조의2 제9호에 따른 고용서비스를 제공하는 사업

　4. 그 밖에 기획재정부령으로 정하는 사업

동법 시행령 제14조 제1항 제2호 라목에서 "그 밖에 기획재정부령으로 정하는 사업"이란 다음 각 호의 어느 하나에 해당하는 사업을 말한다(동법 시행규칙 제11조 제3항).

　1. 예술·관광 및 운동 분야의 사업

　2. 산림 보전 및 관리 서비스를 제공하는 사업

　3. 문화재 보존 또는 활용과 관련된 사업

　4. 청소 등 사업시설 관리 사업

　5. 범죄 예방 및 상담치료 관련 사업

　6. 그 밖에 기획재정부장관이 정하여 고시하는 사업

기획재정부장관이나 관계 중앙행정기관의 장은 사회적협동조합의 목적사업이 주 사업에 해당하는지를 판단할 때에 필요하면 시·도지사에게 의견을 요청할 수 있다(동법 시행규칙 제11조 제4항). 이러한 규정까지에서 규정한 사항 외에 주 사업의 판단 기준에 관하여 필요한 사항은 기획재정부장관이 정하여 고시한다(동법 시행규칙 제11조 제5항).

　이러한 규정에 정한 사항 외에 주 사업의 판단 기준 및 방법 등에 관하여 필요한 사항은 기획재정부령으로 정한다(동법 시행령 제14조 제2항).

(2) 주 사업의 판단 방법

사회적협동조합의 주 사업이 동법 제93조 제1항 각 호의 주 사업에 해당하는지를 판단하는 방법은 다음 각 호의 구분에 따른 기준을 적용한다(동법 시행규칙 제12조 제1항).

　1. 목적사업이 법 제93조 제1항 제1호 또는 제4호에 해당하는 경우: 다음 각 목

의 어느 하나의 기준

    가. 수입·지출 예산서상 전체 사업비의 100분의 40 이상을 주 사업 목적으로 지출할 것

    나. 사업계획서상 주 사업에 해당하는 서비스 대상인원, 시간, 횟수 등이 전체 서비스의 100분의 40 이상일 것

2. 목적사업이 법 제93조 제1항 제2호에 따라 취약계층에게 사회서비스를 제공하는 경우: 사업계획서상 취약계층에게 제공된 사회서비스 대상인원, 시간, 횟수 등이 전체 사회서비스의 100분의 40 이상일 것

3. 목적사업이 법 제93조 제1항 제2호에 따라 취약계층에게 일자리를 제공하는 경우: 다음 각 목의 어느 하나의 기준

    가. 수입·지출 예산서상 전체 인건비 총액 중 취약계층인 직원에게 지급한 인건비 총액이 차지하는 비율이 100분의 40 이상일 것

    나. 사업계획서상 전체 직원 중 취약계층인 직원이 차지하는 비율이 100분의 40 이상일 것

4. 목적사업이 법 제93조 제1항 제3호에 해당하는 경우: 수입·지출 예산서상 전체 사업비의 100분의 40 이상이 국가 및 지방자치단체로부터 위탁받은 사업의 예산일 것

5. 목적사업이 법 제93조 제1호부터 제4호까지의 사업에 중복하여 해당하는 경우: 목적사업이 법 제93조 제1호부터 제4호까지의 사업에 해당하는 비율의 합이 100분의 40 이상일 것

기획재정부장관은 앞에서 정한 사항 외에 사회적협동조합의 주 사업의 판단 방법에 관하여 필요한 사항을 정하여 고시할 수 있다(동법 시행규칙 제12조 제2항).

나. 조합원에 대한 소액대출 및 상호부조 사업

「협동조합기본법」에서 소액대출 및 상호부조 개념에 대한 별도의 정의는 하지 않았다. 개념의 활용에 대한 부분은 사업을 시행할 각 사회적협동조합이 정관을 통해 정할 사안으로 두고, 네 가지 요건을 규정하였다. 먼저

(1) 비영리법인인 사회적협동조합으로 한정하였다. 따라서 소액대출과 상호

부조의 본래 취지를 살리고, 영리사업화되는 것에 제한을 두었다.

(2) 주요 사업 이외의 사업이어야 한다. 협동조합은 사업조직이기 때문에 본연의 경제사업을 가지고 있어야 하고, 소액대출 및 상호부조는 재화나 서비스를 판매 제공하는 형태를 지닌 사회적협동조합이 조합원의 상호복리를 위한 부수적인 사업으로 추진해야 한다.

(3) 구체적인 사업내용은 정관이 정하되, 반드시 일정 요건과 절차를 통해 가입한 조합원을 대상으로 해야 한다.

(4) 소액대출과 상호부조는 조합원들이 납입한 출자금 총액 한도 내에서 이루어져야 한다. 그리고 소액대출 이자율, 대출한도, 상호 부조금 등은 대통령령으로 정하도록 하였다.

동법 제94조에서 조합원에 대한 소액대출과 상호부조에 대하여 규정하고 있는데, "사회적협동조합은 동법 제45조 제3항에도 불구하고 상호복리 증진을 위하여 주 사업 이외의 사업으로 정관으로 정하는 바에 따라 조합원을 대상으로 납입 출자금 총액의 한도에서 소액대출[2]과 상호부조[3]를 할 수 있다." 소액대출은 대출금 상환을 전제로 하나, 상호부조는 상환을 전제하지 않은 순수한 상부상조 개념의 자금지원이라는 점에서 차이가 있다. 다만, 소액대출은 납입 출자금 총액의 3분의 2를 초과할 수 없다(동법 제94조 제1항).

이러한 사업에 따른 소액대출 이자율, 대출한도, 상호부조의 범위, 상호부조금, 상호부조계약 및 상호부조회비 등 필요한 세부 사항은 대통령령으로 정한다(동법 제94조 제2항).

소액대출 및 상호부조 조항은 금융 및 보험업을 원천 금지하겠다는 정부의 입장과 자활공제협동조합 등의 흐름을 인정해 달라는 민간의 요구가 타협한 결과로 볼 수 있다. 4중·5중의 조건을 달아 어렵게 소액대출 및 상호부조 사업을 할 수 있게 되었으나, 솔직히 대부분의 자활공제협동조합이 이 규정의 혜택을

---

2) 소액대출사업은 조합원이 긴급하게 필요한 생계비, 교육비, 전세 및 월세보증금, 사업운영 자금 등 소액자금을 신용대출해 주는 사업을 말한다.
3) 상호부조 사업은 조합원간의 상부상조를 목적으로 조합원들이 상호부조회비를 갹출하여 적립한 기금을 사용하는 사업을 말한다. 즉 상호부조회비를 납부한 조합원에게 정관에서 정한 혼례, 사망, 질병 등의 사유가 생긴 경우 일정금액의 상호부조금을 지급하는 사업이다.

받기가 어려운 것 또한 현실이다. 왜냐하면 자활공제협동조합 대부분은 소액대출 및 상호부조 사업을 주 사업으로 하고 있기 때문이다. 어쨌든 지금은 소액대출 및 상호부조를 둘러싼 개념 싸움을 통해 민간의 사업영역을 최대한 확대하는 것이 필요한 시점이다.

(1) 조합원에 대한 소액대출

동법 제94조 제2항에 따른 소액대출 이자율은 기획재정부장관이 고시하는 최고 한도 내에서 각 사회적협동조합의 정관으로 정한다. 이 경우 소액대출 이자율의 최고 한도는 한국은행이 발표하는 신규취급액 기준 예금은행 가계대출 가중평균금리를 고려하여 정한다.

동법 제94조 제1항에 따른 소액대출의 연체이자율은 해당 대출에 적용된 이자율의 1.5배를 최고 한도로 하여 각 사회적협동조합의 정관으로 정한다. 이 경우 연체이자율의 최고한도는 「이자제한법」 제2조 제1항4)에 따른 최고이자율을 넘을 수 없다.

동법 제94조 제1항에 따른 소액대출의 한도는 조합원의 수 및 출자금 규모, 소액대출의 종류 등을 고려하여 기획재정부장관이 정하여 고시하는 기준에 따라 각 사회적협동조합의 정관으로 정한다.

동법 제94조에 따른 소액대출 사업은 동법 제93조의 주 사업 및 그 밖의 사업과 구분하여 따로 회계처리되어야 한다(동법 시행령 제15조 제1항 내지 제4항).

(2) 조합원에 대한 상호부조

동법 제94조 제1항에 따른 상호부조는 조합원 간 상부상조를 목적으로 조합원들이 각자 나눠 낸 상호부조회비를 기금으로 적립하여 그 기금으로 상호부조회비를 낸 조합원에게 혼례, 사망, 질병 등의 사유가 생긴 경우 일정 금액의 상

---

4) 이자제한법은 1997년 말 IMF사태로 폐지하였다가 2007. 03. 29. 법률 제8,322호로 다시 제정되었으며, 2011. 07. 25. 법률 제10,925호로 일부 개정되었다. 이자제한법 제2조 (이자의 최고한도) 제1항은 "금전대차에 관한 계약상의 최고이자율은 연 30퍼센트를 초과하지 아니하는 범위 안에서 대통령령으로 정한다."라고 규정하고 있다. 이자제한법의 위임에 따른 대통령령인 '이자제한법 제2조 제1항의 최고이자율에 관한 규정'은 2007. 06. 28. 대통령령 제20,118호로 제정되었으며, "「이자제한법」 제2조 제1항에 따른 금전대차에 관한 계약상의 최고이자율은 연 30퍼센트로 한다."라고 규정하고 있다.

호부조금을 지급하는 사업으로 한다.

이러한 사업에 따른 상호부조금의 지급 사유 및 사유별로 지급되는 상호부조금의 한도 등 상호부조금의 지급에 필요한 사항은 각 사회적협동조합의 정관으로 정한다.

동법 제94조 제2항에 따른 상호부조회비와 상호부조계약에 관하여 필요한 사항은 각 사회적협동조합의 정관으로 정한다.

이러한 상호부조사업에 따른 상호부조 기금은 동법 제93조의 주 사업 및 그 밖의 사업과 구분하여 따로 회계처리되어야 한다(동법시행령 제16조 제1항 내지 제4항).

다. 사업의 이용

사회적협동조합은 조합원이 아닌 자에게 사회적협동조합의 사업을 이용하게 하여서는 아니 된다. 조합원전속이용의 원칙이다(동법 제95조 제1항). 사회적협동조합에서 조합원전속이용의 원칙에도 불구하고 예외적으로 비조합원이 이용할 수 있는 경우가 있다.

첫째, 일반 사회적협동조합에서 조합원이 이용하는 데에 지장이 없는 범위에서 대통령령으로 정하는 바에 따라 조합원이 아닌 자에게 그 사업을 이용하게 할 수 있다. 다만, 동법 제94조에 따른 사업의 경우에는 그러하지 아니하다(동법 제95조 제2항).

동법 제95조 제2항 본문에 따라 사회적협동조합이 조합원이 아닌 자에게 그 사업을 이용하게 할 수 있는 경우는 다음 각 호의 어느 하나에 해당하는 경우로 한다(동법 시행령 제17조 제1항).

1. 제9조 제1항 제1호, 제3호부터 제7호까지, 제9호 및 제10호에 해당하는 경우
2. 조합원으로 가입하도록 홍보하기 위하여 견본품을 유상 또는 무상으로 공급하는 경우. 다만, 다음 각 목의 어느 하나에 해당하는 경우는 제외한다.
   가. 사회적협동조합이 「사회서비스 이용 및 이용권 관리에 관한 법률」 제2조 제4호에 따른 사회서비스 제공자인 경우
   나. 사회적협동조합이 의료기관을 개설한 경우
3. 사회적협동조합이 법령에 따라 국가나 공공단체로부터 위탁받은 사회서비스를 제공하거나 취약계층의 일자리 창출을 위한 사업을 하는 경우

4. 다음 각 목의 경우를 제외한 사회적협동조합이 가입을 홍보하기 위하여 기획재정부장관에게 신고하는 기간(이하 이 호에서 "홍보기간"이라 하며, 그 기간은 1년에 3개월을 넘지 못한다) 동안 전년도 총공급고의 100분의 5 범위에서 물품을 유상 또는 무상으로 공급하는 경우. 다만, 사회적협동조합이 설립인가를 받은 날부터 1년(단위매장의 경우에는 매장 개장일부터 1년) 동안은 홍보기간이 6개월을 넘지 아니하는 범위에서 총공급고에 대한 제한 없이 물품을 유상 또는 무상으로 공급할 수 있다.

    가. 사회적협동조합이 「사회서비스 이용 및 이용권 관리에 관한 법률」 제2조 제4호에 따른 사회서비스 제공자인 경우

    나. 사회적협동조합이 의료기관을 개설한 경우

5. 그 밖에 사회적협동조합의 사업 성격·유형 등을 고려하여 기획재정부장관이 정하여 고시하는 경우

사회적협동조합연합회의 회원이 아닌 자의 사업의 이용에 관하여는 제1항을 준용한다. 이 경우 제1항 중 "사회적협동조합"은 "사회적협동조합연합회"로, 제1항 각 호 외의 부분, 제1호(제9조 제1항 제5호의 경우만 해당한다) 및 제2호의 "조합원"은 각각 "회원"으로, 제1호(제9조 제1항 제9호 및 제10호의 경우만 해당한다)의 "조합원"은 "전체 회원 조합에 속하는 총조합원"으로 본다(동법 시행령 제17조 제1항).

둘째, 보건·의료 사업을 행하는 사회적협동조합은 조합원전속이용의 원칙에도 불구하고 총공급고의 100분의 50의 범위에서 조합원이 아닌 자에 대하여 보건·의료 서비스를 제공할 수 있다. 이 경우 공급고의 산정기준, 보건·의료 서비스의 제공이 가능한 조합원이 아닌 자의 범위 등 구체적인 사항은 대통령령으로 정한다(동법 제95조 제3항).

보건·의료사업을 하는 사회적협동조합의 조합원이 아닌 자의 사업 이용에 대하여는 동법 제95조 제3항에 따라 사회적협동조합이 보건·의료 서비스를 제공할 수 있는 조합원이 아닌 자의 범위는 다음 각 호와 같다(동법 시행령 제18조 제1항).

1. 「응급의료에 관한 법률」 제2조 제1호에 따른 응급환자
2. 「의료급여법」 제3조에 따른 수급권자
3. 「장애인고용촉진 및 직업재활법」 제2조 제1호에 따른 장애인

4. 「한부모가족지원법」 제5조 및 제5조의2에 따른 보호대상자

5. 「재한외국인 처우 기본법」 제2조 제3호에 따른 결혼이민자

6. 보건복지부장관이 정하여 고시하는 희귀난치성질환을 가진 자

7. 해당 조합(「사회적기업 육성법」 제7조에 따른 사회적기업의 인증을 받은 사회적
   협동조합만 해당한다)이 개설한 의료기관이 소재하는 시·도의 관할 구역에
   주소·거소·사업장 또는 근무지가 있는 자

8. 조합원과 같은 가구에 속하는 자

9. 그 밖에 기획재정부장관이 관계 중앙행정기관의 장과 협의하여 보건·의료
   서비스를 제공할 필요가 있다고 인정하는 자

동법 제95조 제3항에 따른 공급고의 산정기준은 직전 연도 매출액 또는 서
비스 이용인원 중 사회적협동조합이 선택하는 기준을 적용하되, '조합원과 같은
가구에 속하는 자'(동법 시행령 제18
조 제1항 제8호)에 해당하는 자에게 보건·의료 서비스를 제공하
는 경우 해당 조합원이 이사회의 승인을 받으면 그 조합원이 이용한 것으로 보
아 공급고를 산정한다(동법 시행령
제18조 제1항).

5. 사회적협동조합의 회계 등

가. 조합운영의 공개

사회적협동조합은 결산결과의 공고 등 운영사항을 적극 공개하여야 한다. 사
회적협동조합은 정관·규약·규정, 총회·이사회 의사록, 회계장부 및 조합원
명부를 주된 사무소에 비치하여야 한다. 협동조합의 채권자와 조합원은 주된 사
무소에 비치된 서류를 열람하거나 그 사본을 청구할 수 있다. 사회적협동조합은
기획재정부 또는 사회적협동조합연합회의 홈페이지에 주요 경영공시자료를 게
재하여야 한다(동법 제96조 제
1항 내지 제4항).

동법 제96조 제4항(동법 제115조 제3항에 따라
준용되는 경우를 포함한다)에 따라 사회적협동조합등은 매 회계연도
의 결산일부터 3개월 이내에 사업결과보고서 등 기획재정부령으로 정하는 주요
경영공시자료를 기획재정부의 홈페이지 등에 게재하여야 한다(동법 시행
령 제19조). 동법 시

행령 제19조에서 "사업결과보고서 등 기획재정부령으로 정하는 주요 경영공시 자료"란 다음 각 호와 같다(동법 시행규 칙 제13조).

1. 정관(정관이 변경된 경우를 포함한다)
2. 〈별지 제6호 서식〉의 총회, 대의원 총회, 이사회 활동 상황
3. 〈별지 제9호 서식〉의 수입·지출 예산서
4. 〈별지 제12호 서식〉의 사업계획서
5. 〈별지 제13호 서식〉의 사업결산 보고서
6. 〈별지 제14호 서식〉의 사업결과 보고서
7. 〈별지 제15호 서식〉의 소액대출 및 상호부조 사업결과 보고서(사회적협동조합 만 해당한다)

나. 법정적립금 및 임의적립금

사회적협동조합은 매 회계연도 결산의 결과 잉여금이 있는 때에는 자기자본의 3배가 될 때까지 잉여금의 100분의 30 이상을 법정적립금으로 적립하여야 한다. 또한 사회적협동조합은 정관으로 정하는 바에 따라 사업준비금 등을 임의적립금으로 적립할 수 있다. 사회적협동조합은 손실의 보전에 충당하거나 해산하는 경우 외에는 법정적립금을 사용하여서는 아니 된다(동법 제97조 제 1항 내지 제3항).

다. 손실금의 보전과 잉여금의 배당

사회적협동조합은 매 회계연도의 결산 결과 손실금(당기손실금을 말한다)이 발생하면 미처분이월금, 임의적립금, 법정적립금의 순으로 이를 보전하고, 보전 후에도 부족이 있을 때에는 이를 다음 회계연도에 이월한다. 사회적협동조합이 손실금을 보전하고 동법 제97조에 따른 법정적립금 등을 적립한 이후에 발생하는 잉여금은 임의적립금으로 적립하여야 하고 이를 조합원에게 배당할 수 없다(동법 제98조 제1항, 제2항).

라. 부과금의 면제와 준용규정

사회적협동조합의 사업과 재산에 대하여는 국가와 지방자치단체의 조세 외

의 부과금을 면제한다(동법제99조). 사회적협동조합의 회계에 관하여는 동법 제47조, 제48조 및 제52조부터 제55조까지의 규정을 준용한다. 이 경우 "협동조합"은 "사회적협동조합"으로 본다(동법제100조).

6. 사회적협동조합의 합병·분할·해산 및 청산

가. 합병 및 분할

사회적협동조합은 합병계약서 또는 분할계획서를 작성한 후 총회의 의결을 받아 합병 또는 분할할 수 있다. 사회적협동조합이 합병 또는 분할할 경우 기획재정부장관의 인가를 받아야 한다. 합병 또는 분할로 인하여 존속하거나 설립되는 사회적협동조합은 합병 또는 분할로 소멸되는 사회적협동조합의 권리·의무를 승계한다.

합병 또는 분할에 따라 설립되는 사회적협동조합에 대하여는 동법 제85조, 제86조 및 제88조를 준용한다. 합병 또는 분할의 인가에 관한 기획재정부장관의 권한은 사회적협동조합이 수행하는 구체적인 사업 내용, 성격 등을 고려하여 대통령령으로 정하는 바에 따라 관계 중앙행정기관의 장에게 위임할 수 있다.

사회적협동조합은 이 법에 따른 사회적협동조합 이외의 법인, 단체 및 협동조합 등과 합병하거나 이 법에 따른 사회적협동조합 이외의 법인, 단체 및 협동조합 등으로 분할할 수 없다. 사회적협동조합의 합병 및 분할에 관하여는 동법 제53조 및 제54조를 준용한다(동법 제101조 제1항 내지 제7항).

나. 해산사유와 해산신고

사회적협동조합은 다음 각 호의 어느 하나에 해당하는 사유로 해산한다(동법 제102조 제1항).

1. 정관으로 정한 해산 사유의 발생
2. 총회의 의결
3. 합병·분할 또는 파산

4. 설립인가의 취소

사회적협동조합이 '정관으로 정한 해산 사유의 발생, 총회의 의결, 합병·분할 또는 파산'의 사유로 해산한 때에는 청산인은 파산의 경우를 제외하고는 그 취임 후 14일 이내에 기획재정부장관에게 신고하여야 한다(동법 제102조 제2항). 동법 제102조 제2항(동법 제115조 제3항에서 준용하는 경우를 포함한다)에 따른 사회적협동조합등의 해산을 신고하려는 자는 〈별지 제16호 서식〉의 해산신고서(전자문서로 된 신고서를 포함한다)에 다음 각 호의 서류를 첨부하여 기획재정부장관이나 관계 중앙행정기관의 장에게 제출하여야 한다(동법 시행규칙 제14조 제1항).

1. 해산 당시의 재산목록
2. 잔여재산 처분방법의 개요를 적은 서류
3. 해산 당시의 정관
4. 해산을 결의한 총회 의사록

기획재정부장관이나 관계 중앙행정기관의 장은 해산신고서를 받으면 「전자정부법」 제36조 제1항에 따른 행정정보의 공동이용을 통하여 법인 등기사항증명서를 확인하여야 한다(동법 시행규칙 제14조 제2항).

다. 청산인

사회적협동조합이 해산하면 파산으로 인한 경우 외에는 이사장이 청산인이 된다. 다만, 총회에서 다른 사람을 청산인으로 선임하였을 경우에는 그에 따른다. 청산인은 취임 후 지체 없이 사회적협동조합의 재산상태를 조사하고 재산목록과 대차대조표를 작성한 다음 재산처분의 방법을 정하여 총회의 승인을 받아야 한다. 청산사무가 종결된 때에는 청산인은 지체 없이 결산보고서를 작성하여 총회의 승인을 받아야 한다. 청산을 위한 총회를 2회 이상 소집하여도 총회가 구성되지 아니할 때에는 출석조합원 3분의 2 이상의 찬성이 있으면 총회의 승인이 있은 것으로 본다. 기획재정부장관은 사회적협동조합의 청산 사무를 감독한다(동법 제103조 제1항 내지 제5항).

라. 잔여재산의 처리

사회적협동조합이 해산할 경우 부채 및 출자금을 변제하고 잔여재산이 있을 때에는 정관으로 정하는 바에 따라 다음 각 호의 어느 하나에 귀속된다(동법
제104조).

1. 상급 사회적협동조합연합회
2. 유사한 목적의 사회적협동조합
3. 비영리법인·공익법인
4. 국고

마. 청산사무의 처리

사회적협동조합의 해산과 청산에 관하여는 「민법」 제79조, 제81조, 제87조, 제88조 제1항·제2항, 제89조부터 제92조까지, 제93조 제1항·제2항 및 「비송사건절차법」 제121조를 준용한다(동법
제105조).

비영리법인인 사회적협동조합이 해산하여 청산절차로 이행된 경우에는 법원의 엄격한 감독이 필요한데, 이에 대하여 민법에서 규정하고 있는 청산관련 조항을 준용하게 된다(자세한 내용은 협동조합에서 설명한 내용을 참조).

7. 등   기

가. 설립등기

사회적협동조합은 설립인가를 받은 날부터 21일 이내에 주된 사무소의 소재지에서 설립등기를 하여야 하고, 그러하지 아니한 경우 그 인가의 효력은 상실된다(동법 제106
조 제1항). 설립등기신청서에는 다음 각 호의 사항을 적어야 한다(동법 제106
조 제2항).

1. 제86조 제1항 제1호와 제2호의 사항
2. 출자 총좌수와 납입한 출자금의 총액
3. 설립인가 연월일
4. 임원의 성명·주민등록번호 및 주소

설립등기를 할 때에는 이사장이 신청인이 된다. 설립등기신청서에는 설립인가서, 창립총회의사록 및 정관의 사본을 첨부하여야 한다(동법 제106조 제3항, 제4항). 합병이나 분할로 인한 사회적협동조합의 설립등기신청서에는 다음 각 호의 서류를 모두 첨부하여야 한다(동법 제106조 제5항).

1. 동법 제106조 제4항에 따른 서류
2. 동법 제53조에 따라 공고하거나 최고한 사실을 증명하는 서류
3. 동법 제54조에 따라 이의를 신청한 채권자에게 변제나 담보를 제공한 사실을 증명하는 서류

나. 합병등기

사회적협동조합이 합병한 경우에는 합병인가를 받은 날부터 14일 이내에 그 사무소의 소재지에서 합병 후 존속하는 사회적협동조합은 변경등기를, 합병으로 소멸되는 사회적협동조합은 해산등기를, 합병으로 설립되는 사회적협동조합은 동법 제106조에 따른 설립등기를 각 사무소의 소재지에서 하여야 한다.

합병으로 소멸되는 사회적협동조합에 대한 해산등기를 할 때에는 합병으로 소멸되는 사회적협동조합의 이사장이 신청인이 된다. 해산등기를 할 경우에는 해산사유를 증명하는 서류를 첨부하여야 한다(동법 제107조 제1항 내지 제3항).

다. 해산등기

사회적협동조합이 해산한 경우에는 합병과 파산의 경우 외에는 주된 사무소의 소재지에서는 14일 이내에, 지사무소의 소재지에서는 21일 이내에 해산등기를 하여야 한다. 해산등기를 할 때에는 기획재정부장관의 설립인가의 취소로 인한 해산등기를 하는 경우 외에는 청산인이 신청인이 된다. 해산등기신청서에는 해산사유를 증명하는 서류를 첨부하여야 한다. 기획재정부장관은 설립인가의 취소로 인한 해산등기를 촉탁하여야 한다(동법 제108조 제1항 내지 제4항).

등기사항으로서 기획재정부장관의 인가 등이 필요한 것은 그 인가 등의 문서가 도달한 날부터 등기 기간을 계산한다(동법 제109조).

사회적협동조합의 등기에 관하여는 동법 제62조부터 제64조까지 및 제67조부터 제70조까지의 규정을 준용한다. 이 경우 "협동조합"은 "사회적협동조합"으로 본다(동법).

8. 감   독

협동조합과 사회적협동조합 사이의 두드러진 차이 중 하나는 바로 '감독' 규정이다. 일반적인 협동조합은 신고만으로 자유롭게 설립이 가능하되, 지원도 없고 감독도 없다. 반면 사회적협동조합은 비영리법인으로 인가를 받아야 한다. 이에 따라 민법상 비영리법인에 준해 세제 혜택을 받는 대신, 기획재정부장관의 규제와 감독을 받아야 한다.

비영리법인격을 지닌 사회적협동조합에 한하여 감독규정을 둔 배경은 먼저 법제정의 취지는 자율적인 협동조합 설립과 활동을 촉진함으로써, 서민과 지역경제를 활성화하고, 새로운 경제사회 발전의 모델을 확산하는 것이므로, 협동조합의 활동에 대해 지나친 국가의 감독은 배제되어야 하는 부분이다. 그러나 최소한의 감독이 부재시 발생될 수 있는 여러 가지 부작용도 무시할 수 없었다.

실제 오랜 협동조합 역사를 지닌 유럽 경우에도 가짜 협동조합 활동으로 인해 적지 않은 피해와 어려움이 있었던 것도 사실이다. 앞으로 협동조합의 숫자가 천 개, 만 개 이상으로 늘어날 것으로 전망되는 상황에서 체계적이고 정기적인 감독의 어려움이라는 현실적인 고민도 있었다. 끝으로 다른 비영리법인은 설립 주무관청의 감독을 받는 상황에서 사회적협동조합이 감독의 사각지대로 비추어질 가능성도 없지 않았다.

협동조합정책을 총괄하는 기획재정부장관은 사회적협동조합의 업무를 감독하고, 감독상 필요한 명령을 할 수 있다. 그렇지만 이 경우에도 사회적협동조합의 자율성은 존중되어야 한다. 기획재정부장관의 감독권한은 크게 네 가지로 구분된다. (1) 사회적협동조합 업무 및 재산, 장부, 서류 등에 대한 검사권, (2) 법령, 정관 위반사실에 대한 시정명령권, (3) 조사·검사·확인을 위한을 위한 자료제출 요구권, 그리고 (4) 설립인가 취소권이다.

가. 기획재정부 장관의 업무감독권

기획재정부장관은 사회적협동조합의 자율성을 존중하여야 하며, 이 법에서 정하는 바에 따라 그 업무를 감독하고 감독상 필요한 명령을 할 수 있다. 기획 재정부장관은 다음 각 호의 어느 하나에 해당하는 경우 사회적협동조합(설립 중 인 경우를 포함한다. 이하 이 조에서 같다)에 대하여 그 업무 및 재산에 관한 사항 을 보고하게 하거나 소속 공무원으로 하여금 해당 사회적협동조합의 업무상 황·장부·서류, 그 밖에 필요한 사항을 검사하게 할 수 있다(동법 제111조 제1항, 제2항).

1. 제85조에 따른 설립인가 및 절차에 적합한지 확인할 필요가 있는 경우
2. 이 법, 이 법에 따른 명령 또는 정관을 위반하였는지 확인할 필요가 있는 경우
3. 사회적협동조합의 사업이 관계 법령을 위반하였는지 확인할 필요가 있는 경우

검사를 하는 공무원은 그 권한을 표시하는 증표를 지니고 이를 관계인에게 내보여야 한다. 기획재정부장관은 감독의 결과 사회적협동조합이 이 법, 이 법 에 따른 명령 또는 정관을 위반한 사실이 발견된 때에는 해당 사회적협동조합 에 대하여 시정에 필요한 조치를 명할 수 있다. 기획재정부장관은 이 법의 효율 적인 시행과 사회적협동조합에 대한 정책을 수립하기 위하여 필요한 경우 관계 중앙행정기관의 장에게 사회적협동조합에 대한 조사·검사·확인 또는 자료의 제출을 요구하게 하거나 시정에 필요한 조치를 명하게 할 수 있다(동법 제111조 제 3항 내지 제5항).

사회적협동조합에 대한 업무감독에 관한 기획재정부장관의 권한은 사회적협 동조합이 수행하는 구체적인 사업 내용, 성격 등을 고려하여 대통령령으로 정하 는 바에 따라 관계 중앙행정기관의 장 또는 시·도지사에게 위임할 수 있다 (동법 제111 조 제6항).

나. 설립인가의 취소

기획재정부장관은 사회적협동조합이 다음 각 호의 어느 하나에 해당하게 되 면 설립인가를 취소할 수 있다(동법 제112 조 제1항).

1. 정당한 사유 없이 설립인가를 받은 날부터 1년 이내에 사업을 개시하지 아니
   하거나 1년 이상 계속하여 사업을 실시하지 아니한 경우
2. 2회 이상 동법 제111조 제5항에 따른 처분을 받고도 시정하지 아니한 경우
3. 동법 제85조 제4항에 따라 대통령령으로 정한 설립인가 기준에 미달하게 된
   경우
4. 거짓이나 그 밖의 부정한 방법으로 설립인가를 받은 경우

기획재정부장관은 사회적협동조합의 설립인가를 취소하면, 즉시 그 사실을 공
고하여야 한다(동법 제112 조 제2항). 기획재정부장관은 동법 제112조 제2항(동법 제115조 제3
항에 따라 준용되는 경우를 포함한다)에 따라 사회적협동조합등의 설립인가의 취소
를 공고할 때에는「신문 등의 진흥에 관한 법률」제9조 제1항[5]에 따라 전국을 보
급지역으로 등록한 일간신문, 관보 또는 인터넷 홈페이지에 하여야 한다(동법 시행 령 제20조).
기획재정부장관은 동법 제112조에 따라 설립인가를 취소하고자 하는 경우
에는 청문을 실시하여야 한다(동법 제113조).

---

5) 신문 등의 진흥에 관한 법률 제9조 (등록) ① 신문을 발행하거나 인터넷신문 또는 인터넷뉴스
서비스를 전자적으로 발행하려는 자는 대통령령으로 정하는 바에 따라 다음 각 호의 사항을 주사
무소 소재지를 관할하는 특별시장·광역시장·도지사 또는 특별자치도지사(이하 "시·도지사"라
한다)에게 등록하여야 한다. 등록된 사항이 변경된 때에도 또한 같다. 다만, 국가 또는 지방자치단
체가 발행 또는 관리하거나 법인이나 그 밖의 단체 또는 기관이 그 소속원에게 보급할 목적으로 발
행하는 경우와 대통령령으로 정하는 경우에는 그러하지 아니하다.
   1. 신문 및 인터넷신문의 명칭(신문 및 인터넷신문에 한정한다)
   2. 인터넷뉴스서비스의 상호 및 명칭(인터넷뉴스서비스에 한정한다)
   3. 종별 및 간별(신문에 한정한다)
   4. 신문사업자와 신문의 발행인·편집인(외국신문의 내용을 변경하지 아니하고 국내에서 그대
      로 인쇄·배포하는 경우를 제외한다. 이하 같다) 및 인쇄인의 성명·생년월일·주소(신문사
      업자 또는 인쇄인이 법인이나 단체인 경우에는 그 명칭, 주사무소의 소재지와 그 대표자의
      성명·생년월일·주소)
   5. 인터넷신문사업자와 인터넷신문의 발행인 및 편집인의 성명·생년월일·주소(인터넷신문사
      업자가 법인이나 단체인 경우에는 그 명칭, 주사무소의 소재지와 그 대표자의 성명·생년월
      일·주소)
   6. 인터넷뉴스서비스사업자와 기사배열책임자의 성명·생년월일·주소(인터넷뉴스서비스사업자가
      법인이나 단체인 경우에는 그 명칭, 주사무소의 소재지와 그 대표자의 성명·생년월일·주소)
   7. 발행소의 소재지
   8. 발행목적과 발행내용
   9. 주된 보급대상 및 보급지역(신문에 한정한다)
   10. 발행 구분(무가 또는 유가)
   11. 인터넷 홈페이지 주소 등 전자적 발행에 관한 사항

제 5 장   사회적협동조합연합회

1. 사회적협동조합연합회의 설립

사회적협동조합연합회를 설립하고자 하는 때에는 회원 자격을 가진 셋 이상의 사회적협동조합이 발기인이 되어 정관을 작성하고 창립총회의 의결을 거친후 기획재정부장관의 인가를 받아야 한다.

창립총회의 의사는 창립총회 개의 전까지 발기인에게 설립동의서를 제출한사회적협동조합 과반수의 출석과 출석자 3분의 2 이상의 찬성으로 의결한다(동법, 제114조제1항, 제2항).

2. 준용규정

사회적협동조합연합회에 관하여는 제2장 중 제17조, 제19조, 제21조, 제22조, 제25조, 제28조 제3항부터 제5항까지, 제29조부터 제44조까지, 제47조, 제48조, 제52조부터 제55조까지, 제62조부터 제64조까지 및 제67조부터 제70조까지의 규정을 준용한다. 이 경우 "협동조합"은 "사회적협동조합연합회"로, "이사장"은 "회장"으로, "조합원"은 "회원"으로 보고, 제19조 제1항 중 "제61조에 따른설립등기"는 "제106조에 따른 설립등기"로 보며, 제22조 제2항 중 "조합원 1인"은 "한 회원"으로, "100분의 30"은 "100분의 40"으로 보고, 제29조, 제30조 및제40조 제1항 중 "조합원"은 "대의원"으로 보며, 제40조 제1항 중 "5분의 1"은 "3분의 1"로 보고, 제37조 중 "조합원"은 "대의원이나 회원에 속한 조합원"으로, "가입신청을 한 자"는 "가입신청을 한 협동조합에 속한 조합원"으로 본다.

사회적협동조합연합회에 관하여는 제3장 중 제73조부터 제75조, 제77조, 제78조, 제80조, 제81조를 준용한다. 이 경우 "연합회"는 "사회적협동조합연합회"

로 본다.

사회적협동조합연합회에 관하여는 제4장 중 제86조, 제87조, 제89조, 제90조, 제96조부터 제99조까지, 제101조부터 제109조까지 및 제111조부터 제113조까지의 규정을 준용한다. 이 경우 "사회적협동조합"은 "사회적협동조합연합회"로, "조합원"은 "회원"으로 보고, 제86조 제1항 제3호 중 "조합원 및 대리인"은 "회원"으로 보며, 제101조 제4항 중 "제85조, 제86조 및 제88조"는 "제114조 및 제115조"로 보고, 제103조 제4항 중 "조합원"은 "대의원"으로 본다(동법 제115조 제1항 내지 제3항).

제 6 장 보칙, 벌칙 및 부칙

1. 보   칙

가. 권한의 위임

동법 제11조, 제71조, 제96조, 제102조, 제103조, 제108조, 제112조, 제114조, 제119조 등 동법에 따른 기획재정부장관의 권한은 그 일부를 대통령령으로 정하는 바에 따라 관계 중앙행정기관의 장 또는 시·도지사에게 위임할 수 있다(_{동법}_{제116조}).

기획재정부장관은 동법 제116조에 따라 다음 각 호의 권한을 동법 제93조에 따른 사회적협동조합의 주 사업 소관 중앙행정기관(「정부조직법」 제2조에 따른 부·처·청과 감사원, 방송통신위원회, 국가과학기술위원회, 원자력안전위원회, 공정거래위원회, 금융위원회 및 국민권익위원회를 말한다. 이하 같다)의 장에게 위탁한다(_{동법 시행령}_{제21조 제1항}).

1. 동법 제85조에 따른 사회적협동조합의 설립인가
2. 동법 제86조에 따른 사회적협동조합의 정관변경 인가
3. 동법 제101조에 따른 사회적협동조합의 합병·분할 인가
4. 동법 제102조에 따른 사회적협동조합의 해산 신고
5. 동법 제103조에 따른 사회적협동조합의 청산사무의 감독
6. 동법 제108조에 따른 사회적협동조합의 해산등기 촉탁
7. 동법 제111조에 따른 사회적협동조합의 감독
8. 동법 제112조에 따른 사회적협동조합의 설립인가 취소
9. 동법 제113조에 따른 청문
10. 동법 제119조에 따른 사회적협동조합에 대한 과태료 부과

기획재정부장관이 권한을 위탁하는 경우, 사회적협동조합의 주 사업이 둘 이 상인 경우 등 그 소관 중앙행정기관이 분명하지 아니한 경우에는 기획재정부장 관이 소관 중앙행정기관의 장을 정하여 위탁한다(동법 시행령 제21조 제2항).

나. 고유식별정보[6]의 처리

기획재정부장관(동법 제116조 및 이 영 제21조에 따라 기획재정부장관의 권한을 위탁받은 자를 포함한다)은 다음 각 호의 사무를 수행하기 위하여 불가피한 경우 「개인정보 보호법 시행령」 제19조 제1호 또는 제4호에 따른 주민등록번호 또는 외국인등록번호가 포함된 자료를 처리할 수 있다(동법 시행령 제22조 제1항).

1. 동법 제85조 제1항 및 동법 제114조 제1항에 따른 사회적협동조합등의 설립인 가에 관한 사무

2. 동법 제86조 제2항(동법 제115조 제3항에 따라 준용되는 경우를 포함한다)에 따 른 사회적협동조합등의 정관변경 인가에 관한 사무

3. 동법 제101조 제2항(동법 제115조 제3항에 따라 준용되는 경우를 포함한다)에 따른 사회적협동조합등의 합병 및 분할 인가에 관한 사무

4. 동법 제102조 제2항(동법 제115조 제3항에 따라 준용되는 경우를 포함한다)에 따른 사회적협동조합등의 해산 신고에 관한 사무

5. 동법 제103조 제5항(동법 제115조 제3항에 따라 준용되는 경우를 포함한다)에 따른 사회적협동조합등의 청산사무 감독에 관한 사무

6. 동법 제111조(동법 제115조 제3항에 따라 준용되는 경우를 포함한다)에 따른 사 회적협동조합등의 감독에 관한 사무

---

6) 개인정보보호법 제24조에서는 '고유식별정보'에 대해 아래와 같은 규정을 두고 있다. "제24조 (고유식별정보의 처리 제한) ① 개인정보처리자는 다음 각 호의 경우를 제외하고는 법령에 따라 개인을 고유하게 구별하기 위하여 부여된 식별정보로서 대통령령으로 정하는 정보(이하 "고유식별 정보"라 한다)를 처리할 수 없다. (이하 생략) 고유식별정보에는 주민등록번호, 여권번호, 운전면 허번호, 외국인등록번호 등이 있다(동법 시행령 규정). 공공, 민간 부문에서 주민등록번호와 같은 개인정보가 관행적으로 광범위하게 수집되고 있으며, 개인정보 유출에 대한 위험도 계속 높아지고 있기 때문에, 민감정보와 마찬가지로 고유식별정보 역시 원칙적으로 그 처리를 제한한다. 단, 아래 와 같은 경우 예외적으로 처리가 가능할 수 있다. 〈고유식별정보 처리〉 원칙적으로 금지되어 있지 만 아래와 같은 경우에는 예외적으로 처리할 수 있다. ① 정보주체의 별도 동의가 있는 경우, ② 다 른 법률에서 명시적으로 민감정보 처리를 요구하거나 허용하는 경우.

7. 동법 제112조 제1항(동법 제115조 제3항에 따라 준용되는 경우를 포함한다)에 따른 사회적협동조합등의 설립인가 취소에 관한 사무

시·도지사(해당 권한이 위임·위탁된 경우에는 그 권한을 위임·위탁받은 자를 포함한다)는 다음 각 호의 사무를 수행하기 위하여 불가피한 경우에는 고유식별정보에 따른 자료를 처리할 수 있다(동법 시행령 제22조 제2항 제).

1. 동법 제15조 제1항 및 제71조 제1항에 따른 협동조합등의 설립신고에 관한 사무
2. 동법 제16조 제2항(동법 제72조에 따라 준용되는 경우를 포함한다)에 따른 협동조합등의 정관변경 신고에 관한 사무
3. 동법 제56조 제2항(동법 제83조에 따라 준용되는 경우를 포함한다)에 따른 협동조합등의 합병·설립 및 해산 신고에 관한 사무
4. 동법 제57조 제2항(동법 제83조에 따라 준용되는 경우를 포함한다)에 따른 협동조합등의 해산 신고에 관한 사무

2. 벌   칙

가. 벌   칙

협동조합등 및 사회적협동조합등의 임직원 또는 청산인이 다음 각 호의 어느 하나에 해당하는 행위로 협동조합등 및 사회적협동조합등에 손해를 끼친 때에는 10년 이하의 징역 또는 3천만원 이하의 벌금에 처한다. 이 경우 징역형과 벌금형은 병과할 수 있다(동법 제117조 제1항).

1. 협동조합등 및 사회적협동조합등의 사업목적 이외의 다른 용도로 자금을 사용한 경우
2. 투기를 목적으로 협동조합등 및 사회적협동조합등의 재산을 처분하거나 이용한 경우

협동조합등 및 사회적협동조합등의 임직원 또는 청산인이 다음 각 호의 어

느 하나에 해당하는 행위를 한 때에는 3년 이하의 징역 또는 2천만원 이하의 벌금에 처한다(^{동법 제117}_{조 제2항}).

1. 동법 제45조 제3항, 제50조 제1항·제3항, 제51조부터 제53조까지, 제55조, 제58조, 제80조 제3항, 제97조 제1항·제3항, 제98조, 제103조 및 제104조(제82조·제83조·제100조 또는 제115조에 따라 준용되는 경우를 포함한다)를 위반한 경우
2. 거짓 또는 부정한 방법으로 등기를 한 경우
3. 총회의 의결을 받아야 하는 사항에 대하여 의결을 받지 아니하고 집행한 경우

다음 각 호의 어느 하나에 해당하는 자는 2년 이하의 징역 또는 1천만원 이하의 벌금에 처한다(^{동법 제117}_{조 제3항}).

1. 동법 제9조 제2항을 위반하여 공직선거에 관여한 자
2. 동법 제37조(제79조·제92조 및 제115조에 따라 준용되는 경우를 포함한다)를 위반한 자

협동조합등 및 사회적협동조합등의 임직원 또는 청산인이 그 협동조합등 및 사회적협동조합등의 업무에 관하여 동법 제117조 제1항 및 제2항의 위반행위를 하면 그 행위자를 벌하는 외에 그 협동조합등 및 사회적협동조합등에도 해당 조문의 벌금형을 과科한다. 다만, 협동조합등 및 사회적협동조합등이 그 위반행위를 방지하기 위하여 해당 업무에 관하여 상당한 주의와 감독을 게을리하지 아니한 경우에는 그러하지 아니하다(^{동법}_{제118조}).[7]

---

7) (구)도로교통법을 비롯한 많은 행정법규에 행위자에 대한 처벌과 함께 법인에 대하여도 벌금형을 과하는 규정이 많이 있는데 최근에 헌법재판소가 계속해서 양벌규정들이 책임원칙에 반한다고 위헌결정을 내리고 있다(2012헌가18 외 다수). 법률조항은 법인이 고용한 종업원 등이 법인의 업무에 관하여 위반행위를 한 사실이 인정되면 곧바로 그 종업원 등을 고용한 법인에게도 종업원 등에 대한 처벌조항에 규정된 형을 과하도록 규정하고 있다. 즉, 이 사건 법률조항은 종업원 등의 범죄행위에 대한 법인의 가담 여부나 이를 감독할 주의의무의 위반 여부를 법인에 대한 처벌요건으로 규정하지 아니하고, 달리 법인이 면책될 가능성에 대해서도 규정하지 아니하고 있어, 결국 종업원 등의 일정한 행위가 있으면 법인이 그와 같은 종업원 등의 범죄에 대해 어떠한 잘못이 있는지를 전혀 묻지 않고 곧바로 영업주인 법인을 종업원 등과 같이 처벌하는 것이다. 그러나 형벌은 범죄에 대한 제재로서 그 본질은 법질서에 의해 부정적으로 평가된 행위에 대한 비난이다. 만약 법질서가 부정적으로 평가한 결과가 발생하였다고 하더라도 그러한 결과의 발생이 어느 누구의 잘못에 의한 것도 아니라면, 부정적인 결과가 발생하였다는 이유만으로 누군가에게 형벌을 가할 수는 없다. 이와 같이 '책임 없는 자에게 형벌을 부과할 수 없다'는 형벌에 관한 책임주의는 형사법의 기본

나. 과태료

동법 제3조 제3항을 위반한 자에게는 200만원 이하의 과태료를 부과한다 (동법 제119조 제1항).

협동조합등 및 사회적협동조합등이 다음 각 호의 어느 하나에 해당하는 경우에는 200만원 이하의 과태료를 부과한다(동법 제119조 제2항).

1. 동법 제22조 제2항(제76조 · 제91조 및 제115조 제1항에 따라 준용되는 경우를 포함한다)을 위반하여 조합원등 1인의 출자좌수 제한을 초과하게 한 경우
2. 동법 제23조 제1항(제91조에 따라 준용되는 경우를 포함한다)을 위반하여 조합원의 의결권 · 선거권에 차등을 둔 경우
3. 동법 제46조, 제81조 및 제95조(제115조 제2항에 따라 준용되는 경우를 포함한다)를 위반하여 조합원등이 아닌 자에게 협동조합등의 사업을 이용하게 한 경우
4. 동법 제94조를 위반하여 소액대출 및 상호부조의 총사업한도, 이자율, 대출한도, 상호부조의 범위, 상호부조금, 상호부조계약 및 상호부조회비 등을 초과하게 한 경우

협동조합등 및 사회적협동조합등의 임직원 또는 청산인이 다음 각 호의 어느 하나에 해당하는 때에는 100만원 이하의 과태료를 부과한다(동법 제119조 제3항).

1. 신고 · 등기를 게을리한 때
2. 동법 제49조 제2항(제82조에 따라 준용되는 경우를 포함한다) 및 제96조 제2항 (제115조 제3항에 따라 준용되는 경우를 포함한다)에 따른 서류비치를 게을리

원리로서, 헌법상 법치국가의 원리에 내재하는 원리인 동시에 헌법 제10조의 취지로부터 도출되는 원리이고, 법인의 경우도 자연인과 마찬가지로 책임주의원칙이 적용된다. 그런데 이 사건 법률조항에 의할 경우, 법인이 종업원 등의 위반행위와 관련하여 선임 · 감독상의 주의의무를 다하여 아무런 잘못이 없는 경우까지도 법인에게 형벌이 부과될 수밖에 없게 된다. 이처럼 이 사건 법률조항은 종업원 등의 범죄행위에 관하여 비난할 근거가 되는 법인의 의사결정 및 행위구조, 즉 종업원 등이 저지른 행위의 결과에 대한 법인의 독자적인 책임에 관하여 전혀 규정하지 않은 채, 단순히 법인이 고용한 종업원 등이 업무에 관하여 범죄행위를 하였다는 이유만으로 법인에 대하여 형사처벌을 과하고 있는바, 이는 다른 사람의 범죄에 대하여 그 책임 유무를 묻지 않고 형벌을 부과하는 것으로서, 헌법상 법치국가의 원리 및 죄형법정주의로부터 도출되는 책임주의원칙에 반한다(헌재 2009. 7. 30. 2008헌가14, 판례집 21-2 상, 77 참조).

한 때

3. 동법 제49조 제3항 및 제4항(제82조에 따라 준용되는 경우를 포함한다), 제96조
   제3항 및 제4항(제115조 제3항에 따라 준용되는 경우를 포함한다)에 따른 운영
   의 공개를 게을리한 때

4. 감독기관 또는 총회에 대하여 거짓의 진술 또는 보고를 하거나 사실을 은폐
   한 때

5. 감독기관의 검사를 거부·방해 또는 기피한 때

과태료는 동법 시행령(대통령령)으로 정하는 바에 따라 기획재정부장관 또는
시·도지사가 부과·징수한다(동법 제119
조 제4항). 동법 제119조 제1항부터 제3항까지의
규정에 따른 과태료의 부과기준은 별표와 같다(동법 시행
령 제23조).

[별표] 과태료의 부과기준(동법 시행령 제23조 관련)

1. 일반기준

가. 위반행위의 횟수에 따른 과태료의 부과기준은 해당 위반행위를 한 날 이전 최근 2년간 같은 위반행위로 부과처분을 받은 경우에 적용한다.

나. 부과권자는 위반행위의 정도, 위반행위의 동기와 그 결과 등 다음 사항을 고려하여 제2호의 개별기준에서 정한 금액의 2분의 1 범위에서 그 금액을 줄일 수 있다. 다만, 과태료를 체납하고 있는 위반행위자에 대해서는 그러하지 아니하다.

1) 위반행위자가 「질서위반행위규제법 시행령」 제2조의2 제1항 각 호의 어느 하나에 해당하는 경우

2) 위반행위가 사소한 부주의나 오류로 인한 것으로 인정되는 경우

3) 위반행위자가 법 위반상태를 시정하거나 해소한 경우

2. 개별기준

(단위: 만원)

위반행위	근거 법조문	과태료 금액	
		1차 위반	2차이상 위반
가. 법 제3조 제3항을 위반하여 명칭을 사용한 경우	법 제119조 제1항	100	200
나. 협동조합등 및 사회적협동조합등이 법 제22조 제2항 (법 제76조·제91조 및 제115조 제1항에 따라 준용되는 경우를 포함한다)을 위반하여 조합원등 1인의 출자좌수 제한을 초과하게 한 경우	법 제119조 제2항 제1호	100	200
다. 협동조합등 및 사회적협동조합등이 법 제23조 제1항 (법 제91조에 따라 준용되는 경우를 포함한다)을 위반하여 조합원의 의결권·선거권에 차등을 둔 경우	법 제119조 제2항 제2호	100	200
라. 협동조합등 및 사회적협동조합등이 법 제46조, 제81조 및 제95조(법 제115조 제2항에 따라 준용되는 경우를 포함한다)를 위반하여 조합원등이 아닌 자에게 협동조합등의 사업을 이용하게 한 경우	법 제119조 제2항 제3호	100	200
마. 협동조합등 및 사회적협동조합등의 임직원 또는 청산인이 법 제49조 제2항(법 제82조에 따라 준용되는 경우를 포함한다) 및 법 제96조 제2항(법 제115조 제3항에 따라 준용되는 경우를 포함한다)에 따른 서류비치를 게을리한 때	법 제119조 제3항 제2호	50	100
바. 협동조합등 및 사회적협동조합등의 임직원 또는 청산인이 법 제49조 제3항 및 제4항(법 제82조에 따라 준용되는 경우를 포함한다), 법 제96조 제3항 및 제4항 (법 제115조 제3항에 따라 준용되는 경우를 포함한다)에 따른 운영의 공개를 게을리한 때	법 제119조 제3항 제3호	50	100
사. 협동조합등 및 사회적협동조합등이 법 제94조를 위반하여 소액대출 및 상호부조의 총사업한도, 이자율, 대출한도, 상호부조의 범위, 상호부조금, 상호부조계약 및 상호부조회비 등을 초과하게 한 경우	법 제119조 제2항 제4호	100	200
아. 협동조합등 및 사회적협동조합등의 임직원 또는 청산인이 신고·등기를 게을리한 때	법 제119조 제3항 제1호	50	100
자. 협동조합등 및 사회적협동조합등의 임직원 또는 청산인이 감독기관 또는 총회에 대하여 거짓의 진술 또는 보고를 하거나 사실을 은폐한 때	법 제119조 제3항 제4호	50	100
차. 협동조합등 및 사회적협동조합등의 임직원 또는 청산인이 감독기관의 검사를 거부·방해 또는 기피한 때	법 제119조 제3항 제5호	50	100

3. 부 칙

가. 시행일

이 법〈법률 제11211호, 2012. 1. 26〉은 2012년 12월 1일부터 시행한다(동법 부칙 제1조).

이 영〈대통령령 제24164호, 2012. 11. 12〉은 2012년 12월 1일부터 시행한다 (동법 시행령 부칙 제1조).

이 규칙〈기획재정부령 제303호, 2012. 11. 27〉은 2012년 12월 1일부터 시행한다.

나. 협동조합등에 대한 경과조치

이 법 시행 당시 협동조합과 유사한 목적을 위하여 이미 설립된 사업자 또는 법인이 이 법에 따른 협동조합이 되려면 이 법 시행일부터 2년 이내에 제15조에서 정하는 설립 최소기준을 갖추어 구성원 과반수의 출석과 출석자 3분의 2 이상의 찬성으로 총회의 의결을 거친 후 제15조부터 제19조까지의 설립절차를 거쳐 제61조에 따른 설립등기를 하여야 한다. 이 경우 설립등기 전 사업자 또는 법인과 설립등기 후 협동조합은 동일한 법인으로 본다(동법 부칙 제2조 제1항).

이 법 시행 당시 협동조합연합회와 유사한 목적을 위하여 이미 설립된 사단법인이 이 법에 따른 협동조합연합회가 되려면 이 법 시행일부터 1년 이내에 동법 제71조에서 정하는 협동조합연합회 설립에 필요한 사항을 갖추어 구성원 과반수의 출석과 출석자 3분의 2 이상의 찬성으로 총회의 의결을 거친 후 동법 제71조 및 제72조의 설립절차를 거쳐 동법 제84조에 따른 설립등기를 하여야 한다. 이 경우 설립등기 전 사단법인과 설립등기 후 협동조합연합회는 동일한 법인으로 본다(동법 부칙 제2조 제2항).

이 법 시행 당시 사회적협동조합과 유사한 목적을 위하여 이미 설립된 사업자 또는 비영리법인이 이 법에 따른 사회적협동조합이 되려면 이 법 시행일부터 2년 이내에 동법 제85조에서 정하는 설립 최소기준을 갖추어 구성원 과반수의 출석과 출석자 3분의 2 이상의 찬성으로 총회의 의결을 거친 후 동법 제85조부터 제88조까지의 설립절차를 거쳐 동법 제106조에 따른 설립등기를 하여야 한다. 이 경우 설립등기 전 사업자 또는 법인과 설립등기 후 사회적협동조합은 동일한 비영리법인으로 본다(동법 부칙 제2조 제3항).

이 법 시행 당시 사회적협동조합연합회와 유사한 목적을 위하여 이미 설립된 사단법인이 이 법에 따른 사회적협동조합연합회가 되려면 이 법 시행일부터 1년 이내에 동법 제114조에서 정하는 사회적협동조합연합회 설립에 필요한 사항을 갖추어 구성원 과반수의 출석과 출석자 3분의 2 이상의 찬성으로 총회의 의결을 거친 후 동법 제114조, 제115조 제1항 및 제3항의 설립절차를 거쳐 제115조 제3항에 따른 설립등기를 하여야 한다. 이 경우 설립등기 전 사단법인과 설립등기 후 사회적협동조합연합회는 동일한 비영리법인으로 본다(동법 부칙 제2조 제4항).

이 법 시행 당시 이 법에 따라 설립되지는 아니하였으나 협동조합과 동일한 기능을 수행하는 단체에 대하여는 이 법 시행일부터 2년까지는 제3조를 적용하지 아니한다(동법 부칙 제3조)고 하여 명칭에 관한 경과조치를 두었다.

기존의 협동조합정책심의위원회의 존속기한에 대하여 협동조합정책심의위원회에 관한 동법 시행령 제4조의 규정은 2017년 11월 30일까지 효력이 있다(동법 시행령 부칙 제2조).

참고 문헌

김현대·하종란 외 1, 「협동조합 참 좋다」, 푸른지식, 2012. 7.

박범용, 「앗! 이것도 협동조합」, 사단법인 한국협동조합연구소, 2012. 1.

변강림, 「협동조합설립과 변경등기실무」, 백영사, 2013. 1.

스테파노 자마니·베라 자마니, 송성호 옮김, 「협동조합으로 기업하라」, 협동조합연구소
　　/북돋움, 2012. 4.

이선신, 「협동조합 선거법규」, 동방문화사, 2013. 1.

기획재정부, 「협동조합 설립운영 안내서: 아름다운 협동조합 만들기」, 2013. 1.

(사)한국협동조합연구소, 「협동조합기본법 제정에 대한 연구」, 2010년도 국회사무처 법
　　제실 연구용역보고서, 2010. 10.

김두년(1), "협동조합기본법의 필요성과 입법구상", 한국협동조합연구 제20권 제1호,
　　2002.

김두년(2), "프랑스협동조합법의 법적 구조에 관한 연구", 한국협동조합연구 제24권 제2
　　호, 2007.

김두년(3), "세계협동조합법의 신조류", 비교사법 제9권 2호, 2003.

박범용, "민간 입법실무 책임자가 직접 작성한 협동조합기본법 긴급해설서", 한국협동조
　　합연구소, 2012. 1. 10.

이대중, "협동조합법 어렵지 않아요(「협동조합기본법」 해설서)" (1)~(6), 희망제작소
　　(www.center4se.org) 사회적경제센터 사회적경제제리포트에 연재, 2012.

기획재정부, "해외 및 국내 협동조합 사례-글로벌 300 보고서 '세계의 협동조합'-", 보도
　　자료(2012. 6. 22), 기획재정부 협동조합법준비기획단.

부 록

1. 협동조합기본법(법률 제11211호)

제 1 장 총 칙

제1조 (목적) 이 법은 협동조합의 설립·운영 등에 관한 기본적인 사항을 규정함으로써 자주적·자립적·자치적인 협동조합 활동을 촉진하고, 사회통합과 국민경제의 균형 있는 발전에 기여함을 목적으로 한다.

제2조 (정의) 이 법에서 사용하는 용어의 뜻은 다음과 같다.

1. "협동조합"이란 재화 또는 용역의 구매·생산·판매·제공 등을 협동으로 영위함으로써 조합원의 권익을 향상하고 지역 사회에 공헌하고자 하는 사업조직을 말한다.

2. "협동조합연합회"란 협동조합의 공동이익을 도모하기 위하여 제1호에 따라 설립된 협동조합의 연합회를 말한다.

3. "사회적협동조합"이란 제1호의 협동조합 중 지역주민들의 권익·복리 증진과 관련된 사업을 수행하거나 취약계층에게 사회서비스 또는 일자리를 제공하는 등 영리를 목적으로 하지 아니하는 협동조합을 말한다.

4. "사회적협동조합연합회"란 사회적협동조합의 공동이익을 도모하기 위하여 제3호에 따라 설립된 사회적협동조합의 연합회를 말한다.

제3조 (명칭) ① 협동조합은 협동조합이라는 문자를, 협동조합연합회는 협동조합연합회라는 문자를, 사회적협동조합은 사회적협동조합이라는 문자를, 사회적협동조합연합회는 사회적협동조합연합회라는 문자를 각각 명칭에 사용하여야 한다.

② 이 법에 따라 설립되는 협동조합과 협동조합연합회(이하 "협동조합등"이라 한다) 및 이 법에 따라 설립되는 사회적협동조합과 사회적협동조합연합회(이하 "사회적협동조합등"이라 한다)는 대통령령으로 정하는 바에 따라 다른 협동조합등 및 사회적협동조합등의 명칭과 중복되거나 혼동되는 명칭을 사용하여서는 아니 된다.

③ 이 법에 따라 설립된 협동조합등 및 사회적협동조합등이 아니면 제1항에 따른 문자를 명칭에 사용할 수 없다.

제4조 (법인격과 주소) ① 협동조합등은 법인으로 한다.

② 사회적협동조합등은 비영리법인으로 한다.

③ 협동조합등 및 사회적협동조합등의 주소는 그 주된 사무소의 소재지로 하고, 정관으로 정하는 바에 따라 필요한 곳에 지사무소를 둘 수 있다.

제5조 (설립 목적) 협동조합등 및 사회적협동조합등은 구성원(협동조합의 경우 조합원

을, 연합회의 경우 회원을 말한다. 이하 "조합원등"이라 한다)의 복리 증진과 상부상조를 목적으로 하며, 조합원등의 경제적·사회적·문화적 수요에 부응하여야 한다.

제6조 (기본원칙) ① 협동조합등 및 사회적협동조합등은 그 업무 수행 시 조합원등을 위하여 최대한 봉사하여야 한다.

② 협동조합등 및 사회적협동조합등은 자발적으로 결성하여 공동으로 소유하고 민주적으로 운영되어야 한다.

③ 협동조합등 및 사회적협동조합등은 투기를 목적으로 하는 행위와 일부 조합원등의 이익만을 목적으로 하는 업무와 사업을 하여서는 아니 된다.

제7조 (협동조합등의 책무) 협동조합등 및 사회적협동조합등은 조합원등의 권익 증진을 위하여 교육·훈련 및 정보 제공 등의 활동을 적극적으로 수행하여야 한다.

제8조 (다른 협동조합 등과의 협력) ① 협동조합등 및 사회적협동조합등은 다른 협동조합, 다른 법률에 따른 협동조합, 외국의 협동조합 및 관련 국제기구 등과의 상호 협력, 이해 증진 및 공동사업 개발 등을 위하여 노력하여야 한다.

② 협동조합등 및 사회적협동조합등은 제1항의 목적 달성을 위하여 필요한 경우에는 다른 협동조합, 다른 법률에 따른 협동조합 등과 협의회를 구성·운영할 수 있다.

제9조 (공직선거 관여 금지) ① 협동조합등 및 사회적협동조합등은 공직선거에서 특정 정당을 지지·반대하는 행위 또는 특정인을 당선되도록 하거나 당선되지 아니하도록 하는 행위를 하여서는 아니 된다.

② 누구든지 협동조합등 및 사회적협동조합등을 이용하여 제1항에 따른 행위를 하여서는 아니 된다.

제10조 (국가 및 공공단체의 협력 등) ① 국가 및 공공단체는 협동조합등 및 사회적협동조합등의 자율성을 침해하여서는 아니 된다.

② 국가 및 공공단체는 협동조합등 및 사회적협동조합등의 사업에 대하여 적극적으로 협조하여야 하고, 그 사업에 필요한 자금 등을 지원할 수 있다.

③ 국가 및 공공단체는 협동조합등 및 사회적협동조합등의 의견을 듣고 그 의견이 반영되도록 노력하여야 한다.

제11조 (협동조합에 관한 정책) ① 기획재정부장관은 협동조합에 관한 정책을 총괄하고 협동조합의 자율적인 활동을 촉진하기 위한 기본계획을 수립한다.

② 기획재정부장관은 제1항에 따라 협동조합에 관한 정책을 총괄하고 기본계획을 수립함에 있어 관계 중앙행정기관의 장과 협의하여야 하고, 특별시장·광역시장·특별자치시장·도지사·특별자치도지사(이하 "시·도지사"라 한다)의 의견을 요청할 수 있다.

③ 제1항 및 제2항에 따른 협동조합에 관한 정책 총괄 및 기본계획의 수립과 인가·

감독 등에 관한 사항의 협의·조정 등을 위하여 필요한 사항은 대통령령으로 정한다.

④ 기획재정부장관은 협동조합의 활동현황·자금·인력 및 경영 등에 관한 실태파악을 위하여 3년마다 실태조사를 실시한 후 그 결과를 공표하고, 국회 소관 상임위원회에 보고하여야 한다.

⑤ 관계 중앙행정기관의 장 또는 시·도지사는 제4항에 따른 실태조사를 위하여 필요한 자료를 기획재정부장관에게 제출하여야 한다.

제12조 (협동조합의 날) ① 국가는 협동조합에 대한 이해를 증진시키고 협동조합의 활동을 장려하기 위하여 매년 7월 첫째 토요일을 협동조합의 날로 지정하며, 협동조합의 날 이전 1주간을 협동조합 주간으로 지정한다.

② 국가와 지방자치단체는 협동조합의 날의 취지에 적합한 행사 등 사업을 실시하도록 노력하여야 한다.

제13조 (다른 법률과의 관계) ① 다른 법률에 따라 설립되었거나 설립되는 협동조합에 대하여는 이 법을 적용하지 아니한다.

② 협동조합의 설립 및 육성과 관련되는 다른 법령을 제정하거나 개정하는 경우에는 이 법의 목적과 원칙에 맞도록 하여야 한다.

③ 대통령령으로 정하는 요건에 해당하는 협동조합등 및 사회적협동조합등의 행위에 대하여는 「독점규제 및 공정거래에 관한 법률」을 적용하지 아니한다. 다만, 불공정거래행위 등 일정한 거래분야에서 부당하게 경쟁을 제한하는 경우에는 그러하지 아니하다.

제14조 (다른 법률의 준용) ① 제4조제1항의 협동조합등에 관하여 이 법에서 규정한 사항 외에는 「상법」 제1편 총칙, 제2편 상행위, 제3편제3장의2 유한책임회사에 관한 규정을 준용한다. 이 경우 "상인"은 "협동조합등"으로, "사원"은 "조합원등"으로 본다.

② 제4조제2항의 사회적협동조합등에 관하여 이 법에서 규정한 사항 외에는 「민법」 제1편제3장 법인에 관한 규정을 준용한다. 이 경우 "사단법인"은 "사회적협동조합등"으로, "사원"은 "조합원등"으로, "허가"는 "인가"로 본다.

제 2 장 협동조합

제 1 절 설 립

제15조 (설립신고 등) ① 협동조합을 설립하고자 하는 때에는 5인 이상의 조합원 자격을 가진 자가 발기인이 되어 정관을 작성하고 창립총회의 의결을 거친 후 주된 사무소의 소재지를 관할하는 시·도지사에게 신고하여야 한다.

② 창립총회의 의사는 창립총회 개의 전까지 발기인에게 설립동의서를 제출한 자 과 반수의 출석과 출석자 3분의 2 이상의 찬성으로 의결한다.

③ 시·도지사는 제1항에 따라 협동조합의 설립신고를 받은 때에는 즉시 기획재정부장관에게 그 사실을 통보하여야 한다.

제16조 (정관) ① 협동조합의 정관에는 다음 각 호의 사항이 포함되어야 한다.

1. 목적
2. 명칭 및 주된 사무소의 소재지
3. 조합원 및 대리인의 자격
4. 조합원의 가입, 탈퇴 및 제명에 관한 사항
5. 출자 1좌의 금액과 납입 방법 및 시기, 조합원의 출자좌수 한도
6. 조합원의 권리와 의무에 관한 사항
7. 잉여금과 손실금의 처리에 관한 사항
8. 적립금의 적립방법 및 사용에 관한 사항
9. 사업의 범위 및 회계에 관한 사항
10. 기관 및 임원에 관한 사항
11. 공고의 방법에 관한 사항
12. 해산에 관한 사항
13. 출자금의 양도에 관한 사항
14. 그 밖에 총회·이사회의 운영 등에 필요한 사항

② 협동조합의 정관의 변경은 설립신고를 한 시·도지사에게 신고를 하여야 그 효력이 발생한다.

제17조 (규약 또는 규정) 협동조합의 운영 및 사업실시에 필요한 사항으로서 정관으로 정하는 것을 제외하고는 규약 또는 규정으로 정할 수 있다.

제18조 (설립사무의 인계와 출자납입) ① 발기인은 제15조제1항에 따라 설립신고를 하면 지체 없이 그 사무를 이사장에게 인계하여야 한다.

② 제1항에 따라 이사장이 그 사무를 인수하면 기일을 정하여 조합원이 되려는 자에게 출자금을 납입하게 하여야 한다.

③ 현물출자자는 제2항에 따른 납입기일 안에 출자 목적인 재산을 인도하고 등기·등록, 그 밖의 권리의 이전에 필요한 서류를 구비하여 협동조합에 제출하여야 한다.

제19조 (협동조합의 설립) ① 협동조합은 주된 사무소의 소재지에서 제61조에 따른 설립등기를 함으로써 성립한다.

② 협동조합의 설립 무효에 관하여는 「상법」 제328조를 준용한다.

제 2 절 조합원

제20조 (조합원의 자격) 조합원은 협동조합의 설립 목적에 동의하고 조합원으로서의 의무를 다하고자 하는 자로 한다.

제21조 (가입) ① 협동조합은 정당한 사유 없이 조합원의 자격을 갖추고 있는 자에 대하여 가입을 거절하거나 가입에 있어 다른 조합원보다 불리한 조건을 붙일 수 없다.

② 협동조합은 제1항에도 불구하고 정관으로 정하는 바에 따라 협동조합의 설립 목적 및 특성에 부합되는 자로 조합원의 자격을 제한할 수 있다.

제22조 (출자 및 책임) ① 조합원은 정관으로 정하는 바에 따라 1좌 이상을 출자하여야 한다. 다만, 필요한 경우 정관으로 정하는 바에 따라 현물을 출자할 수 있다.

② 조합원 1인의 출자좌수는 총 출자좌수의 100분의 30을 넘어서는 아니 된다.

③ 조합원이 납입한 출자금은 질권의 목적이 될 수 없다.

④ 협동조합에 납입할 출자금은 협동조합에 대한 채권과 상계하지 못한다.

⑤ 조합원의 책임은 납입한 출자액을 한도로 한다.

제23조 (의결권 및 선거권) ① 조합원은 출자좌수에 관계없이 각각 1개의 의결권과 선거권을 가진다.

② 조합원은 대리인으로 하여금 의결권 또는 선거권을 행사하게 할 수 있다. 이 경우 그 조합원은 출석한 것으로 본다.

③ 제2항에 따른 대리인은 다른 조합원 또는 본인과 동거하는 가족(조합원의 배우자, 조합원 또는 그 배우자의 직계 존속·비속과 형제자매, 조합원의 직계 존속·비속 및 형제자매의 배우자를 말한다. 이하 같다)이어야 하며, 대리인이 대리할 수 있는 조합원의 수는 1인에 한한다.

④ 제2항에 따른 대리인은 정관으로 정하는 바에 따라 대리권을 증명하는 서면을 협동조합에 제출하여야 한다.

제24조 (탈퇴) ① 조합원은 정관으로 정하는 바에 따라 협동조합에 탈퇴의사를 알리고 탈퇴할 수 있다.

② 조합원이 다음 각 호의 어느 하나에 해당하면 당연히 탈퇴된다.

1. 조합원의 자격이 없는 경우

2. 사망한 경우

3. 파산한 경우

4. 금치산선고를 받은 경우

5. 조합원인 법인이 해산한 경우

6. 그 밖에 정관으로 정하는 사유에 해당하는 경우

③ 조합원지위의 양도 또는 조합원지분의 양도는 총회의 의결을 받아야 한다.

제25조 (제명) ① 협동조합은 조합원이 다음 각 호의 어느 하나에 해당하면 해당 조합원을 제명할 수 있다.

1. 정관으로 정한 기간 이상 협동조합의 사업을 이용하지 아니한 경우
2. 출자 및 경비의 납입 등 협동조합에 대한 의무를 이행하지 아니한 경우
3. 그 밖에 정관으로 정하는 사유에 해당하는 경우

② 협동조합은 제1항에 따라 조합원을 제명하고자 할 때에는 총회 개최 10일 전까지 해당 조합원에게 제명사유를 알리고, 총회에서 의견을 진술할 기회를 주어야 한다.

③ 제2항에 따른 의견진술의 기회를 주지 아니하고 행한 총회의 제명 의결은 해당 조합원에게 대항하지 못한다.

제26조 (지분환급청구권과 환급정지) ① 탈퇴 조합원(제명된 조합원을 포함한다. 이하 이 조와 제27조에서 같다)은 탈퇴(제명을 포함한다. 이하 이 조와 제27조에서 같다) 당시 회계연도의 다음 회계연도부터 정관으로 정하는 바에 따라 그 지분의 환급을 청구할 수 있다.

② 제1항에 따른 지분은 탈퇴한 회계연도 말의 협동조합의 자산과 부채에 따라 정한다.

③ 제1항에 따른 청구권은 2년간 행사하지 아니하면 시효로 인하여 소멸된다.

④ 협동조합은 탈퇴 조합원이 협동조합에 대한 채무를 다 갚을 때까지는 제1항에 따른 지분의 환급을 정지할 수 있다.

제27조 (탈퇴 조합원의 손실액 부담) 협동조합은 협동조합의 재산으로 그 채무를 다 갚을 수 없는 경우에는 제26조에 따른 지분의 환급분을 계산할 때 정관으로 정하는 바에 따라 탈퇴 조합원이 부담하여야 할 손실액의 납입을 청구할 수 있다. 이 경우 제26조 제3항을 준용한다.

제 3 절   기   관

제28조 (총회) ① 협동조합에 총회를 둔다.

② 총회는 이사장과 조합원으로 구성한다.

③ 이사장은 총회를 소집하며, 총회의 의장이 된다.

④ 정기총회는 매년 1회 정관으로 정하는 시기에 소집하고, 임시총회는 정관으로 정하는 바에 따라 필요하다고 인정될 때 소집할 수 있다.

⑤ 이사장은 총회 개최 7일 전까지 회의목적·안건·일시 및 장소를 정하여 정관으로 정한 방법에 따라 총회소집을 통지하여야 한다.

제29조 (총회의 의결사항 등) ① 다음 각 호의 사항은 총회의 의결을 받아야 한다.

1. 정관의 변경

2. 규약의 제정·변경 또는 폐지

3. 임원의 선출과 해임

4. 사업계획 및 예산의 승인

5. 결산보고서의 승인

6. 감사보고서의 승인

7. 협동조합의 합병·분할·해산 또는 휴업

8. 조합원의 제명

9. 총회의 의결을 받도록 정관으로 정하는 사항

10. 그 밖에 이사장 또는 이사회가 필요하다고 인정하는 사항

② 제1항제1호, 제7호, 제8호의 사항은 총조합원 과반수의 출석과 출석자 3분의 2 이상의 찬성으로 의결하며, 그 밖의 사항은 총조합원 과반수의 출석과 출석자 과반수의 찬성으로 의결한다.

제30조 (총회의 의사록) ① 총회의 의사에 관하여 의사록을 작성하여야 한다.

② 의사록에는 의사의 진행 상황과 그 결과를 적고 의장과 총회에서 선출한 조합원 3인 이상이 기명날인하거나 서명하여야 한다.

제31조 (대의원총회) ① 조합원 수가 대통령령으로 정하는 수를 초과하는 경우 총회를 갈음하는 대의원총회를 둘 수 있다.

② 대의원총회는 조합원 중에서 선출된 대의원으로 구성한다.

③ 대의원의 의결권 및 선거권은 대리인으로 하여금 행사하게 할 수 없다.

④ 대의원총회에 관하여는 총회에 관한 규정을 준용하며, 이 경우 "조합원"은 "대의원"으로 본다. 다만, 대의원총회는 협동조합의 합병·분할 및 해산에 관한 사항은 의결할 수 없다.

제32조 (이사회) ① 협동조합에 이사회를 둔다.

② 이사회는 이사장 및 이사로 구성한다.

③ 이사장은 이사회를 소집하고 그 의장이 된다.

④ 이사회는 구성원 과반수의 출석과 출석원 과반수의 찬성으로 의결하며, 그 밖에 이사회의 개의 및 의결방법 등 이사회의 운영에 관하여 필요한 사항은 정관으로 정한다.

제33조 (이사회의 의결사항) 이사회는 다음 각 호의 사항을 의결한다.

1. 협동조합의 재산 및 업무집행에 관한 사항

2. 총회의 소집과 총회에 상정할 의안

3. 규정의 제정·변경 및 폐지

4. 사업계획 및 예산안 작성

5. 법령 또는 정관으로 이사회의 의결을 받도록 정하는 사항

6. 그 밖에 협동조합의 운영에 중요한 사항 또는 이사장이 부의하는 사항

제34조 (임원) ① 협동조합에 임원으로서 이사장 1명을 포함한 3명 이상의 이사와 1명 이상의 감사를 둔다.

② 이사의 정수 및 이사·감사의 선출방법 등은 정관으로 정한다.

③ 이사장은 이사 중에서 정관으로 정하는 바에 따라 총회에서 선출한다.

제35조 (임원의 임기 등) ① 임원의 임기는 4년의 범위에서 정관으로 정한다.

② 임원은 연임할 수 있다. 다만, 이사장은 2차에 한하여 연임할 수 있다.

③ 결원으로 인하여 선출된 임원의 임기는 전임자의 임기종료일까지로 한다.

제36조 (임원의 결격사유) ① 다음 각 호의 어느 하나에 해당하는 사람은 협동조합의 임원이 될 수 없다.

1. 금치산자

2. 한정치산자

3. 파산선고를 받고 복권되지 아니한 사람

4. 금고 이상의 실형을 선고받고 그 집행이 끝나거나(집행이 끝난 것으로 보는 경우를 포함한다) 집행이 면제된 날부터 3년이 지나지 아니한 사람

5. 금고 이상의 형의 집행유예를 선고받고 그 유예기간 중에 있거나 유예기간이 끝난 날부터 2년이 지나지 아니한 사람

6. 금고 이상의 형의 선고유예를 받고 그 선고유예기간 중에 있는 사람

7. 법원의 판결 또는 다른 법률에 따라 자격이 상실 또는 정지된 사람

② 제1항 각 호의 사유가 발생하면 해당 임원은 당연히 퇴직된다.

③ 제2항에 따라 퇴직된 임원이 퇴직 전에 관여한 행위는 그 효력을 상실하지 아니한다.

제37조 (선거운동의 제한) ① 누구든지 자기 또는 특정인을 협동조합의 임원 또는 대의원으로 당선되도록 하거나 당선되지 아니하도록 할 목적으로 다음 각 호의 어느 하나에 해당하는 행위를 할 수 없다.

1. 조합원(협동조합에 가입신청을 한 자를 포함한다. 이하 이 조에서 같다)이나 그 가족 또는 조합원이나 그 가족이 설립·운영하고 있는 기관·단체·시설에 대한 다음 각 목의 어느 하나에 해당하는 행위

가. 금전·물품·향응이나 그 밖의 재산상의 이익을 제공하는 행위

나. 공사의 직을 제공하는 행위

다. 금전·물품·향응, 그 밖의 재산상의 이익이나 공사의 직을 제공하겠다는 의사표시 또는 그 제공을 약속을 하는 행위

2. 후보자가 되지 못하도록 하거나 후보자를 사퇴하게 할 목적으로 후보자가 되려는

사람이나 후보자에게 제1호 각 목에 규정된 행위를 하는 행위

3. 제1호 또는 제2호의 이익이나 직을 제공받거나 그 제공의 의사표시를 승낙하는 행위 또는 그 제공을 요구하거나 알선하는 행위

② 임원 또는 대의원이 되려는 사람은 정관으로 정하는 기간 중에는 선거운동을 위하여 조합원을 호별로 방문하거나 특정 장소에 모이게 할 수 없다.

③ 누구든지 협동조합의 임원 또는 대의원 선거와 관련하여 연설·벽보, 그 밖의 방법으로 거짓의 사실을 공표하거나 공연히 사실을 적시하여 후보자를 비방할 수 없다.

④ 누구든지 임원 또는 대의원 선거와 관련하여 다음 각 호의 방법 중 정관으로 정하는 행위 외의 선거운동을 할 수 없다.

1. 선전 벽보의 부착

2. 선거 공보의 배부

3. 소형 인쇄물의 배부

4. 합동 연설회 또는 공개 토론회의 개최

5. 전화·컴퓨터통신을 이용한 지지 호소

제38조 (선거관리위원회의 구성·운영) ① 협동조합은 임원 및 대의원 선거를 공정하게 관리하기 위하여 선거관리위원회를 구성·운영할 수 있다.

② 선거관리위원회의 기능·구성 및 운영 등에 관하여 필요한 사항은 정관으로 정할 수 있다.

제39조 (임원의 의무와 책임) ① 임원은 이 법, 이 법에 따른 명령, 정관·규약·규정 및 총회와 이사회의 의결을 준수하고 협동조합을 위하여 성실히 그 직무를 수행하여야 한다.

② 임원이 법령 또는 정관을 위반하거나 그 임무를 게을리하여 협동조합에 손해를 가한 때에는 연대하여 그 손해를 배상하여야 한다.

③ 임원이 고의 또는 중대한 과실로 그 임무를 게을리하여 제3자에게 손해를 끼친 때에는 제3자에게 연대하여 그 손해를 배상하여야 한다.

④ 제2항 및 제3항의 행위가 이사회의 의결에 의한 것일 때에는 그 의결에 찬성한 이사도 제2항 및 제3항의 책임이 있다.

⑤ 제4항의 의결에 참가한 이사로서 명백한 반대의사를 표시하지 아니한 자는 그 의결에 찬성한 것으로 본다.

제40조 (임원의 해임) ① 조합원은 조합원 5분의 1 이상의 동의로 총회에 임원의 해임을 요구할 수 있다.

② 임원의 해임을 의결하려면 해당 임원에게 해임의 이유를 알리고, 총회에서 의견을 진술할 기회를 주어야 한다.

제41조 (이사장 및 이사의 직무) ① 이사장은 협동조합을 대표하고 정관으로 정하는 바에 따라 협동조합의 업무를 집행한다.

② 이사는 정관으로 정하는 바에 따라 협동조합의 업무를 집행하고, 이사장이 사고가 있을 때에는 정관으로 정하는 순서에 따라 그 직무를 대행한다.

③ 제2항의 경우와 이사장이 권한을 위임한 경우를 제외하고는 이사장이 아닌 이사는 협동조합을 대표할 수 없다.

제42조 (감사의 직무) ① 감사는 협동조합의 업무집행상황, 재산상태, 장부 및 서류 등을 감사하여 총회에 보고하여야 한다.

② 감사는 예고 없이 협동조합의 장부나 서류를 대조·확인할 수 있다.

③ 감사는 이사장 및 이사가 이 법, 이 법에 따른 명령, 정관·규약·규정 또는 총회의 의결에 반하여 업무를 집행한 때에는 이사회에 그 시정을 요구하여야 한다.

④ 감사는 총회 또는 이사회에 출석하여 의견을 진술할 수 있다.

제43조 (감사의 대표권) 협동조합이 이사장을 포함한 이사와 소송을 하는 때에는 감사가 협동조합을 대표한다.

제44조 (임직원의 겸직금지) ① 이사장은 다른 협동조합의 이사장을 겸직할 수 없다.

② 이사장을 포함한 이사와 직원은 감사를 겸직할 수 없다.

③ 임원은 해당 협동조합의 직원을 겸직할 수 없다. 다만, 사업의 성격, 조합원 구성 등을 감안하여 대통령령으로 정하는 바에 따라 임원과 직원을 겸직할 수 있다.

제 4 절 사 업

제45조 (사업) ① 협동조합은 설립 목적을 달성하기 위하여 필요한 사업을 자율적으로 정관으로 정하되, 다음 각 호의 사업은 포함하여야 한다.

1. 조합원과 직원에 대한 상담, 교육·훈련 및 정보 제공 사업

2. 협동조합 간 협력을 위한 사업

3. 협동조합의 홍보 및 지역사회를 위한 사업

② 협동조합의 사업은 관계 법령에서 정하는 목적·요건·절차·방법 등에 따라 적법하고 타당하게 시행되어야 한다.

③ 협동조합은 제1항과 제2항에도 불구하고 「통계법」 제22조제1항에 따라 통계청장이 고시하는 한국표준산업분류에 의한 금융 및 보험업을 영위할 수 없다.

제46조 (사업의 이용) ① 협동조합은 조합원이 아닌 자에게 협동조합의 사업을 이용하게 하여서는 아니 된다.

② 협동조합은 제1항에도 불구하고, 조합원이 이용하는 데에 지장이 없는 범위에서 대통령령으로 정하는 바에 따라 조합원이 아닌 자에게 그 사업을 이용하게 할 수 있다.

제5절 회 계

제47조 (회계연도 등) ① 협동조합의 회계연도는 정관으로 정한다.

② 협동조합의 회계는 일반회계와 특별회계로 구분하되, 각 회계별 사업부문은 정관으로 정한다.

제48조 (사업계획서와 수지예산서) 협동조합은 매 회계연도의 사업계획서와 수지예산서를 작성하여 총회의 의결을 받아야 한다.

제49조 (운영의 공개) ① 협동조합은 결산결과의 공고 등 운영사항을 적극 공개하여야 한다.

② 협동조합은 정관·규약·규정, 총회·이사회 의사록, 회계장부 및 조합원 명부를 주된 사무소에 비치하여야 한다.

③ 협동조합의 채권자 및 조합원은 제2항의 서류를 열람하거나 그 사본을 청구할 수 있다.

④ 대통령령으로 정하는 일정 규모 이상의 협동조합은 설립신고를 한 특별시·광역시·특별자치시·도·특별자치도 또는 협동조합연합회의 홈페이지에 주요 경영공시 자료를 게재하여야 한다.

제50조 (법정적립금 및 임의적립금) ① 협동조합은 매 회계연도 결산의 결과 잉여금이 있는 때에는 자기자본의 3배가 될 때까지 잉여금의 100분의 10 이상을 적립(이하 "법정적립금"이라 한다)하여야 한다.

② 협동조합은 정관으로 정하는 바에 따라 사업준비금 등을 적립(이하 "임의적립금"이라 한다)할 수 있다.

③ 협동조합은 손실의 보전에 충당하거나 해산하는 경우 외에는 법정적립금을 사용하여서는 아니 된다.

제51조 (손실금의 보전과 잉여금의 배당) ① 협동조합은 매 회계연도의 결산 결과 손실금(당기손실금을 말한다)이 발생하면 미처분이월금, 임의적립금, 법정적립금의 순으로 이를 보전하고, 보전 후에도 부족이 있을 때에는 이를 다음 회계연도에 이월한다.

② 협동조합이 제1항에 따른 손실금을 보전하고 제50조에 따른 법정적립금 및 임의적립금 등을 적립한 이후에는 정관으로 정하는 바에 따라 조합원에게 잉여금을 배당할 수 있다.

③ 제2항에 따른 잉여금 배당의 경우 협동조합사업 이용실적에 대한 배당은 전체 배당액의 100분의 50 이상이어야 하고, 납입출자액에 대한 배당은 납입출자금의 100분의 10을 초과하여서는 아니 된다.

제52조 (결산보고서의 승인) ① 협동조합은 정기총회일 7일 전까지 결산보고서(사업보고

서, 대차대조표, 손익계산서, 잉여금처분안 또는 손실금처리안 등을 말한다)를 감사에게 제출하여야 한다.

② 협동조합은 제1항에 따른 결산보고서와 감사의 의견서를 정기총회에 제출하여 승인을 받아야 한다.

제53조 (출자감소의 의결) ① 협동조합은 출자 1좌 금액의 감소를 의결하면 의결한 날부터 14일 이내에 대차대조표를 작성하여야 한다.

② 협동조합은 제1항의 기간에 채권자에 대하여 이의가 있으면 일정한 기간에 신청하여야 할 것을 공고함과 동시에 이미 알고 있는 채권자에 대하여는 개별적으로 최고하여야 한다.

③ 제2항에 따른 이의신청 기간은 30일 이상으로 하여야 한다.

제54조 (출자감소에 대한 채권자의 이의) ① 채권자가 제53조제2항에 따른 이의신청 기간에 이의를 신청하지 아니하면 출자 1좌의 금액의 감소를 승인한 것으로 본다.

② 채권자가 이의를 신청하면 협동조합은 채무를 변제하거나 상당한 담보를 제공하여야 한다.

제55조 (출자지분 취득금지 등) 협동조합은 조합원의 출자지분을 취득하거나 이를 질권의 목적으로 하여서는 아니 된다.

제 6 절 합병·분할·해산 및 청산

제56조 (합병 및 분할) ① 협동조합은 합병계약서 또는 분할계획서를 작성한 후 총회의 의결을 받아 합병 또는 분할할 수 있다.

② 협동조합이 합병할 경우 합병 후 존속하는 협동조합은 합병신고를, 분할 후 새로 설립되는 협동조합은 설립신고를, 합병으로 소멸되는 협동조합은 해산신고를 각 사무소의 소재지에서 하여야 한다.

③ 합병 또는 분할로 인하여 존속하거나 설립되는 협동조합은 합병 또는 분할로 소멸되는 협동조합의 권리·의무를 승계한다.

④ 제1항에 따라 설립되는 협동조합에 대하여는 제15조부터 제17조까지의 규정을 준용한다.

⑤ 협동조합은 이 법에 따른 협동조합 이외의 법인, 단체 및 협동조합 등과 합병하거나 이 법에 따른 협동조합 이외의 법인, 단체 및 협동조합 등으로 분할할 수 없다.

⑥ 협동조합의 합병 및 분할에 관하여는 제53조 및 제54조를 준용한다.

제57조 (해산) ① 협동조합은 다음 각 호의 어느 하나에 해당하는 사유로 해산한다.

1. 정관으로 정한 해산 사유의 발생
2. 총회의 의결

3. 합병 · 분할 또는 파산

② 협동조합이 해산한 때에는 청산인은 파산의 경우를 제외하고는 그 취임 후 14일 이내에 설립신고를 한 시 · 도지사에게 신고하여야 한다.

제58조 (청산인) ① 협동조합이 해산하면 파산으로 인한 경우 외에는 이사장이 청산인이 된다. 다만, 총회에서 다른 사람을 청산인으로 선임하였을 경우에는 그에 따른다.

② 청산인은 취임 후 지체 없이 협동조합의 재산상태를 조사하고 재산목록과 대차대조표를 작성한 다음 재산처분의 방법을 정하여 총회의 승인을 받아야 한다.

③ 청산사무가 종결된 때에는 청산인은 지체 없이 결산보고서를 작성하여 총회의 승인을 받아야 한다.

④ 제2항 및 제3항의 경우 총회를 2회 이상 소집하여도 총회가 구성되지 아니할 때에는 출석조합원 3분의 2 이상의 찬성이 있으면 총회의 승인이 있은 것으로 본다.

제59조 (잔여재산의 처리) 협동조합이 해산할 경우 채무를 변제하고 잔여재산이 있을 때에는 정관으로 정하는 바에 따라 이를 처분한다.

제60조 (「민법」 등의 준용) 협동조합의 해산과 청산에 관하여는 「민법」 제79조, 제81조, 제87조, 제88조제1항 · 제2항, 제89조부터 제92조까지, 제93조제1항 · 제2항 및 「비송사건절차법」 제121조를 준용한다.

제 7 절   등   기

제61조 (설립등기) ① 협동조합은 출자금의 납입이 끝난 날부터 14일 이내에 주된 사무소의 소재지에서 설립등기를 하여야 한다.

② 설립등기신청서에는 다음 각 호의 사항을 적어야 한다.

1. 제16조제1항제1호와 제2호의 사항

2. 출자 총좌수와 납입한 출자금의 총액

3. 설립신고 연월일

4. 임원의 성명 · 주민등록번호 및 주소

③ 설립등기를 할 때에는 이사장이 신청인이 된다.

④ 제2항의 설립등기신청서에는 설립신고서, 창립총회의사록 및 정관의 사본을 첨부하여야 한다.

⑤ 합병이나 분할로 인한 협동조합의 설립신고신청서에는 다음 각 호의 서류를 모두 첨부하여야 한다.

1. 제4항에 따른 서류

2. 제53조에 따라 공고하거나 최고한 사실을 증명하는 서류

3. 제54조에 따라 이의를 신청한 채권자에게 변제나 담보를 제공한 사실을 증명하는

서류

제62조 (지사무소의 설치등기) 협동조합이 지사무소를 설치하였으면 주된 사무소의 소재지에서는 21일 이내에, 지사무소의 소재지에서는 28일 이내에 등기하여야 한다.

제63조 (이전등기) ① 협동조합이 사무소를 이전하였으면 전소재지와 현소재지에서 각각 21일 이내에 이전등기를 하여야 한다.

② 제1항에 따른 등기를 할 때에는 이사장이 신청인이 된다.

제64조 (변경등기) ① 협동조합은 제61조제2항 각 호의 사항이 변경되면 주된 사무소 및 해당 지사무소의 소재지에서 각각 21일 이내에 변경등기를 하여야 한다.

② 제61조제2항제2호의 사항에 관한 변경등기는 제1항에도 불구하고 회계연도 말을 기준으로 그 회계연도가 끝난 후 1개월 이내에 등기하여야 한다.

③ 제1항과 제2항에 따른 변경등기를 할 때에는 이사장이 신청인이 된다.

④ 제3항에 따른 등기신청서에는 등기 사항의 변경을 증명하는 서류를 첨부하여야 한다.

⑤ 출자감소, 합병 또는 분할로 인한 변경등기신청서에는 다음 각 호의 서류를 모두 첨부하여야 한다.

1. 제4항에 따른 서류

2. 제53조에 따라 공고하거나 최고한 사실을 증명하는 서류

3. 제54조에 따라 이의를 신청한 채권자에게 변제나 담보를 제공한 사실을 증명하는 서류

제65조 (합병등기) ① 협동조합이 합병한 경우에는 합병신고를 한 날부터 14일 이내에 그 사무소의 소재지에서 합병 후 존속하는 협동조합은 변경등기를, 합병으로 소멸되는 협동조합은 해산등기를, 합병으로 설립되는 협동조합은 제61조에 따른 설립등기를 각 사무소의 소재지에서 하여야 한다.

② 제1항에 따른 해산등기를 할 때에는 합병으로 소멸되는 협동조합의 이사장이 신청인이 된다.

③ 제2항의 경우에는 해산 사유를 증명하는 서류를 첨부하여야 한다.

제66조 (해산등기) ① 협동조합이 해산한 경우에는 합병과 파산의 경우 외에는 주된 사무소의 소재지에서는 14일 이내에, 지사무소의 소재지에서는 21일 이내에 해산등기를 하여야 한다.

② 제1항에 따른 해산등기를 할 때에는 청산인이 신청인이 된다.

③ 해산등기신청서에는 해산 사유를 증명하는 서류를 첨부하여야 한다.

제67조 (청산인등기) ① 청산인은 그 취임일부터 14일 이내에 주된 사무소의 소재지에서 그 성명·주민등록번호 및 주소를 등기하여야 한다.

② 제1항에 따른 등기를 할 때 이사장이 청산인이 아닌 경우에는 신청인의 자격을 증명하는 서류를 첨부하여야 한다.

제68조 (청산종결등기) ① 청산이 끝나면 청산인은 주된 사무소의 소재지에서는 14일 이내에, 지사무소의 소재지에서는 21일 이내에 청산종결의 등기를 하여야 한다.

② 제1항에 따른 등기신청서에는 제58조제3항에 따른 결산보고서의 승인을 증명하는 서류를 첨부하여야 한다.

제69조 (등기부) 등기소는 협동조합등기부를 갖추어 두어야 한다.

제70조 (「비송사건절차법」 등의 준용) 협동조합의 등기에 관하여 이 법에서 정한 사항 외에는 「비송사건절차법」 및 「상업등기법」 중 등기에 관한 규정을 준용한다.

제 3 장 협동조합연합회

제 1 절 설 립

제71조 (설립신고 등) ① 협동조합연합회(이하 "연합회"라 한다)를 설립하고자 하는 때에는 회원 자격을 가진 셋 이상의 협동조합이 발기인이 되어 정관을 작성하고 창립총회의 의결을 거친 후 기획재정부장관에게 신고하여야 한다.

② 창립총회의 의사는 창립총회 개의 전까지 발기인에게 설립동의서를 제출한 협동조합 과반수의 출석과 출석자 3분의 2 이상의 찬성으로 의결한다.

제72조 (준용규정) 연합회의 설립에 관하여는 제16조부터 제19조까지의 규정을 준용한다. 이 경우 "협동조합"은 "연합회"로, "조합원"은 "회원"으로, "시·도지사"는 "기획재정부장관"으로 보고, 제16조제1항제3호 중 "조합원 및 대리인"은 "회원"으로 본다.

제 2 절 회 원

제73조 (회원의 자격) ① 연합회의 회원은 연합회의 설립 목적에 동의하고 회원으로서의 의무를 다하고자 하는 협동조합으로 한다.

② 연합회는 정관으로 정하는 바에 따라 회원의 자격을 제한할 수 있다.

제74조 (탈퇴) ① 회원은 정관으로 정하는 바에 따라 연합회에 탈퇴 의사를 알리고 탈퇴할 수 있다.

② 회원은 다음 각 호의 어느 하나에 해당하면 당연히 탈퇴된다.

1. 회원으로서의 자격을 상실한 경우
2. 해산 또는 파산한 경우

3. 그 밖에 정관으로 정하는 사유에 해당하는 경우

제75조 (의결권 및 선거권) 연합회는 회원인 협동조합의 조합원 수, 연합회 사업참여량, 출자좌수 등 정관으로 정하는 바에 따라 회원의 의결권 및 선거권을 차등하여 부여할 수 있다.

제76조 (준용규정) 연합회의 회원에 관하여는 제21조, 제22조 및 제25부터 제27조까지의 규정을 준용한다. 이 경우 "협동조합"은 "연합회"로, "조합원"은 "회원"으로 보고, 제22조제2항 중 "조합원 1인"은 "한 회원"으로, "100분의 30"은 "100분의 40"으로 본다.

제 3 절 기 관

제77조 (총회) ① 연합회에 총회를 둔다.

② 총회는 회장과 회원으로 구성한다.

제78조 (임원) 임원은 정관으로 정하는 바에 따라 총회에서 회원에 속한 조합원 중에서 선출한다.

제79조 (준용규정) 연합회의 기관에 관하여는 제28조제3항부터 제5항까지, 제29조부터 제44조까지의 규정을 준용한다. 이 경우 "협동조합"은 "연합회"로, "이사장"은 "회장"으로, "조합원"은 "회원"으로 보고, 제40조제1항 중 "5분의 1"은 "3분의 1"로 보며, 제29조, 제30조 및 제40조제1항 중 "조합원"은 "대의원"으로 보고, 제37조 중 "조합원"은 "대의원이나 회원에 속한 조합원"으로, "가입신청을 한 자"는 "가입신청을 한 협동조합에 속한 조합원"으로 본다.

제 4 절 사 업

제80조 (사업) ① 연합회는 설립 목적을 달성하기 위하여 필요한 사업을 정관으로 정하되, 다음 각 호의 사업은 포함하여야 한다.

1. 회원에 대한 지도·지원·연락 및 조정에 관한 사업

2. 회원에 속한 조합원 및 직원에 대한 상담, 교육·훈련 및 정보 제공 사업

3. 회원의 사업에 관한 조사·연구 및 홍보 사업

② 연합회의 사업은 관계 법령에서 정하는 목적·요건·절차·방법 등에 따라 적법하고 타당하게 시행되어야 한다.

③ 연합회는 제1항과 제2항에도 불구하고 「통계법」 제22조제1항에 따라 통계청장이 고시하는 한국표준산업분류에 의한 금융 및 보험업을 영위할 수 없다.

제81조 (사업의 이용) ① 연합회는 회원이 아닌 자에게 연합회의 사업을 이용하게 하여서는 아니 된다. 다만, 홍보 또는 재고물품의 처리 등 사업의 원활한 운영을 위하여 대

통령령으로 정하는 경우에는 그러하지 아니하다.

② 회원인 조합의 조합원이 사업을 이용하는 경우에는 이를 회원이 이용한 것으로 본다.

제 5 절   회   계

제82조 (준용규정)   연합회의 회계에 관하여는 제47조부터 제55조까지의 규정을 준용한다. 이 경우 "협동조합"은 "연합회"로, "조합원"은 "회원"으로 본다.

제 6 절   합병 · 분할 · 해산 및 청산

제83조 (준용규정)   연합회의 합병 · 분할 · 해산 및 청산에 관하여는 제56조부터 제60조까지의 규정을 준용한다. 이 경우 "협동조합"은 "연합회"로, "조합원"은 "회원"으로, "시 · 도지사"는 "기획재정부장관"으로 보고, 제56조제4항 중 "제15조부터 제17조까지의 규정"은 "제71조 및 제72조"로 보며, 제58조제4항 중 "조합원"은 "대의원"으로 본다.

제 7 절   등   기

제84조 (준용규정)   연합회의 등기에 관하여는 제61조부터 제70조까지의 규정을 준용한다. 이 경우 "협동조합"은 "연합회"로, "이사장"은 "회장"으로 본다.

제 4 장   사회적협동조합

제 1 절   설   립

제85조 (설립인가 등)   ① 사회적협동조합을 설립하고자 하는 때에는 5인 이상의 조합원 자격을 가진 자가 발기인이 되어 정관을 작성하고 창립총회의 의결을 거친 후 기획재정부장관에게 인가를 받아야 한다.

② 창립총회의 의사는 창립총회 개의 전까지 발기인에게 설립동의서를 제출한 자 과반수의 출석과 출석자 3분의 2 이상의 찬성으로 의결한다.

③ 기획재정부장관은 제1항에 따라 설립인가 신청을 받으면 다음 각 호의 경우 외에는 신청일부터 60일 이내에 인가하여야 한다. 다만, 부득이한 사유로 처리기간 내에 처리하기 곤란한 경우에는 60일 이내에서 1회에 한하여 그 기간을 연장할 수 있다.

1. 설립인가 구비서류가 미비된 경우

2. 설립의 절차, 정관 및 사업계획서의 내용이 법령을 위반한 경우

3. 그 밖에 설립인가 기준에 미치지 못하는 경우

④ 제1항 및 제3항의 설립인가에 관한 신청 절차와 조합원 수, 출자금, 그 밖에 인가에 필요한 기준, 인가 방법에 관한 상세한 사항은 대통령령으로 정한다.

⑤ 제1항 및 제3항의 기획재정부장관의 권한은 사회적협동조합이 수행하는 구체적인 사업 내용, 성격 등을 고려하여 대통령령으로 정하는 바에 따라 관계 중앙행정기관의 장에게 위임할 수 있다.

제86조 (정관)　① 사회적협동조합의 정관에는 다음 각 호의 사항이 포함되어야 한다.

1. 목적
2. 명칭 및 주된 사무소의 소재지
3. 조합원 및 대리인의 자격
4. 조합원의 가입, 탈퇴 및 제명에 관한 사항
5. 출자 1좌의 금액과 납입 방법 및 시기, 조합원의 출자좌수 한도
6. 조합원의 권리와 의무에 관한 사항
7. 잉여금과 손실금의 처리에 관한 사항
8. 적립금의 적립방법 및 사용에 관한 사항
9. 사업의 범위 및 회계에 관한 사항
10. 기관 및 임원에 관한 사항
11. 공고의 방법에 관한 사항
12. 해산에 관한 사항
13. 출자금의 양도에 관한 사항
14. 그 밖에 총회·이사회의 운영 등에 관하여 필요한 사항

② 사회적협동조합의 정관의 변경은 기획재정부장관의 인가를 받아야 그 효력이 발생한다.

③ 제2항의 기획재정부장관의 권한은 대통령령으로 정하는 바에 따라 관계 중앙행정기관의 장에게 위임할 수 있다.

제87조 (설립사무의 인계와 출자납입)　① 발기인은 제85조제1항에 따라 설립인가를 받으면 지체 없이 그 사무를 이사장에게 인계하여야 한다.

② 제1항에 따라 이사장이 그 사무를 인수하면 기일을 정하여 조합원이 되려는 자에게 출자금을 납입하게 하여야 한다.

③ 현물출자자는 제2항에 따른 납입기일 안에 출자 목적인 재산을 인도하고 등기·등록, 그 밖의 권리의 이전에 필요한 서류를 구비하여 협동조합에 제출하여야 한다.

제88조 (준용규정)　사회적협동조합의 설립에 관하여는 제17조 및 제19조를 준용한다. 이 경우 "협동조합"은 "사회적협동조합"으로 보고, 제19조제1항 중 "제61조에 따른 설립등기"는 "제106조에 따른 설립등기"로 본다.

제 2 절 조합원

제89조 (출자금환급청구권과 환급정지) ① 탈퇴 조합원(제명된 조합원을 포함한다. 이하 이 조와 제90조에서 같다)은 탈퇴(제명을 포함한다. 이하 이 조와 제90조에서 같다) 당시 회계연도의 다음 회계연도부터 정관으로 정하는 바에 따라 그 출자금의 환급을 청구할 수 있다.

② 제1항에 따른 청구권은 2년간 행사하지 아니하면 시효로 인하여 소멸된다.

③ 사회적협동조합은 탈퇴 조합원이 사회적협동조합에 대한 채무를 다 갚을 때까지는 제1항에 따른 출자금의 환급을 정지할 수 있다.

제90조 (탈퇴 조합원의 손실액 부담) 사회적협동조합은 사회적협동조합의 재산으로 그 채무를 다 갚을 수 없는 경우에는 제89조에 따른 출자금의 환급분을 계산할 때 정관으로 정하는 바에 따라 탈퇴 조합원이 부담하여야 할 손실액의 납입을 청구할 수 있다. 이 경우 제89조제2항을 준용한다.

제91조 (준용규정) 사회적협동조합의 조합원에 관하여는 제20조부터 제25조까지의 규정을 준용한다. 이 경우 "협동조합"은 "사회적협동조합"으로 본다.

제 3 절 기 관

제92조 (준용규정) 사회적협동조합의 기관에 관하여는 제28조부터 제44조까지의 규정을 준용한다. 이 경우 "협동조합"은 "사회적협동조합"으로 본다.

제 4 절 사 업

제93조 (사업) ① 사회적협동조합은 다음 각 호의 사업 중 하나 이상을 주 사업으로 하여야 한다.

1. 지역사회 재생, 지역경제 활성화, 지역 주민들의 권익·복리 증진 및 그 밖에 지역사회가 당면한 문제 해결에 기여하는 사업

2. 취약계층에게 복지·의료·환경 등의 분야에서 사회서비스 또는 일자리를 제공하는 사업

3. 국가·지방자치단체로부터 위탁받은 사업

4. 그 밖에 공익증진에 이바지 하는 사업

② 제1항의 "주 사업"이란 목적사업이 협동조합 전체 사업량의 100분의 40 이상인 경우를 의미한다.

제94조 (조합원에 대한 소액대출 및 상호부조) ① 사회적협동조합은 제45조제3항에도 불구하고 상호복리 증진을 위하여 주 사업 이외의 사업으로 정관으로 정하는 바에 따라

조합원을 대상으로 납입 출자금 총액의 한도에서 소액대출과 상호부조를 할 수 있다. 다만, 소액대출은 납입 출자금 총액의 3분의 2를 초과할 수 없다.

② 제1항의 사업에 따른 소액대출 이자율, 대출한도, 상호부조의 범위, 상호부조금, 상호부조계약 및 상호부조회비 등 필요한 세부 사항은 대통령령으로 정한다.

제95조 (사업의 이용) ① 사회적협동조합은 조합원이 아닌 자에게 사회적협동조합의 사업을 이용하게 하여서는 아니 된다.

② 사회적협동조합은 제1항에도 불구하고 조합원이 이용하는 데에 지장이 없는 범위에서 대통령령으로 정하는 바에 따라 조합원이 아닌 자에게 그 사업을 이용하게 할 수 있다. 다만, 제94조에 따른 사업의 경우에는 그러하지 아니하다.

③ 보건·의료 사업을 행하는 사회적협동조합은 제1항에도 불구하고 총공급고의 100분의 50의 범위에서 조합원이 아닌 자에 대하여 보건·의료 서비스를 제공할 수 있다. 이 경우 공급고의 산정기준, 보건·의료 서비스의 제공이 가능한 조합원이 아닌 자의 범위 등 구체적인 사항은 대통령령으로 정한다.

제 5 절 회계 등

제96조 (운영의 공개) ① 사회적협동조합은 결산결과의 공고 등 운영사항을 적극 공개하여야 한다.

② 사회적협동조합은 정관·규약·규정, 총회·이사회 의사록, 회계장부 및 조합원 명부를 주된 사무소에 비치하여야 한다.

③ 협동조합의 채권자와 조합원은 제2항의 서류를 열람하거나 그 사본을 청구할 수 있다.

④ 사회적협동조합은 기획재정부 또는 사회적협동조합연합회의 홈페이지에 주요 경영공시자료를 게재하여야 한다.

제97조 (법정적립금 및 임의적립금) ① 사회적협동조합은 매 회계연도 결산의 결과 잉여금이 있는 때에는 자기자본의 3배가 될 때까지 잉여금의 100분의 30 이상을 법정적립금으로 적립하여야 한다.

② 사회적협동조합은 정관으로 정하는 바에 따라 사업준비금 등을 임의적립금으로 적립할 수 있다.

③ 사회적협동조합은 손실의 보전에 충당하거나 해산하는 경우 외에는 법정적립금을 사용하여서는 아니 된다.

제98조 (손실금의 보전과 잉여금의 배당) ① 사회적협동조합은 매 회계연도의 결산 결과 손실금(당기손실금을 말한다)이 발생하면 미처분이월금, 임의적립금, 법정적립금의 순으로 이를 보전하고, 보전 후에도 부족이 있을 때에는 이를 다음 회계연도에 이월

한다.

② 사회적협동조합이 제1항에 따른 손실금을 보전하고 제97조에 따른 법정적립금 등을 적립한 이후에 발생하는 잉여금은 임의적립금으로 적립하여야 하고 이를 조합원에게 배당할 수 없다.

제99조 (부과금의 면제) 사회적협동조합의 사업과 재산에 대하여는 국가와 지방자치단체의 조세 외의 부과금을 면제한다.

제100조 (준용규정) 사회적협동조합의 회계에 관하여는 제47조, 제48조 및 제52조부터 제55조까지의 규정을 준용한다. 이 경우 "협동조합"은 "사회적협동조합"으로 본다.

제6절 합병·분할·해산 및 청산

제101조 (합병 및 분할) ① 사회적협동조합은 합병계약서 또는 분할계획서를 작성한 후 총회의 의결을 받아 합병 또는 분할할 수 있다.

② 사회적협동조합이 합병 또는 분할할 경우 기획재정부장관의 인가를 받아야 한다.

③ 합병 또는 분할로 인하여 존속하거나 설립되는 사회적협동조합은 합병 또는 분할로 소멸되는 사회적협동조합의 권리·의무를 승계한다.

④ 제1항에 따라 설립되는 사회적협동조합에 대하여는 제85조, 제86조 및 제88조를 준용한다.

⑤ 제2항의 기획재정부장관의 권한은 사회적협동조합이 수행하는 구체적인 사업 내용, 성격 등을 고려하여 대통령령으로 정하는 바에 따라 관계 중앙행정기관의 장에게 위임할 수 있다.

⑥ 사회적협동조합은 이 법에 따른 사회적협동조합 이외의 법인, 단체 및 협동조합 등과 합병하거나 이 법에 따른 사회적협동조합 이외의 법인, 단체 및 협동조합 등으로 분할할 수 없다.

⑦ 사회적협동조합의 합병 및 분할에 관하여는 제53조 및 제54조를 준용한다.

제102조 (해산) ① 사회적협동조합은 다음 각 호의 어느 하나에 해당하는 사유로 해산한다.

1. 정관으로 정한 해산 사유의 발생

2. 총회의 의결

3. 합병·분할 또는 파산

4. 설립인가의 취소

② 사회적협동조합이 제1항제1호부터 제3호까지의 규정에 따라 해산한 때에는 청산인은 파산의 경우를 제외하고는 그 취임 후 14일 이내에 기획재정부장관에게 신고하여야 한다.

제103조 (청산인) ① 사회적협동조합이 해산하면 파산으로 인한 경우 외에는 이사장이 청산인이 된다. 다만, 총회에서 다른 사람을 청산인으로 선임하였을 경우에는 그에 따른다.

② 청산인은 취임 후 지체 없이 사회적협동조합의 재산상태를 조사하고 재산목록과 대차대조표를 작성한 다음 재산처분의 방법을 정하여 총회의 승인을 받아야 한다.

③ 청산사무가 종결된 때에는 청산인은 지체 없이 결산보고서를 작성하여 총회의 승인을 받아야 한다.

④ 제2항 및 제3항의 경우 총회를 2회 이상 소집하여도 총회가 구성되지 아니할 때에는 출석조합원 3분의 2 이상의 찬성이 있으면 총회의 승인이 있은 것으로 본다.

⑤ 기획재정부장관은 사회적협동조합의 청산 사무를 감독한다.

제104조 (잔여재산의 처리) 사회적협동조합이 해산할 경우 부채 및 출자금을 변제하고 잔여재산이 있을 때에는 정관으로 정하는 바에 따라 다음 각 호의 어느 하나에 귀속된다.

1. 상급 사회적협동조합연합회
2. 유사한 목적의 사회적협동조합
3. 비영리법인·공익법인
4. 국고

제105조 (「민법」 등의 준용) 사회적협동조합의 해산과 청산에 관하여는 「민법」 제79조, 제81조, 제87조, 제88조제1항·제2항, 제89조부터 제92조까지, 제93조제1항·제2항 및 「비송사건절차법」 제121조를 준용한다.

제 7 절 등 기

제106조 (설립등기) ① 사회적협동조합은 설립인가를 받은 날부터 21일 이내에 주된 사무소의 소재지에서 설립등기를 하여야 하고, 그러하지 아니한 경우 그 인가의 효력은 상실된다.

② 설립등기신청서에는 다음 각 호의 사항을 적어야 한다.

1. 제86조제1항제1호와 제2호의 사항
2. 출자 총좌수와 납입한 출자금의 총액
3. 설립인가 연월일
4. 임원의 성명·주민등록번호 및 주소

③ 설립등기를 할 때에는 이사장이 신청인이 된다.

④ 제2항의 설립등기신청서에는 설립인가서, 창립총회의사록 및 정관의 사본을 첨부하여야 한다.

⑤ 합병이나 분할로 인한 사회적협동조합의 설립등기신청서에는 다음 각 호의 서류를 모두 첨부하여야 한다.

1. 제4항에 따른 서류

2. 제53조에 따라 공고하거나 최고한 사실을 증명하는 서류

3. 제54조에 따라 이의를 신청한 채권자에게 변제나 담보를 제공한 사실을 증명하는 서류

제107조 (합병등기) ① 사회적협동조합이 합병한 경우에는 합병인가를 받은 날부터 14일 이내에 그 사무소의 소재지에서 합병 후 존속하는 사회적협동조합은 변경등기를, 합병으로 소멸되는 사회적협동조합은 해산등기를, 합병으로 설립되는 사회적협동조합은 제106조에 따른 설립등기를 각 사무소의 소재지에서 하여야 한다.

② 제1항에 따른 해산등기를 할 때에는 합병으로 소멸되는 사회적협동조합의 이사장이 신청인이 된다.

③ 제2항의 경우에는 해산 사유를 증명하는 서류를 첨부하여야 한다.

제108조 (해산등기) ① 사회적협동조합이 해산한 경우에는 합병과 파산의 경우 외에는 주된 사무소의 소재지에서는 14일 이내에, 지사무소의 소재지에서는 21일 이내에 해산등기를 하여야 한다.

② 제1항에 따른 해산등기를 할 때에는 제4항의 경우 외에는 청산인이 신청인이 된다.

③ 해산등기신청서에는 해산 사유를 증명하는 서류를 첨부하여야 한다.

④ 기획재정부장관은 설립인가의 취소로 인한 해산등기를 촉탁하여야 한다.

제109조 (등기일의 기산일) 등기 사항으로서 기획재정부장관의 인가 등이 필요한 것은 그 인가 등의 문서가 도달한 날부터 등기 기간을 계산한다.

제110조 (준용규정) 사회적협동조합의 등기에 관하여는 제62조부터 제64조까지 및 제67조부터 제70조까지의 규정을 준용한다. 이 경우 "협동조합"은 "사회적협동조합"으로 본다.

제 8 절 감 독

제111조 (감독) ① 기획재정부장관은 사회적협동조합의 자율성을 존중하여야 하며, 이 법에서 정하는 바에 따라 그 업무를 감독하고 감독상 필요한 명령을 할 수 있다.

② 기획재정부장관은 다음 각 호의 어느 하나에 해당하는 경우 사회적협동조합(설립 중인 경우를 포함한다. 이하 이 조에서 같다)에 대하여 그 업무 및 재산에 관한 사항을 보고하게 하거나 소속 공무원으로 하여금 해당 사회적협동조합의 업무상황·장부·서류, 그 밖에 필요한 사항을 검사하게 할 수 있다.

1. 제85조에 따른 설립인가 및 절차에 적합한지 확인할 필요가 있는 경우

2. 이 법, 이 법에 따른 명령 또는 정관을 위반하였는지 확인할 필요가 있는 경우

3. 사회적협동조합의 사업이 관계 법령을 위반하였는지 확인할 필요가 있는 경우

③ 제2항에 따른 검사를 하는 공무원은 그 권한을 표시하는 증표를 지니고 이를 관계인에게 내보여야 한다.

④ 기획재정부장관은 제1항에 따른 감독의 결과 사회적협동조합이 이 법, 이 법에 따른 명령 또는 정관을 위반한 사실이 발견된 때에는 해당 사회적협동조합에 대하여 시정에 필요한 조치를 명할 수 있다.

⑤ 기획재정부장관은 이 법의 효율적인 시행과 사회적협동조합에 대한 정책을 수립하기 위하여 필요한 경우 관계 중앙행정기관의 장에게 사회적협동조합에 대한 조사·검사·확인 또는 자료의 제출을 요구하게 하거나 시정에 필요한 조치를 명하게 할 수 있다.

⑥ 제1항부터 제5항까지의 기획재정부장관의 권한은 사회적협동조합이 수행하는 구체적인 사업 내용, 성격 등을 고려하여 대통령령으로 정하는 바에 따라 관계 중앙행정기관의 장 또는 시·도지사에게 위임할 수 있다.

제112조 (설립인가의 취소) ① 기획재정부장관은 사회적협동조합이 다음 각 호의 어느 하나에 해당하게 되면 설립인가를 취소할 수 있다.

1. 정당한 사유 없이 설립인가를 받은 날부터 1년 이내에 사업을 개시하지 아니하거나 1년 이상 계속하여 사업을 실시하지 아니한 경우

2. 2회 이상 제111조제5항에 따른 처분을 받고도 시정하지 아니한 경우

3. 제85조제4항에 따라 대통령령으로 정한 설립인가 기준에 미달하게 된 경우

4. 거짓이나 그 밖의 부정한 방법으로 설립인가를 받은 경우

② 기획재정부장관은 제1항에 따라 사회적협동조합의 설립인가를 취소하면, 즉시 그 사실을 공고하여야 한다.

제113조 (청문) 기획재정부장관은 제112조에 따라 설립인가를 취소하고자 하는 경우에는 청문을 실시하여야 한다.

제 5 장 사회적협동조합연합회

제114조 (설립인가 등) ① 사회적협동조합연합회를 설립하고자 하는 때에는 회원 자격을 가진 셋 이상의 사회적협동조합이 발기인이 되어 정관을 작성하고 창립총회의 의결을 거친 후 기획재정부장관의 인가를 받아야 한다.

② 창립총회의 의사는 창립총회 개의 전까지 발기인에게 설립동의서를 제출한 사회적

협동조합 과반수의 출석과 출석자 3분의 2 이상의 찬성으로 의결한다.

제115조 (준용규정) ① 사회적협동조합연합회에 관하여는 제2장 중 제17조, 제19조, 제21조, 제22조, 제25조, 제28조제3항부터 제5항까지, 제29조부터 제44조까지, 제47조, 제48조, 제52조부터 제55조까지, 제62조부터 제64조까지 및 제67조부터 제70조까지의 규정을 준용한다. 이 경우 "협동조합"은 "사회적협동조합연합회"로, "이사장"은 "회장"으로, "조합원"은 "회원"으로 보고, 제19조제1항 중 "제61조에 따른 설립등기"는 "제106조에 따른 설립등기"로 보며, 제22조제2항 중 "조합원 1인"은 "한 회원"으로, "100분의 30"은 "100분의 40"으로 보고, 제29조, 제30조 및 제40조제1항 중 "조합원"은 "대의원"으로 보며, 제40조제1항 중 "5분의 1"은 "3분의 1"로 보고, 제37조 중 "조합원"은 "대의원이나 회원에 속한 조합원"으로, "가입신청을 한 자"는 "가입신청을 한 협동조합에 속한 조합원"으로 본다.

② 사회적협동조합연합회에 관하여는 제3장 중 제73조부터 제75조, 제77조, 제78조, 제80조, 제81조를 준용한다. 이 경우 "연합회"는 "사회적협동조합연합회"로 본다.

③ 사회적협동조합연합회에 관하여는 제4장 중 제86조, 제87조, 제89조, 제90조, 제96조부터 제99조까지, 제101조부터 제109조까지 및 제111조부터 제113조까지의 규정을 준용한다. 이 경우 "사회적협동조합"은 "사회적협동조합연합회"로, "조합원"은 "회원"으로 보고, 제86조제1항제3호 중 "조합원 및 대리인"은 "회원"으로 보며, 제101조제4항 중 "제85조, 제86조 및 제88조"는 "제114조 및 제115조"로 보고, 제103조제4항 중 "조합원"은 "대의원"으로 본다.

제6장 보 칙

제116조 (권한의 위임) 제11조, 제71조, 제96조, 제102조, 제103조, 제108조, 제112조, 제114조, 제119조 등 이 법에 따른 기획재정부장관의 권한은 그 일부를 대통령령으로 정하는 바에 따라 관계 중앙행정기관의 장 또는 시·도지사에게 위임할 수 있다.

제7장 벌 칙

제117조 (벌칙) ① 협동조합등 및 사회적협동조합등의 임직원 또는 청산인이 다음 각 호의 어느 하나에 해당하는 행위로 협동조합등 및 사회적협동조합등에 손해를 끼친 때에는 10년 이하의 징역 또는 3천만원 이하의 벌금에 처한다. 이 경우 징역형과 벌금형

은 병과할 수 있다.

1. 협동조합등 및 사회적협동조합등의 사업목적 이외의 다른 용도로 자금을 사용한 경우

2. 투기를 목적으로 협동조합등 및 사회적협동조합등의 재산을 처분하거나 이용한 경우

② 협동조합등 및 사회적협동조합등의 임직원 또는 청산인이 다음 각 호의 어느 하나에 해당하는 행위를 한 때에는 3년 이하의 징역 또는 2천만원 이하의 벌금에 처한다.

1. 제45조제3항, 제50조제1항·제3항, 제51조부터 제53조까지, 제55조, 제58조, 제80조제3항, 제97조제1항·제3항, 제98조, 제103조 및 제104조(제82조·제83조·제100조 또는 제115조에 따라 준용되는 경우를 포함한다)를 위반한 경우

2. 거짓 또는 부정한 방법으로 등기를 한 경우

3. 총회의 의결을 받아야 하는 사항에 대하여 의결을 받지 아니하고 집행한 경우

③ 다음 각 호의 어느 하나에 해당하는 자는 2년 이하의 징역 또는 1천만원 이하의 벌금에 처한다.

1. 제9조제2항을 위반하여 공직선거에 관여한 자

2. 제37조(제79조·제92조 및 제115조에 따라 준용되는 경우를 포함한다)를 위반한 자

제118조 (양벌규정) 협동조합등 및 사회적협동조합등의 임직원 또는 청산인이 그 협동조합등 및 사회적협동조합등의 업무에 관하여 제117조제1항 및 제2항의 위반행위를 하면 그 행위자를 벌하는 외에 그 협동조합등 및 사회적협동조합등에도 해당 조문의 벌금형을 과(科)한다. 다만, 협동조합등 및 사회적협동조합등이 그 위반행위를 방지하기 위하여 해당 업무에 관하여 상당한 주의와 감독을 게을리하지 아니한 경우에는 그러하지 아니하다.

제119조 (과태료) ① 제3조제3항을 위반한 자에게는 200만원 이하의 과태료를 부과한다.

② 협동조합등 및 사회적협동조합등이 다음 각 호의 어느 하나에 해당하는 경우에는 200만원 이하의 과태료를 부과한다.

1. 제22조제2항(제76조·제91조 및 제115조제1항에 따라 준용되는 경우를 포함한다)을 위반하여 조합원등 1인의 출자좌수 제한을 초과하게 한 경우

2. 제23조제1항(제91조에 따라 준용되는 경우를 포함한다)을 위반하여 조합원의 의결권·선거권에 차등을 둔 경우

3. 제46조, 제81조 및 제95조(제115조제2항에 따라 준용되는 경우를 포함한다)를 위반하여 조합원등이 아닌 자에게 협동조합등의 사업을 이용하게 한 경우

4. 제94조를 위반하여 소액대출 및 상호부조의 총사업한도, 이자율, 대출한도, 상호부조의 범위, 상호부조금, 상호부조계약 및 상호부조회비 등을 초과하게 한 경우

③ 협동조합등 및 사회적협동조합등의 임직원 또는 청산인이 다음 각 호의 어느 하나

에 해당하는 때에는 100만원 이하의 과태료를 부과한다.

1. 신고·등기를 게을리한 때

2. 제49조제2항(제82조에 따라 준용되는 경우를 포함한다) 및 제96조제2항(제115조제3항에 따라 준용되는 경우를 포함한다)에 따른 서류비치를 게을리한 때

3. 제49조제3항 및 제4항(제82조에 따라 준용되는 경우를 포함한다), 제96조제3항 및 제4항(제115조제3항에 따라 준용되는 경우를 포함한다)에 따른 운영의 공개를 게을리한 때

4. 감독기관 또는 총회에 대하여 거짓의 진술 또는 보고를 하거나 사실을 은폐한 때

5. 감독기관의 검사를 거부·방해 또는 기피한 때

④ 제1항부터 제3항까지의 규정에 따른 과태료는 대통령령으로 정하는 바에 따라 기획재정부장관 또는 시·도지사가 부과·징수한다.

부칙 〈법률 제11211호, 2012.1.26〉

제1조 (시행일) 이 법은 2012년 12월 1일부터 시행한다.

제2조 (협동조합등에 대한 경과조치) ① 이 법 시행 당시 협동조합과 유사한 목적을 위하여 이미 설립된 사업자 또는 법인이 이 법에 따른 협동조합이 되려면 이 법 시행일부터 2년 이내에 제15조에서 정하는 설립 최소기준을 갖추어 구성원 과반수의 출석과 출석자 3분의 2 이상의 찬성으로 총회의 의결을 거친 후 제15조부터 제19조까지의 설립절차를 거쳐 제61조에 따른 설립등기를 하여야 한다. 이 경우 설립등기 전 사업자 또는 법인과 설립등기 후 협동조합은 동일한 법인으로 본다.

② 이 법 시행 당시 협동조합연합회와 유사한 목적을 위하여 이미 설립된 사단법인이 이 법에 따른 협동조합연합회가 되려면 이 법 시행일부터 1년 이내에 제71조에서 정하는 협동조합연합회 설립에 필요한 사항을 갖추어 구성원 과반수의 출석과 출석자 3분의 2 이상의 찬성으로 총회의 의결을 거친 후 제71조 및 제72조의 설립절차를 거쳐 제84조에 따른 설립등기를 하여야 한다. 이 경우 설립등기 전 사단법인과 설립등기 후 협동조합연합회는 동일한 법인으로 본다.

③ 이 법 시행 당시 사회적협동조합과 유사한 목적을 위하여 이미 설립된 사업자 또는 비영리법인이 이 법에 따른 사회적협동조합이 되려면 이 법 시행일부터 2년 이내에 제85조에서 정하는 설립 최소기준을 갖추어 구성원 과반수의 출석과 출석자 3분의 2 이상의 찬성으로 총회의 의결을 거친 후 제85조부터 제88조까지의 설립절차를 거쳐 제106조에 따른 설립등기를 하여야 한다. 이 경우 설립등기 전 사업자 또는 법인과 설

립등기 후 사회적협동조합은 동일한 비영리법인으로 본다.

④ 이 법 시행 당시 사회적협동조합연합회와 유사한 목적을 위하여 이미 설립된 사단법인이 이 법에 따른 사회적협동조합연합회가 되려면 이 법 시행일부터 1년 이내에 제114조에서 정하는 사회적협동조합연합회 설립에 필요한 사항을 갖추어 구성원 과반수의 출석과 출석자 3분의 2 이상의 찬성으로 총회의 의결을 거친 후 제114조, 제115조제1항 및 제3항의 설립절차를 거쳐 제115조제3항에 따른 설립등기를 하여야 한다. 이 경우 설립등기 전 사단법인과 설립등기 후 사회적협동조합연합회는 동일한 비영리법인으로 본다.

제3조 (명칭에 관한 경과조치) 이 법 시행 당시 이 법에 따라 설립되지는 아니하였으나 협동조합과 동일한 기능을 수행하는 단체에 대하여는 이 법 시행일부터 2년까지는 제3조를 적용하지 아니한다.

2. 협동조합기본법 시행령(대통령령 제24164호)

제 1 장 총 칙

제1조 (목적) 이 영은 「협동조합 기본법」에서 위임된 사항과 그 시행에 필요한 사항을 규정함을 목적으로 한다.

제2조 (명칭) ① 「협동조합 기본법」(이하 "법"이라 한다)에 따라 설립되는 협동조합 및 협동조합연합회(이하 "협동조합등"이라 한다)와 사회적협동조합 및 사회적협동조합연합회(이하 "사회적협동조합등"이라 한다)는 법 제3조제2항에 따라 사업 분야 및 내용, 사업구역, 조합원의 구성 등을 고려하여 다른 협동조합등 및 사회적협동조합등과 구별되는 명칭을 사용하여야 한다.

② 협동조합등 및 사회적협동조합등은 동일한 특별시·광역시·특별자치시·특별자치도·시·군에서 다른 협동조합등 및 다른 사회적협동조합등이 등기한 명칭을 사용하지 못한다.

제3조 (협동조합 정책에 관한 기본계획) ① 기획재정부장관은 법 제11조에 따라 협동조합등 및 사회적협동조합등의 자주·자립·자치적인 활동을 촉진하기 위하여 3년마다 협동조합 정책에 관한 기본계획(이하 "기본계획"이라 한다)을 수립하여야 한다.

② 기본계획에는 다음 각 호의 사항이 포함되어야 한다.

1. 협동조합등 및 사회적협동조합등의 활성화를 위한 기본방향

2. 협동조합등 및 사회적협동조합등의 활성화를 위한 관련 법령과 제도의 개선

3. 협동조합등 및 사회적협동조합등의 발전전략 및 기반조성에 관한 사항

4. 협동조합등 및 사회적협동조합등의 상호협력 및 협동조합 정책 관련 관계 기관 간 협력에 관한 사항

5. 법 제11조제4항에 따른 협동조합 실태조사의 결과 및 협동조합 정책 개선에 관한 사항

6. 그 밖에 협동조합의 활성화를 위한 여건 조성에 관한 사항

제4조 (협동조합정책심의위원회) ① 협동조합의 정책에 관한 주요 사항을 심의하기 위하여 기획재정부장관 소속으로 협동조합정책심의위원회(이하 "심의회"라 한다)를 둔다.

② 심의회는 다음 각 호의 사항을 심의한다.

1. 기본계획의 수립·변경에 관한 사항

2. 협동조합등 및 사회적협동조합등의 설립·합병·분할의 신고 또는 인가에 관련된 사항

3. 협동조합등 및 사회적협동조합등의 관리·감독에 관련된 사항

4. 협동조합 정책과 관련된 관계 행정기관과의 협의·조정 등에 관련된 사항

5. 그 밖에 협동조합과 관련된 법·제도의 개선 등 협동조합등 및 사회적협동조합등의 활성화를 위하여 기획재정부장관이 정하는 사항

③ 심의회의 위원장은 기획재정부 제2차관이 되며, 위원은 기획재정부령으로 정하는 관계 중앙행정기관의 고위공무원단에 속하는 공무원과 협동조합에 관한 학식과 경험이 풍부한 사람 중에서 기획재정부장관이 위촉하는 사람이 된다.

④ 제1항부터 제3항까지에서 규정한 사항 외에 심의회의 구성 및 운영 등에 필요한 사항은 기획재정부령으로 정한다.

제5조 (다른 법률과의 관계) 법 제13조제3항에서 "대통령령으로 정하는 요건에 해당하는 협동조합등 및 사회적협동조합등"이란 다음 각 호의 요건을 모두 갖춘 협동조합등 및 사회적협동조합등을 말한다.

1. 소규모 사업자 또는 소비자의 상부상조를 목적으로 할 것

2. 임의로 설립되고, 조합원 또는 회원(이하 이 조에서 "조합원등"이라 한다)이 임의로 가입하거나 탈퇴할 수 있을 것

3. 각 조합원등이 평등한 의결권을 가질 것

4. 조합원등에게 이익을 배분하는 경우에는 그 한도가 정관에 정해져 있을 것

제 2 장   협동조합등

제6조 (협동조합등의 설립신고 등) ① 법 제15조제1항에 따라 협동조합의 설립신고를 하려는 자는 기획재정부령으로 정하는 협동조합 설립신고서에 다음 각 호의 서류를 첨부하여 특별시장·광역시장·특별자치시장·도지사·특별자치도지사(이하 "시·도지사"라 한다)에게 제출하여야 한다.

1. 정관

2. 창립총회 의사록

3. 사업계획서

4. 임원 명부

5. 법 제15조제2항에 따라 창립총회가 열리기 전까지 발기인에게 설립동의서를 제출한 자의 명부

6. 합병 또는 분할을 의결한 총회의사록(법 제56조에 따라 합병 또는 분할로 인하여 설립되는 경우만 해당하며, 합병 또는 분할로 인하여 존속하거나 설립되는 협동조합

이 승계하여야 할 권리·의무의 범위가 의결사항으로 적혀 있어야 한다)

7. 그 밖에 기획재정부령으로 정하는 서류

② 시·도지사는 제1항에 따른 협동조합 설립신고서를 접수하였을 때에는 특별한 사유가 없으면 30일 이내에 신고필증을 발급하여야 한다.

③ 법 제71조제1항의 협동조합연합회의 설립신고에 관하여는 제1항 및 제2항을 준용한다. 이 경우 "협동조합"은 "협동조합연합회"로, "시·도지사"는 "기획재정부장관"으로 본다.

제7조 (대의원 총회) 법 제31조제1항에서 "대통령령으로 정하는 수"란 200인을 말한다.

제8조 (협동조합등 임직원의 겸직) 법 제44조제3항 단서(법 제79조에 따라 준용되는 경우를 포함하며, 이 경우 제1호 및 제2호의 "조합원"은 "전체 회원 조합에 속하는 총조합원"으로 본다)에 따라 협동조합등이 다음 각 호의 어느 하나에 해당하는 경우에는 해당 협동조합등의 임원이 직원을 겸직할 수 있다.

1. 조합원의 3분의 2 이상이 직원이고, 조합원인 직원이 전체 직원의 3분의 2 이상인 경우(임원이 직원을 겸직하기 전의 시점을 기준으로 한다)

2. 조합원 수가 10인 이하인 경우

3. 그 밖에 협동조합등의 규모·자산·사업 등을 고려하여 임원이 직원을 겸직할 필요가 있는 경우로서 기획재정부장관이 정하여 고시하는 경우

제9조 (협동조합등의 조합원 등이 아닌 자의 사업 이용) ① 법 제46조제2항에 따라 협동조합이 조합원이 아닌 자에게 그 사업을 이용하게 할 수 있는 경우는 다음 각 호의 어느 하나에 해당하는 경우로 한다.

1. 협동조합이 재고로 보유하고 있는 물품으로서 부패 또는 변질의 우려가 있어 즉시 유통되지 아니하면 제품의 품질을 유지하기 어려운 물품을 처리하기 위한 경우

2. 조합원으로 가입하도록 홍보하기 위하여 견본품을 유상 또는 무상으로 공급하는 경우. 다만, 협동조합이 「사회서비스 이용 및 이용권 관리에 관한 법률」 제2조제4호에 따른 사회서비스 제공자인 경우는 제외한다.

3. 공공기관·사회단체 등이 공익을 목적으로 주최하는 행사에 참여하는 경우

4. 협동조합이 정부, 지방자치단체 및 「공공기관의 운영에 관한 법률」 제4조에 따른 공공기관과 공동으로 추진하는 사업에서 일반 국민이 해당 사업의 목적에 따라 사업을 이용하는 경우

5. 다른 법령에서 조합원이 아닌 자에게 의무적으로 물품을 공급하게 하거나 용역을 제공하도록 규정하는 경우

6. 천재지변이나 그 밖에 이와 유사한 긴급한 상황일 때 공중(公衆)에게 생활필수품 또는 용역을 공급하는 경우

7. 학교를 사업구역으로 하는 협동조합이 그 사업구역에 속하는 학생·교직원 및 학교 방문자를 대상으로 물품을 공급하거나 용역을 제공하는 경우

8. 협동조합(「사회서비스 이용 및 이용권 관리에 관한 법률」 제2조제4호에 따른 사회서비스 제공자에 해당하는 협동조합은 제외한다)이 가입을 홍보하기 위하여 시·도지사에게 신고하는 기간(이하 이 호에서 "홍보기간"이라 하며, 그 기간은 1년에 3개월을 넘지 못한다) 동안 전년도 총공급고(總供給高)의 100분의 5 범위에서 물품을 유상 또는 무상으로 공급하는 경우. 다만, 협동조합이 설립신고필증을 받은 날부터 1년(단위매장의 경우에는 매장 개장일부터 1년) 동안은 홍보기간이 6개월을 넘지 아니하는 범위에서 총공급고에 대한 제한 없이 물품을 유상 또는 무상으로 공급할 수 있다.

9. 조합원과 같은 가구에 속하는 자가 협동조합의 사업을 이용하는 경우

10. 조합원의 3분의 2 이상이 직원이고 조합원인 직원이 전체 직원의 3분의 2 이상인 협동조합이 전체 직원의 3분의 1을 넘지 아니하는 범위에서 비조합원을 고용하는 형태로 조합의 사업을 이용하게 하는 경우

11. 그 밖에 협동조합의 사업 성격·유형 등을 고려하여 기획재정부장관이 정하여 고시하는 경우

② 법 제81조제1항 단서에 따른 협동조합연합회의 회원이 아닌 자의 사업의 이용에 관하여는 제1항을 준용한다. 이 경우 제1항 중 "협동조합"은 "협동조합연합회"로, 제1항 각 호 외의 부분 및 제2호·제5호의 "조합원"은 "회원"으로, 제8호 본문의 "시·도지사"는 "기획재정부장관"으로, 제9호 및 제10호의 "조합원"은 "전체 회원 조합에 속하는 총조합원"으로 본다.

제10조 (협동조합등의 운영의 공개)　① 법 제49조제4항(법 제82조에 따라 준용되는 경우를 포함하며, 이 경우 제1호의 "조합원"은 "전체 회원 조합에 속하는 총조합원"으로 본다)에서 "대통령령으로 정하는 일정 규모 이상의 협동조합"이란 다음 각 호의 어느 하나에 해당하는 협동조합을 말한다.

1. 조합원 수가 200인 이상인 협동조합

2. 직전 사업연도의 결산보고서(법 제52조제2항에 따라 정기총회의 승인을 받은 것을 말한다)에 적힌 자기자본이 30억원 이상인 협동조합

② 제1항에 따른 협동조합등은 매 회계연도의 결산일부터 3개월 이내에 사업결과보고서 등 기획재정부령으로 정하는 주요 경영공시자료를 특별시·광역시·특별자치시·도·특별자치도(이하 "시·도"라 한다)의 홈페이지 등에 게재하여야 한다.

제 3 장   사회적협동조합등

제11조 (사회적협동조합등의 설립인가 신청) ① 법 제85조제1항에 따라 사회적협동조합의 설립인가를 신청하려는 자는 기획재정부령으로 정하는 설립인가신청서에 다음 각 호의 서류를 첨부하여 기획재정부장관에게 제출하여야 한다.

1. 정관

2. 창립총회 의사록

3. 사업계획서(추정재무제표를 포함한다)

4. 임원 명부

5. 법 제85조제2항에 따라 창립총회가 열리기 전까지 발기인에게 설립동의서를 제출한 자(이하 이 조 및 제12조에서 "설립동의자"라 한다)의 명부

6. 합병 또는 분할을 의결한 총회의사록(법 제101조에 따라 합병 또는 분할로 인하여 설립되는 경우만 해당하며, 합병 또는 분할로 인하여 존속하거나 설립되는 사회적협동조합이 승계하여야 할 권리·의무의 범위가 의결사항으로 적혀 있어야 한다)

7. 그 밖에 기획재정부령으로 정하는 서류

② 법 제114조제1항에 따른 사회적협동조합연합회의 설립인가 신청에 관하여는 제1항을 준용한다. 이 경우 "사회적협동조합"은 "사회적협동조합연합회"로, "설립동의자"는 "설립동의 회원"으로 본다.

제12조 (사회적협동조합의 설립인가 기준) ① 법 제85조제1항에 따른 사회적협동조합 설립인가의 기준은 다음 각 호와 같다.

1. 설립동의자가 5인 이상일 것. 이 경우 설립동의자는 법 제93조제1항의 사업을 원활히 수행할 수 있도록 생산자, 소비자, 직원, 자원봉사자 및 후원자 등 다양한 이해관계자로 구성되어야 한다.

2. 설립동의자의 출자금 납입총액이 정관에 정해져 있을 것

② 제1항에도 불구하고 사회적협동조합이 의료기관을 개설하는 경우 사회적협동조합 설립인가의 기준은 다음 각 호와 같다.

1. 개설되는 의료기관 1개소(個所)당 설립동의자가 500인 이상일 것

2. 설립동의자 1인당 최저출자금이 5만원 이상일 것. 다만, 제18조제1항제2호부터 제6호까지 및 같은 항 제8호에 해당하는 자는 그러하지 아니하다.

3. 1인당 최고출자금이 출자금 납입총액의 10퍼센트 이내일 것. 다만, 2인 이상의 설립동의자가 기획재정부령으로 정하는 특수한 관계가 있는 자에 해당하는 경우에는 그 2인 이상의 설립동의자의 출자금 총액을 출자금 납입총액의 10퍼센트 이내로 하여야

한다.

4. 출자금 납입총액이 1억원 이상이면서 총자산의 100분의 50 이상일 것. 다만, 기획재정부장관의 승인을 받아 총자산 중 출자금 납입총액의 비율을 100분의 50 미만으로 할 수 있다.

5. 그 밖에 기획재정부장관이 관계 중앙행정기관의 장과 협의하여 정하여 고시하는 기준을 충족할 것

③ 법 제85조제1항에 따른 인가를 받아 의료기관을 개설한 사회적협동조합이 의료기관을 추가로 개설하려는 경우에는 개설하려는 해당 시·군·구(자치구를 말한다. 이하 이 항에서 같다)마다 제2항 각 호의 요건(이 경우 제2항 각 호 중 "설립동의자"는 "조합원"으로 본다)을 모두 갖추어야 한다. 다만, 사회적협동조합이 주사무소의 소재지를 관할하는 시·군·구 및 인접 시·군·구에 추가로 의료기관을 개설하는 경우에는 그러하지 아니하다.

제13조 (사회적협동조합등의 임직원의 겸직) ① 법 제92조 및 제115조제1항에서 준용되는 법 제44조에 따라 사회적협동조합등은 직원을 겸직하는 임원 수가 임원 총수의 3분의 1을 초과하지 아니하는 범위에서 임원이 직원을 겸직할 수 있다. 다만, 사회적협동조합등이 제8조 각 호의 어느 하나에 해당하는 경우에는 임원 총수의 3분의 1을 초과하여 임원이 직원을 겸직할 수 있다.

② 제1항 단서에 따라 사회적협동조합연합회에 대하여 제8조 각 호를 적용함에 있어서 "조합원"은 "전체 회원 조합에 속하는 총조합원"으로, "협동조합등"은 "사회적협동조합연합회"로 본다.

제14조 (주 사업의 판단 기준 및 방법) ① 법 제93조제1항에 따른 사회적협동조합의 주 사업의 판단 기준은 다음 각 호의 구분에 따른다.

1. 법 제93조제1항제1호의 사업: 다음 각 목의 어느 하나에 해당할 것

가. 지역특산품·자연자원 활용사업 등 지역의 인적·물적 자원을 활용하여 지역사회의 재생 및 지역경제의 활성화에 기여하는 사업

나. 지역주민의 생활환경 개선사업 등 지역주민의 권익과 복리를 증진시키는 사업

다. 그 밖에 지역사회가 당면한 문제 해결에 기여하는 사업

2. 법 제93조제1항제2호의 사업: 「사회적기업 육성법」 제2조제2호의 취약계층 및 그 밖에 기획재정부장관이 정하는 취약계층에게 사회서비스 또는 일자리를 제공하는 사업으로서 다음 각 목의 어느 하나에 해당하는 사업일 것

가. 교육, 보건·의료, 사회복지, 환경 및 문화 분야의 관련 사업

나. 보육, 간병 및 가사 지원 서비스를 제공하는 사업

다. 「직업안정법」 제2조의2제9호에 따른 고용서비스를 제공하는 사업

라. 그 밖에 기획재정부령으로 정하는 사업

② 제1항에서 규정한 사항 외에 주 사업의 판단 기준 및 방법 등에 관하여 필요한 사항은 기획재정부령으로 정한다.

제15조 (조합원에 대한 소액대출) ① 법 제94조제2항에 따른 소액대출 이자율은 기획재정부장관이 고시하는 최고 한도 내에서 각 사회적협동조합의 정관으로 정한다. 이 경우 소액대출 이자율의 최고 한도는 한국은행이 발표하는 신규취급액 기준 예금은행 가계대출 가중평균금리를 고려하여 정한다.

② 법 제94조제1항에 따른 소액대출의 연체이자율은 해당 대출에 적용된 이자율의 1.5배를 최고 한도로 하여 각 사회적협동조합의 정관으로 정한다. 이 경우 연체이자율의 최고한도는 「이자제한법」 제2조제1항에 따른 최고이자율을 넘을 수 없다.

③ 법 제94조제1항에 따른 소액대출의 한도는 조합원의 수 및 출자금 규모, 소액대출의 종류 등을 고려하여 기획재정부장관이 정하여 고시하는 기준에 따라 각 사회적협동조합의 정관으로 정한다.

④ 법 제94조에 따른 소액대출 사업은 법 제93조의 주 사업 및 그 밖의 사업과 구분하여 따로 회계처리되어야 한다.

제16조 (조합원에 대한 상호부조) ① 법 제94조제1항에 따른 상호부조는 조합원 간 상부상조를 목적으로 조합원들이 각자 나눠 낸 상호부조회비를 기금으로 적립하여 그 기금으로 상호부조회비를 낸 조합원에게 혼례, 사망, 질병 등의 사유가 생긴 경우 일정 금액의 상호부조금을 지급하는 사업으로 한다.

② 제1항에 따른 상호부조금의 지급 사유 및 사유별로 지급되는 상호부조금의 한도 등 상호부조금의 지급에 필요한 사항은 각 사회적협동조합의 정관으로 정한다.

③ 법 제94조제2항에 따른 상호부조회비와 상호부조계약에 관하여 필요한 사항은 각 사회적협동조합의 정관으로 정한다.

④ 제1항에 따른 상호부조 기금은 법 제93조의 주 사업 및 그 밖의 사업과 구분하여 따로 회계처리되어야 한다.

제17조 (사회적협동조합등의 조합원 등이 아닌 자의 사업 이용) ① 법 제95조제2항 본문에 따라 사회적협동조합이 조합원이 아닌 자에게 그 사업을 이용하게 할 수 있는 경우는 다음 각 호의 어느 하나에 해당하는 경우로 한다.

1. 제9조제1항제1호, 제3호부터 제7호까지, 제9호 및 제10호에 해당하는 경우

2. 조합원으로 가입하도록 홍보하기 위하여 견본품을 유상 또는 무상으로 공급하는 경우. 다만, 다음 각 목의 어느 하나에 해당하는 경우는 제외한다.

가. 사회적협동조합이 「사회서비스 이용 및 이용권 관리에 관한 법률」 제2조제4호에 따른 사회서비스 제공자인 경우

나. 사회적협동조합이 의료기관을 개설한 경우

3. 사회적협동조합이 법령에 따라 국가나 공공단체로부터 위탁받은 사회서비스를 제공하거나 취약계층의 일자리 창출을 위한 사업을 하는 경우

4. 다음 각 목의 경우를 제외한 사회적협동조합이 가입을 홍보하기 위하여 기획재정부장관에게 신고하는 기간(이하 이 호에서 "홍보기간"이라 하며, 그 기간은 1년에 3개월을 넘지 못한다) 동안 전년도 총공급고의 100분의 5 범위에서 물품을 유상 또는 무상으로 공급하는 경우. 다만, 사회적협동조합이 설립인가를 받은 날부터 1년(단위매장의 경우에는 매장 개장일부터 1년) 동안은 홍보기간이 6개월을 넘지 아니하는 범위에서 총공급고에 대한 제한 없이 물품을 유상 또는 무상으로 공급할 수 있다.

가. 사회적협동조합이 「사회서비스 이용 및 이용권 관리에 관한 법률」 제2조제4호에 따른 사회서비스 제공자인 경우

나. 사회적협동조합이 의료기관을 개설한 경우

5. 그 밖에 사회적협동조합의 사업 성격·유형 등을 고려하여 기획재정부장관이 정하여 고시하는 경우

② 사회적협동조합연합회의 회원이 아닌 자의 사업의 이용에 관하여는 제1항을 준용한다. 이 경우 제1항 중 "사회적협동조합"은 "사회적협동조합연합회"로, 제1항 각 호 외의 부분, 제1호(제9조제1항제5호의 경우만 해당한다) 및 제2호의 "조합원"은 각각 "회원"으로, 제1호(제9조제1항제9호 및 제10호의 경우만 해당한다)의 "조합원"은 "전체 회원 조합에 속하는 총조합원"으로 본다.

제18조 (보건·의료사업을 하는 사회적협동조합의 조합원이 아닌 자의 사업 이용) ① 법 제95조제3항에 따라 사회적협동조합이 보건·의료 서비스를 제공할 수 있는 조합원이 아닌 자의 범위는 다음 각 호와 같다.

1. 「응급의료에 관한 법률」 제2조제1호에 따른 응급환자

2. 「의료급여법」 제3조에 따른 수급권자

3. 「장애인고용촉진 및 직업재활법」 제2조제1호에 따른 장애인

4. 「한부모가족지원법」 제5조 및 제5조의2에 따른 보호대상자

5. 「재한외국인 처우 기본법」 제2조제3호에 따른 결혼이민자

6. 보건복지부장관이 정하여 고시하는 희귀난치성질환을 가진 자

7. 해당 조합(「사회적기업 육성법」 제7조에 따른 사회적기업의 인증을 받은 사회적협동조합만 해당한다)이 개설한 의료기관이 소재하는 시·도의 관할 구역에 주소·거소·사업장 또는 근무지가 있는 자

8. 조합원과 같은 가구에 속하는 자

9. 그 밖에 기획재정부장관이 관계 중앙행정기관의 장과 협의하여 보건·의료 서비스

를 제공할 필요가 있다고 인정하는 자

② 법 제95조제3항에 따른 공급고의 산정기준은 직전 연도 매출액 또는 서비스 이용 인원 중 사회적협동조합이 선택하는 기준을 적용하되, 제1항제8호에 해당하는 자에게 보건·의료 서비스를 제공하는 경우 해당 조합원이 이사회의 승인을 받으면 그 조합원이 이용한 것으로 보아 공급고를 산정한다.

제19조 (사회적협동조합등의 운영의 공개) 법 제96조제4항(법 제115조제3항에 따라 준용되는 경우를 포함한다)에 따라 사회적협동조합등은 매 회계연도의 결산일부터 3개월 이내에 사업결과보고서 등 기획재정부령으로 정하는 주요 경영공시자료를 기획재정부의 홈페이지 등에 게재하여야 한다.

제20조 (사회적협동조합등의 인가 취소의 공고) 기획재정부장관은 법 제112조제2항(법 제115조제3항에 따라 준용되는 경우를 포함한다)에 따라 사회적협동조합등의 설립인가의 취소를 공고할 때에는 「신문 등의 진흥에 관한 법률」 제9조제1항에 따라 전국을 보급지역으로 등록한 일간신문, 관보 또는 인터넷 홈페이지에 하여야 한다.

제 4 장 보   칙

제21조 (권한의 위탁) ① 기획재정부장관은 법 제116조에 따라 다음 각 호의 권한을 법 제93조에 따른 사회적협동조합의 주 사업 소관 중앙행정기관(「정부조직법」 제2조에 따른 부·처·청과 감사원, 방송통신위원회, 국가과학기술위원회, 원자력안전위원회, 공정거래위원회, 금융위원회 및 국민권익위원회를 말한다. 이하 같다)의 장에게 위탁한다.

1. 법 제85조에 따른 사회적협동조합의 설립인가
2. 법 제86조에 따른 사회적협동조합의 정관변경 인가
3. 법 제101조에 따른 사회적협동조합의 합병·분할 인가
4. 법 제102조에 따른 사회적협동조합의 해산 신고
5. 법 제103조에 따른 사회적협동조합의 청산사무의 감독
6. 법 제108조에 따른 사회적협동조합의 해산등기 촉탁
7. 법 제111조에 따른 사회적협동조합의 감독
8. 법 제112조에 따른 사회적협동조합의 설립인가 취소
9. 법 제113조에 따른 청문
10. 법 제119조에 따른 사회적협동조합에 대한 과태료 부과

② 제1항에 따라 권한을 위탁하는 경우 사회적협동조합의 주 사업이 둘 이상인 경우

등 그 소관 중앙행정기관이 분명하지 아니한 경우에는 기획재정부장관이 소관 중앙행정기관의 장을 정하여 위탁한다.

제22조 (고유식별정보의 처리) ① 기획재정부장관(법 제116조 및 이 영 제21조에 따라 기획재정부장관의 권한을 위탁받은 자를 포함한다)은 다음 각 호의 사무를 수행하기 위하여 불가피한 경우 「개인정보 보호법 시행령」 제19조제1호 또는 제4호에 따른 주민등록번호 또는 외국인등록번호가 포함된 자료를 처리할 수 있다.

1. 법 제85조제1항 및 법 제114조제1항에 따른 사회적협동조합등의 설립인가에 관한 사무

2. 법 제86조제2항(법 제115조제3항에 따라 준용되는 경우를 포함한다)에 따른 사회적협동조합등의 정관변경 인가에 관한 사무

3. 법 제101조제2항(법 제115조제3항에 따라 준용되는 경우를 포함한다)에 따른 사회적협동조합등의 합병 및 분할 인가에 관한 사무

4. 법 제102조제2항(법 제115조제3항에 따라 준용되는 경우를 포함한다)에 따른 사회적협동조합등의 해산 신고에 관한 사무

5. 법 제103조제5항(법 제115조제3항에 따라 준용되는 경우를 포함한다)에 따른 사회적협동조합등의 청산사무 감독에 관한 사무

6. 법 제111조(법 제115조제3항에 따라 준용되는 경우를 포함한다)에 따른 사회적협동조합등의 감독에 관한 사무

7. 법 제112조제1항(법 제115조제3항에 따라 준용되는 경우를 포함한다)에 따른 사회적협동조합등의 설립인가 취소에 관한 사무

② 시·도지사(해당 권한이 위임·위탁된 경우에는 그 권한을 위임·위탁받은 자를 포함한다)는 다음 각 호의 사무를 수행하기 위하여 불가피한 경우 제1항에 따른 자료를 처리할 수 있다.

1. 법 제15조제1항 및 제71조제1항에 따른 협동조합등의 설립신고에 관한 사무

2. 법 제16조제2항(법 제72조에 따라 준용되는 경우를 포함한다)에 따른 협동조합등의 정관변경 신고에 관한 사무

3. 법 제56조제2항(법 제83조에 따라 준용되는 경우를 포함한다)에 따른 협동조합등의 합병·설립 및 해산 신고에 관한 사무

4. 법 제57조제2항(법 제83조에 따라 준용되는 경우를 포함한다)에 따른 협동조합등의 해산 신고에 관한 사무

제23조 (과태료의 부과기준) 법 제119조제1항부터 제3항까지의 규정에 따른 과태료의 부과기준은 별표와 같다.

부칙 〈대통령령 제24164호, 2012.11.12〉

제1조 (시행일) 이 영은 2012년 12월 1일부터 시행한다.

제2조 (협동조합정책심의위원회의 존속기한) 협동조합정책심의위원회에 관한 제4조의 규정은 2017년 11월 30일까지 효력이 있다.

[별표] 과태료의 부과기준(제23조 관련)

1. 일반기준

　가. 위반행위의 횟수에 따른 과태료의 부과기준은 해당 위반행위를 한 날 이전 최근 2년간 같은 위반행위로 부과처분을 받은 경우에 적용한다.

　나. 부과권자는 위반행위의 정도, 위반행위의 동기와 그 결과 등 다음 사항을 고려하여 제2호의 개별기준에서 정한 금액의 2분의 1 범위에서 그 금액을 줄일 수 있다. 다만, 과태료를 체납하고 있는 위반행위자에 대해서는 그러하지 아니하다.

　　1) 위반행위자가 「질서위반행위규제법 시행령」 제2조의2 제1항 각 호의 어느 하나에 해당하는 경우

　　2) 위반행위가 사소한 부주의나 오류로 인한 것으로 인정되는 경우

　　3) 위반행위자가 법 위반상태를 시정하거나 해소한 경우

2. 개별기준

(단위: 만원)

위반행위	근거 법조문	과태료 금액	
		1차 위반	2차이상 위반
가. 법 제3조제3항을 위반하여 명칭을 사용한 경우	법 제119조 제1항	100	200
나. 협동조합등 및 사회적협동조합등이 법 제22조제2항 (법 제76조·제91조 및 제115조제1항에 따라 준용되 는 경우를 포함한다)을 위반하여 조합원등 1인의 출자 좌수 제한을 초과하게 한 경우	법 제119조 제2항제1호	100	200
다. 협동조합등 및 사회적협동조합등이 법 제23조제1항 (법 제91조에 따라 준용되는 경우를 포함한다)을 위반 하여 조합원의 의결권·선거권에 차등을 둔 경우	법 제119조 제2항제2호	100	200
라. 협동조합등 및 사회적협동조합등이 법 제46조, 제81조 및 제95조(법 제115조제2항에 따라 준용되는 경우를 포함한다)를 위반하여 조합원등이 아닌 자에게 협동 조합등의 사업을 이용하게 한 경우	법 제119조 제2항제3호	100	200
마. 협동조합등 및 사회적협동조합등의 임직원 또는 청산 인이 법 제49조제2항(법 제82조에 따라 준용되는 경우 를 포함한다) 및 법 제96조제2항(법 제115조제3항에 따라 준용되는 경우를 포함한다)에 따른 서류비치를 게을리한 때	법 제119조 제3항제2호	50	100
바. 협동조합등 및 사회적협동조합등의 임직원 또는 청산 인이 법 제49조제3항 및 제4항(법 제82조에 따라 준용 되는 경우를 포함한다), 법 제96조제3항 및 제4항(법 제115조제3항에 따라 준용되는 경우를 포함한다)에 따른 운영의 공개를 게을리한 때	법 제119조 제3항제3호	50	100
사. 협동조합등 및 사회적협동조합등이 법 제94조를 위반하 여 소액대출 및 상호부조의 총사업한도, 이자율, 대출한 도, 상호부조의 범위, 상호부조금, 상호부조계약 및 상 호부조회비 등을 초과하게 한 경우	법 제119조 제2항제4호	100	200
아. 협동조합등 및 사회적협동조합등의 임직원 또는 청산 인이 신고·등기를 게을리한 때	법 제119조 제3항제1호	50	100
자. 협동조합등 및 사회적협동조합등의 임직원 또는 청산 인이 감독기관 또는 총회에 대하여 거짓의 진술 또는 보고를 하거나 사실을 은폐한 때	법 제119조 제3항제4호	50	100
차. 협동조합등 및 사회적협동조합등의 임직원 또는 청산 인이 감독기관의 검사를 거부·방해 또는 기피한 때	법 제119조 제3항제5호	50	100

3. 협동조합기본법 시행규칙(기획재정부령 제303호)

제1조 (목적) 이 규칙은「협동조합 기본법」및 같은 법 시행령에서 위임된 사항과 그 시행에 필요한 사항을 규정함을 목적으로 한다.

제2조 (협동조합정책심의위원회의 구성 등) ① 「협동조합 기본법 시행령」(이하 "영"이라 한다) 제4조제3항에서 "기획재정부령으로 정하는 관계 중앙행정기관"이란 다음 각 호의 기관을 말한다.

1. 행정안전부, 농림수산식품부, 보건복지부, 고용노동부, 공정거래위원회, 금융위원회, 중소기업청, 산림청

2. 그 밖에 협동조합정책심의위원회(이하 "심의회"라 한다)의 위원장이 안건 심의를 위하여 필요하다고 인정하는 관계 중앙행정기관

② 심의회는 위원장 1명을 포함한 20명 이내의 위원으로 구성한다.

③ 공무원인 위원의 임기는 그 직(職)에 재직하는 기간으로 하며, 위촉위원의 임기는 1년으로 한다.

제3조 (협동조합정책심의위원회의 운영) ① 심의회는 매월 1회 개최하는 것을 원칙으로 하되, 효율적인 심의를 위하여 필요하면 심의 일정을 조정할 수 있다.

② 심의회의 회의는 재적위원 과반수의 출석과 출석위원 과반수의 찬성으로 의결한다.

③ 위원장은 필요한 경우 위원회의 구성원이 아닌 사람을 회의에 출석하여 발언하게 할 수 있다.

④ 심의회에 부칠 안건을 검토·조정하고 그 밖에 심의회의 운영을 지원하기 위하여 실무위원회를 둘 수 있다. 이 경우 실무위원회의 구성 및 운영 등에 필요한 사항은 위원회의 심의를 거쳐 기획재정부장관이 정한다.

제4조 (협동조합등의 설립신고 등) ① 영 제6조제1항(같은 조 제3항에서 준용하는 경우를 포함한다. 이하 이 조에서 같다)에 따른 협동조합 및 협동조합연합회(이하 "협동조합 등"이라 한다)의 설립신고서는 별지 제1호서식에 따른다.

② 영 제6조제1항제7호에서 "기획재정부령으로 정하는 서류"는 다음 각 호와 같다.

1. 수입·지출 예산서

2. 출자 1좌(座)당 금액과 조합원 또는 회원별로 인수하려는 출자 좌수를 적은 서류

3. 창립총회 개최 공고문

③ 영 제6조제2항(같은 조 제3항에서 준용하는 경우를 포함한다)에 따른 협동조합등의 설립신고필증은 별지 제2호서식에 따른다.

제5조 (협동조합등의 정관 변경) 법 제16조제2항(법 제72조에서 준용하는 경우를 포함한

다)에 따라 협동조합등의 정관을 변경하려는 자는 별지 제3호서식의 정관변경 신고서에 다음 각 호의 서류를 첨부하여 기획재정부장관 또는 특별시장·광역시장·특별자치시장·도지사·특별자치도지사(이하 "시·도지사"라 한다)에게 제출하여야 한다.

1. 정관 중 변경하려는 사항을 적은 서류

2. 정관 변경을 의결한 총회 의사록

3. 정관 변경 후의 사업계획서와 수입·지출 예산서(사업계획이 변경되어 정관을 변경하는 경우만 해당한다)

4. 대차대조표와 출자감소의 의결, 채권자 공고 및 이의신청의 처리 등의 사실관계를 증명할 수 있는 서류(출좌 1좌당 금액 감소에 따라 정관을 변경하는 경우만 해당한다)

제6조 (협동조합등의 운영의 공개) 영 제10조제2항에서 "사업결과보고서 등 기획재정부령으로 정하는 주요 경영공시자료"는 다음 각 호와 같다.

1. 정관(정관이 변경된 경우를 포함한다)

2. 별지 제4호서식의 사업계획서

3. 별지 제5호서식의 사업결산 보고서

4. 별지 제6호서식의 총회, 대의원 총회, 이사회 활동 상황

5. 사업결과 보고서

제7조 (협동조합등의 해산신고) ① 법 제57조제2항(법 제83조에서 준용하는 경우를 포함한다)에 따라 협동조합등의 해산을 신고하려는 자는 별지 제7호서식의 해산신고서(전자문서로 된 신고서를 포함한다)에 해산을 결의한 총회 의사록을 첨부하여 기획재정부장관 또는 시·도지사에게 제출하여야 한다.

② 기획재정부장관 또는 시·도지사는 제1항에 따른 신고서를 받으면 「전자정부법」 제36조제1항에 따른 행정정보의 공동이용을 통하여 법인 등기사항증명서를 확인하여야 한다.

제8조 (사회적협동조합등의 설립인가 신청서류) ① 영 제11조제1항(같은 조 제2항에서 준용하는 경우를 포함한다. 이하 이 조에서 같다)에 따른 사회적협동조합 및 사회적협동조합연합회(이하 "사회적협동조합등"이라 한다)의 설립인가 신청서는 별지 제8호서식에 따른다.

② 영 제11조제1항제7호에서 "기획재정부령으로 정하는 서류"는 다음 각 호와 같다.

1. 별지 제9호서식의 수입·지출 예산서

2. 출자 1좌(座)당 금액과 조합원 또는 회원별로 인수하려는 출자 좌수를 적은 서류

3. 창립총회 개최 공고문

4. 주 사업의 내용이 설립인가 기준을 충족함을 증명하는 서류

③ 법 제85조제1항 및 법 제114조제1항에 따른 사회적협동조합등의 설립인가증은 별

지 제10호서식에 따른다.

제9조 (사회적협동조합의 설립인가 기준) 영 제12조제2항제3호에서 "기획재정부령으로 정하는 특수한 관계에 있는 자"란 다음 각 호의 어느 하나에 해당하는 자를 말한다.

1. 6촌 이내의 혈족

2. 4촌 이내의 인척

3. 배우자(사실상 혼인관계에 있는 사람을 포함한다)

4. 그 밖에 기획재정부장관이 정하여 고시하는 자

제10조 (사회적협동조합등의 정관 변경) 법 제86조제2항(법 제115조제3항에 따라 준용되는 경우를 포함한다)에 따른 사회적협동조합등의 정관 변경인가 신청을 하려는 자는 별지 제11호서식의 정관 변경인가 신청서에 다음 각 호의 서류를 첨부하여 기획재정부장관 또는 관계 중앙행정기관의 장에게 제출하여야 한다.

1. 정관 중 변경하려는 사항을 적은 서류

2. 정관의 변경을 의결한 총회 의사록

3. 정관 변경 후의 사업계획서와 수입·지출 예산서(사업계획이 변경되어 정관을 변경하는 경우만 해당한다)

4. 대차대조표와 출자감소의 의결, 채권자 공고 및 이의신청의 처리 등의 사실관계를 증명할 수 있는 서류(출좌 1좌당 금액 감소에 따라 정관을 변경하는 경우만 해당한다)

제11조 (사회적협동조합의 주 사업의 판단 기준) ① 영 제14조제1항제1호가목에 따른 주 사업은 다음 각 호의 사업으로 한다.

1. 지역특산품·자연자원 활용사업

2. 전통시장·상가 활성화 사업

3. 농산물·임산물·축산물·수산물의 생산 및 유통에 관한 사업

4. 그 밖에 지역의 인적·물적 자원을 활용하여 지역사회를 재생하고 지역경제를 활성화하여 지역사회에 공헌하려는 사업으로서 기획재정부장관이 정하여 고시하는 사업

② 영 제14조제1항제1호나목에 따른 주 사업은 다음 각 호의 사업으로 한다.

1. 지역주민의 생활환경 개선사업

2. 지역의 공중접객업소 위생 개선 사업

3. 지역의 감염병 또는 질병 예방에 관한 사업

4. 지역의 재해, 화재 또는 안전사고의 예방에 관한 사업

5. 지역주민들의 고충 상담을 위한 사업

6. 지역주민에게 사회서비스를 제공하는 사업

7. 그 밖에 지역주민들의 권익과 복리를 증진시키려는 사업으로서 기획재정부장관이 정하여 고시하는 사업

③ 영 제14조제1항제2호라목에서 "그 밖에 기획재정부령으로 정하는 사업"이란 다음 각 호의 어느 하나에 해당하는 사업을 말한다.

1. 예술·관광 및 운동 분야의 사업

2. 산림 보전 및 관리 서비스를 제공하는 사업

3. 문화재 보존 또는 활용과 관련된 사업

4. 청소 등 사업시설 관리 사업

5. 범죄 예방 및 상담치료 관련 사업

6. 그 밖에 기획재정부장관이 정하여 고시하는 사업

④ 기획재정부장관이나 관계 중앙행정기관의 장은 사회적협동조합의 목적사업이 제1항 및 제2항의 주 사업에 해당하는지를 판단할 때에 필요하면 시·도지사에게 의견을 요청할 수 있다.

⑤ 제1항부터 제4항까지에서 규정한 사항 외에 주 사업의 판단기준에 관하여 필요한 사항은 기획재정부장관이 정하여 고시한다.

제12조 (사회적협동조합의 주 사업 판단 방법) ① 사회적협동조합의 목적사업이 법 제93조 제1항 각 호의 주 사업에 해당하는지를 판단하는 경우에는 다음 각 호의 구분에 따른 기준을 적용한다.

1. 목적사업이 법 제93조제1항제1호 또는 제4호에 해당하는 경우: 다음 각 목의 어느 하나의 기준

가. 수입·지출 예산서상 전체 사업비의 100분의 40 이상을 주 사업 목적으로 지출할 것

나. 사업계획서상 주 사업에 해당하는 서비스 대상인원, 시간, 횟수 등이 전체 서비스의 100분의 40 이상일 것

2. 목적사업이 법 제93조제1항제2호에 따라 취약계층에게 사회서비스를 제공하는 경우: 사업계획서상 취약계층에게 제공된 사회서비스 대상인원, 시간, 횟수 등이 전체 사회서비스의 100분의 40 이상일 것

3. 목적사업이 법 제93조제1항제2호에 따라 취약계층에게 일자리를 제공하는 경우: 다음 각 목의 어느 하나의 기준

가. 수입·지출 예산서상 전체 인건비 총액 중 취약계층인 직원에게 지급한 인건비 총액이 차지하는 비율이 100분의 40 이상일 것

나. 사업계획서상 전체 직원 중 취약계층인 직원이 차지하는 비율이 100분의 40 이상일 것

4. 목적사업이 법 제93조제1항제3호에 해당하는 경우: 수입·지출 예산서상 전체 사업비의 100분의 40 이상이 국가 및 지방자치단체로부터 위탁받은 사업의 예산일 것

5. 목적사업이 법 제93조제1호부터 제4호까지의 사업에 중복하여 해당하는 경우: 목적사업이 법 제93조제1호부터 제4호까지의 사업에 해당하는 비율의 합이 100분의 40

이상일 것

② 기획재정부장관은 제1항에서 정한 사항 외에 사회적협동조합의 주 사업의 판단 방법에 관하여 필요한 사항을 정하여 고시할 수 있다.

제13조 (사회적협동조합등의 운영의 공개) 영 제19조에서 "사업결과보고서 등 기획재정부령으로 정하는 주요 경영공시자료"란 다음 각 호와 같다.

1. 정관(정관이 변경된 경우를 포함한다)

2. 별지 제6호서식의 총회, 대의원 총회, 이사회 활동 상황

3. 별지 제9호서식의 수입·지출 예산서

4. 별지 제12호서식의 사업계획서

5. 별지 제13호서식의 사업결산 보고서

6. 별지 제14호서식의 사업결과 보고서

7. 별지 제15호서식의 소액대출 및 상호부조 사업결과 보고서(사회적협동조합만 해당한다)

제14조 (사회적협동조합등의 해산신고) ① 법 제102조제2항(법 제115조제3항에서 준용하는 경우를 포함한다)에 따른 사회적협동조합등의 해산을 신고하려는 자는 별지 제16호서식의 해산신고서(전자문서로 된 신고서를 포함한다)에 다음 각 호의 서류를 첨부하여 기획재정부장관이나 관계 중앙행정기관의 장에게 제출하여야 한다.

1. 해산 당시의 재산목록

2. 잔여재산 처분방법의 개요를 적은 서류

3. 해산 당시의 정관

4. 해산을 결의한 총회 의사록

② 기획재정부장관이나 관계 중앙행정기관의 장은 제1항에 따른 신고서를 받으면 「전자정부법」 제36조제1항에 따른 행정정보의 공동이용을 통하여 법인 등기사항증명서를 확인하여야 한다.

부칙 〈기획재정부령 제303호, 2012.11.27〉

이 규칙은 2012년 12월 1일부터 시행한다.

[서식 1] (협동조합, 협동조합연합회) 설립신고서

[서식 2] (협동조합·협동조합연합회) 신고필증

[서식 3] (협동조합, 협동조합연합회) 정관변경 신고서

[서식 4] 협동조합등 사업계획서

[서식 5] 협동조합등 사업결산 보고서
[서식 6] 총회, 대의원 총회, 이사회 활동 상황
[서식 7] (협동조합, 협동조합연합회)해산신고서
[서식 8] (사회적협동조합, 사회적협동조합연합회)설립인가 신청서
[서식 9] 사회적협동조합등 수입·지출 예산서
[서식 10] (사회적협동조합·사회적협동조합연합회) 설립인가증
[서식 11] (사회적협동조합, 사회적협동조합연합회)정관 변경인가 신청서
[서식 12] 사회적협동조합등 사업계획서
[서식 13] 사회적협동조합등 사업결산 보고서
[서식 14] 사회적협동조합등 사업결과 보고서
[서식 15] 소액대출 및 상호부조 사업결과 보고서
[서식 16] (사회적협동조합, 사회적협동조합연합회)해산신고서

[별지 제1호 서식] (협동조합, 협동조합연합회) 설립신고서

[ ] 협동조합
[ ] 협동조합연합회   **설립신고서**

※ 첨부서류를 확인하시기 바라며, 색상이 어두운 난은 신청인이 작성하지 않습니다.

접수번호		접수일	처리기간 30일
설립신고인	성 명(명칭)		생년월일(사업자등록번호)
	주 소		전화번호

신고내용	설립동의자 수	총 출 자 금 액	발기일 및 창립 총회 개최일

법 인	조합명(연합회명)	전화번호
	소재지	
	이사장(회장) 성명	주민등록번호 (외국인등록번호)
	주소	전화번호

「협동조합 기본법」 제15조제1항 또는 제71조제1항에 따라 위와 같이 설립하였음을 신고합니다.

년   월   일

신고인   (서명 또는 인)

기획재정부장관
시 · 도지사   기하

첨부서류	1. 정관 사본 1부 2. 창립총회 의사록 사본 1부 3. 사업계획서 1부 4. 임원 명부(임원의 이력서 및 사진 첨부) 1부 5. 설립동의자 명부 1부 6. 수입 · 지출 예산서 1부 7. 출자 1좌당 금액과 조합원 또는 회원별로 인수하려는 출자 좌수를 적은 서류 1부 8. 창립총회 개최 공고문 1부 9. 합병 또는 분할을 의결한 총회 의사록[「협동조합 기본법」 제56조(제83조에서 준용하는 경우를 포함한다)에 따른 합병 또는 분할로 인하여 설립하는 경우에만 제출합니다) 1부	수수료 없 음

처리절차

설립신고서 작성	➡	접 수	➡	서류 확인 및 검 토	➡	결 재	➡	신고필증 교부
신고인		처리기관 (기획재정부장관 또는 시 · 도지사)		처리기관 (기획재정부장관 또는 시 · 도지사)		처리기관 (기획재정부장관 또는 시 · 도지사)		

210mm×297mm[백상지 80g/㎡(재활용품)]

[별지 제2호 서식] (협동조합·협동조합연합회) 신고필증

신고번호 제 호

(협동조합·협동조합연합회) 신고필증

조 합 명:
(연합회명)

대표자 성명:

주   소:

　「협동조합 기본법」 제15조제1항 또는 제71조제1항에 따라 위와 같이 설립을 신고하였음을 확인합니다.

년   월   일

기획재정부장관
시·도지사

직인

210mm×297mm[백상지(1종) 120g/㎡]

[별지 제3호 서식] (협동조합, 협동조합연합회) 정관변경 신고서

[ ] 협동조합	정관변경 신고서
[ ] 협동조합연합회	

※ 첨부서류를 확인하시기 바라며, 색상이 어두운 난은 신청인이 작성하지 않습니다.

접수번호		접수일		처리기간	7일
신고인	성 명(명칭)			생년월일(사업자등록번호)	
	주 소			전화번호	
법 인	조합명(연합회명)			전화번호	
	소재지				
	이사장(회장) 성명			주민등록번호 (외국인등록번호)	
	주소			전화번호	
신청내용		첨부서류 참조			

「협동조합 기본법」 제16조제2항 또는 제72조에 따라 위와 같이 정관을 변경하였음을 신고합니다.

년 월 일

신고인(이사장 · 회장)　　　　　　　　　　（서명 또는 인）

기획재정부장관
시 · 도지사 귀하

첨부서류	1. 정관 중 변경하려는 사항을 적은 서류 1부 2. 정관 변경을 의결한 총회 의사록 1부 3. 정관 변경 후의 사업계획서와 수입 · 지출 예산서 1부(사업계획이 변경되어 정관을 변경하는 경우에만 제출합니다) 4. 대차대조표와 출자감소의 의결, 채권자 공고 및 이의신청의 처리 등의 사실관계를 증명할 수 있는 서류 각 1부(출자 1좌당 금액 감소에 따라 정관을 변경하는 경우에만 제출합니다)	수수료 없 음

처리절차

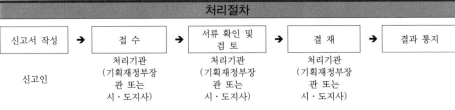

210mm×297mm[백상지 80g/㎡(재활용품)]

[별지 제4호 서식] 협동조합등 사업계획서

협동조합등 사업계획서

(제1쪽)

조직 개요	조합명(연합회명)		업종(표준산업분류번호)	
	설립 연월일		업태	
	신고번호		사업자등록번호	
	연합회 가입 현황(* 협동조합만 작성)			
	주소	주사무소		
		제1 지사무소		
		제2 지사무소		
	출자금		백만원	

조직 연혁	연월일	주요내용

설립 목적	

의사결정 기구	[ ]조합원 총회 [ ]대의원 총회 [ ]이사회 ※ 중복 표시 가능

조직도	

임원 현황	직위	성명	경력	직원 겸직 여부

조합원 현황 ※ 해당유형에만 표기	생산자	소비자	직원	자원봉사자	후원자	계
	명	명	명	명	명	명

직원 현황	명

210mm×297mm[백상지 80g/㎡(재활용품)]

해당연도사업계획	

작성방법

　해당연도 사업계획란에는 「협동조합 기본법」 제45조에 따른 사업계획을 반드시 포함하여 적어주시기 바랍니다.

[별지 제5호 서식] 협동조합등 사업결산 보고서

협동조합등 사업결산 보고서

회계연도: OOO년도

조직 개요	조합명(연합회명)		업종(표준산업분류번호)	
	설립 연월일		업태	
	신고번호		사업자등록번호	
	주소	주사무소		
		제1 지사무소		
		제2 지사무소		
	출자금	백만원		

수입 (단위: 원)			지출 (단위: 원)		
구분		금액	구분		금액
① 전기이월금			① 경상비	인건비	
② 사업 수입	00사업			운영비	
	〃			소계	
	〃		② 사업비	00사업	
	소계			〃	
③ 사업 외수입	기부출연 금			〃	
	지원금			소계	
	기타		③ 사업외 지출	기부출연금	
	소계			지원금	
④ 출자금				기타	
⑤ 차입금				소계	
⑥ 기타수입			④ 출자금반환		
			⑤ 차입금상환		
			⑥ 배당금		
			⑦ 기타지출		
			⑧ 차기이월금		
합계			합계		

작성방법
예시된 항목 외의 수입 또는 지출항목이 있을 경우 모두 적습니다.

210mm×297mm[백상지 80g/㎡(재활용품)]

[별지 제6호 서식] 총회, 대의원 총회, 이사회 활동 상황

총회, 대의원 총회, 이사회 활동 상황

조직 개요	조합명(연합회명)			업종(표준산업분류번호)		
	설립 연월일			업태		
	신고(인가)번호			사업자등록번호		
	주소	주사무소				
		제1 지사무소				
		제2 지사무소				
	출자 자본금		백만원			

[총회]

일시	장소	조합원·회원(명)	참석자(명)	결정사항	비고

[대의원 총회]

일시	장소	대의원(명)	참석자(명)	결정사항	비고

[이사회]

일시	장소	임원(명)	참석자(명)	결정사항	비고

[기타]

일시	장소	대상자(명)	참석자(명)	결정사항	비고

210mm×297mm[보존용지(1종) 120g/㎡]

[별지 제7호 서식] (협동조합, 협동조합연합회) 해산신고서

[ ] **협동조합**
[ ] **협동조합연합회**   **해산신고서**

※ 첨부서류를 확인하시기 바라며, 색상이 어두운 난은 신고인이 작성하지 않습니다.

접수번호	접수일	처리기간	7일

청산인	성 명		주민등록번호(외국인등록번호)
	주 소		전화번호

신고내용	첨부서류 참조

「협동조합 기본법」 제57조제2항 또는 제83조에 따라 위와 같이 해산을 신고합니다.

년 월 일

신고인(이사장·회장)   (서명 또는 인)

기획재정부장관
시·도지사   귀하

첨부서류	해산을 결의한 총회 의사록 1부	수수료 없음
담당공무원 확인사항	법인 등기사항증명서	

처 리 절 차

신고서 작성	→	접 수	→	서류확인 및 검토	→	결 재
신고인		처리기관 (기획재정부장관 또는 시·도지사)		처리기관 (기획재정부장관 또는 시·도지사)		처리기관 (기획재정부장관 또는 시·도지사)

210mm×297mm[백상지 80g/㎡(재활용품)]

[별지 제8호 서식] (사회적협동조합, 사회적협동조합연합회) 설립인가 신청서

[ ] 사회적협동조합
[ ] 사회적협동조합연합회   **설립인가 신청서**

※ 첨부서류를 확인하시기 바라며, 색상이 어두운 난은 신청인이 작성하지 않습니다.

접수번호		접수일	처리기간 60일

설립신청인	성 명(명칭)		생년월일(사업자등록번호)
	주 소		전화번호

법 인	조합명(연합회명)	전화번호
	소재지	
	이사장(회장) 성명	주민등록번호 (외국인등록번호)
	주소	전화번호

설립신청 내용	설립동의자 수	총 출자금액 / 1인당 최저출자금(*)	출자금 납입 총액(*) 및 총자산 대비 비중(%)(*)	발기일 및 창립 총회 개최일
	(*) 항목은 보건의료 사업을 하는 사회적협동조합의 경우에만 작성			

설립목적	[ ] 지역사업형(「협동조합 기본법」 제93조제1항제1호) [ ] 취약계층 사회서비스 제공형(「협동조합 기본법」 제93조제1항제2호) [ ] 취약계층 고용형(「협동조합 기본법」 제93조제1항제2호) [ ] 위탁사업형(「협동조합 기본법」 제93조제1항제3호) [ ] 기타 공익증진형(「협동조합 기본법」 제93조제1항제4호)

「협동조합 기본법」 제85조제1항 또는 제114조제1항에 따라 위와 같이 설립인가를 신청합니다.

년   월   일

신청인   (서명 또는 인)

기획재정부장관
중앙행정기관장   귀하

첨부서류	1. 정관 사본 1부 2. 창립총회 의사록 사본 1부 3. 사업계획서(추정재무제표 포함) 1부 4. 임원 명부(임원의 이력서 및 사진 첨부) 1부 5. 설립동의자 명부 1부 6. 합병 또는 분할을 의결한 총회의사록(「협동조합 기본법」 제101조 및 제115조에 따른 합병 또는 분할로 인하여 설립하는 경우에만 제출합니다) 1부 7. 수입·지출 예산서 1부 8. 출자 1좌당 금액과 조합원 또는 회원별로 인수하려는 출자 좌수를 적은 서류 1부 9. 창립총회 개최 공고문 10. 주 사업의 내용이 설립인가 기준을 충족함을 증명하는 서류	수수료 없음

처리절차

신청서 작성	→	접 수	→	서류 확인 및 검토	→	결 재	→	설립인가증 발급
신청인		처리기관 (기획재정부장관· 중앙행정기관장)		처리기관 (기획재정부장관· 중앙행정기관장)		처리기관 (기획재정부장관· 중앙행정기관장)		

210mm×297mm[백상지 80g/㎡(재활용품)]

[별지 제9호 서식] 사회적협동조합등 수입·지출 예산서

사회적협동조합등 수입·지출 예산서

회계연도: 000년도

조직 개요	조합명(연합회명)			업종(표준산업분류번호)	
	설립 연월일			업태	
	인가번호			사업자등록번호	
	주소	주사무소			
		제1 지사무소			
		제2 지사무소			
	출자금		백만원		
	주 사업 유형	[ ]지역사업형 [ ]취약계층배려형 [ ]위탁사업형 [ ]기타 공익증진형 [ ]혼합형			

수입 (단위:원)				지출 (단위:원)			
구분		금액	구성비 (%)	구분		금액	구성비 (%)
① 주 사업	○○사업			① 주 사업	○○사업		
	〃				〃		
	〃				〃		
	〃				〃		
② 기타 사업	○○사업			② 기타 사업	○○사업		
	〃				〃		
	〃				〃		
	〃				〃		
③ 사업비 합계				③ 사업비 합계			
④ 사업 외 수입	이자수익			④ 경상 비(판매 비와 관리비)	인건비		
	후원금 등				취약계층 인건비		
	〃				운영비 등		
	〃				〃		
⑤ 출자금				⑤ 사업 외 비용	이자비용		
⑥ 차입금					잡손실 등		
	〃				〃		
	〃			⑥ 출자금 반환			
	〃			⑦ 차입금 상환			
	〃			⑧ 예비비 등			
합계				합계			

작성방법

1. 예시된 항목 외의 수입 또는 지출항목이 있을 경우 모두 적습니다.
2. 사회적협동조합이 「협동조합 기본법 시행규칙」 제12조제1항제3호가목에 따라 전체 인건비 총액 중 취약계층인 직원에게 지급한 인건비가 40% 이상일 것을 판단기준으로 하는 경우 인건비와 취약계층 인건비 항목을 구분하여 작성하시기 바랍니다.

[별지 제10호 서식] (사회적협동조합, 사회적협동조합연합회) 설립인가증

인가번호 제   호

(사회적협동조합 · 사회적협동조합연합회)

설립인가증

조 합 명:
(연합회명)

대표자 성명:

주   소:

「협동조합 기본법」 제85조제1항 또는 제114조제1항에 따라 위의 설립을 인가합니다.

년   월   일

기획재정부장관
중앙행정기관장   직인

210mm×297mm[백상지(1종) 120g/㎡]

[별지 제11호 서식] (사회적협동조합, 사회적협동조합연합회) 정관 변경인가신청서

[　] 사회적협동조합
[　] 사회적협동조합연합회　　　　정관 변경인가 신청서

※ 첨부서류를 확인하시기 바라며, 색상이 어두운 난은 신청인이 작성하지 않습니다.

접수번호		접수일	처리기간	10일

신청인	성 명(명칭)		생년월일(사업자등록번호)	
	주 소		전화번호	

법 인	조합명(연합회명)		전화번호	
	소재지			
	이사장(회장) 성명		주민등록번호 (외국인등록번호)	
	주소		전화번호	

신청내용	첨부서류 참조

　「협동조합 기본법」 제86조제2항 또는 제115조제3항에 따라 위와 같이 정관 변경의 인가를 신청합니다.

년 월 일

신고인(이사장·회장)　　　　　　　　　(서명 또는 인)

기획재정부장관
중앙행정기관장　　　　　　　　　　　　　　　　　　　　　　　귀하

첨부서류	1. 정관 중 변경하려는 사항을 적은 서류 1부 2. 정관의 변경을 의결한 총회 의사록 1부 3. 정관 변경 후의 사업계획서와 수입·지출 예산서(사업계획이 변경되어 정관을 변경하는 경우에만 제출합니다) 4. 대차대조표와 출자감소의 의결, 채권자 공고 및 이의신청의 처리 등의 사실관계를 증명할 수 있는 서류 각 1부(출자 1좌당 금액 감소에 따라 정관을 변경하는 경우에만 제출합니다)	수수료 없음

처리절차

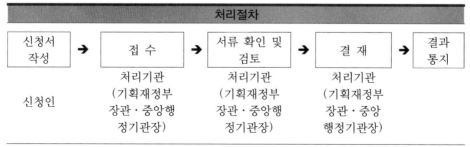

210mm×297mm[백상지 80g/㎡(재활용품)]

[별지 제12호 서식] 사회적협동조합등 사업계획서

사회적협동조합등 사업계획서

(제1쪽)

조직 개요	조합명(연합회명)		업종(표준산업분류번호)		
	설립 연월일		업태		
	인가번호		사업자등록번호		
	연합회 가입 현황(* 사회적협동조합만 작성)				
	주소	주사무소			
		제1 지사무소			
		제2 지사무소			
	출자금 백만원				
	주 사업 유형	[ ]지역사업형 [ ]취약계층배려형 [ ]위탁사업형 [ ]기타 공익증진형 [ ]혼합형			

조직 연혁	연월일	주요 내용

설립 목적	

의사결정기구	[ ]조합원 총회 [ ]대의원 총회 [ ]이사회 ※ 중복 표시 가능

조직도	

임원 현황	직위	성명	경력	직원 겸직 여부

조합원 현황 ※해당 유형 에만 표기	생산자	소비자	직원	자원봉사자	후원자	계
	명	명	명	명	명	명

직원 현황	성별	남성	명	여성	명	계	명
	고용 형태	정규직	명	비정 규직	명	계	명
	취약계층 고용	취약계층	명	비취약 계층	명	계	명

210mm×297mm[백상지 80g/㎡(재활용품)]

| 해당 연도 사업계획 (* 해당 내용만 작성. 다만, 혼합형은 해당 내용을 모두 작성) |||||

① 지역사업형 (판단기준: 사업비 / 서비스 공급 비율 중 택일)

구 분		사업비 (원)		서비스 공급 (인원수/시간/회)	
		직전연도 결산	해당연도 예산	직전연도 실적	해당연도 계획
총 계 (A)					
지역 사업	소 계(B)			
	○○사업			
	ㅁㅁ사업			
	…			
기타 사업	소 계			
	○○사업			
	ㅁㅁ사업			
	…			
지역사업 비율(C=B/A) (%)					

② 취약계층배려형(판단기준: 인건비 / 직원수 / 서비스 공급 비율 중 택일)

구 분	인건비 (원)		직원수 (명)		서비스 공급 (인원수/시간/회)	
	직전연도 결산	해당연도 예산	직전연도 결산	해당연도 예산	직전연도 실적	해당연도 계획
총 계 (A)						
취약계층 (B)						
기 타						
취약계층비율 (C=B/A)(%)						

③ 위탁사업형(판단기준: 사업비 비율)

구 분		사업비 (원)	
		직전연도 결산	해당연도 예산
총 계 (A)			
위탁사업	소 계(B)		
	○○사업(위탁기관)		
	ㅁㅁ사업(위탁기관)		
	…		
자체사업	소 계		
	○○사업		
	ㅁㅁ사업		
	…		
위탁사업 비율(C=B/A)(%)			

④ 기타 공익증진형 (판단기준: 사업비 / 서비스 공급 비율 중 택일)

구 분			사업비 (원)		서비스 공급 (인원/시간/회)	
			직전연도 결산	해당연도 예산	직전연도 실적	해당연도 계획
총 계 (A)						
공익 사업	소 계(B)					
		ㅇㅇ사업				
		ㅁㅁ사업				
		...				
기타 사업	소 계					
		ㅇㅇ사업				
		ㅁㅁ사업				
		...				
공익사업 비율(C=B/A)(%)						

⑤ 혼합형 (판단기준: ①+②+③+④ 비율의 합계)

구 분	비 율 (%)		내 용
	직전연도 실적	해당연도 계획	
① 지역사업 비율			
② 취약계층배려형 사업 비율			
③ 위탁사업 비율			
④ 기타공익증진형 사업 비율			
합 계			

[별지 제13호 서식] 사회적협동조합등 사업결산 보고서

사회적협동조합등 사업결산 보고서

| 회계연도: 000년도 |

조직 개요	조합명(연합회명)		업종(표준산업분류번호)
	설립연월일		업태
	인가번호		사업자등록번호
	주소	주사무소	
		제1 지사무소	
		제2 지사무소	
	출자금	백만원	
	주 사업 유형	[ ]지역사업형 [ ]취약계층배려형 [ ]위탁사업형 [ ]기타 공익증진형 [ ]혼합형	

수 입 (단위: 원)				지 출 (단위: 원)			
구분	금액		예산 대비 (%)	구분	금액		예산 대비 (%)
	결산	예산			결산	예산	
① 주 사업	○○사업				① 주 사업	○○사업			
	〃				〃		
	〃				〃		
	〃				〃		
② 기타 사업	○○사업			② 기타 사업	○○사업		
	〃				〃		
	〃				〃		
	〃				〃		
③ 사업비 합계				③ 사업비 합계			
④ 사업 외 수입	이자수익			④ 경상 비(판매 비와 관 리비)	인건비		
	후원금 등				취약계층 인건비		
	〃				운영비 등		
	〃				〃		
⑤ 출자금				⑤ 사업 외 비용	이자비용		
⑥ 차입금					〃		
〃					〃		
〃				⑥ 출자금 반환			
〃				⑦ 차입금 상환			
〃				⑧ 예비비 등			
합 계				합 계			

| 작성방법 |

1. 예시된 항목 외의 수입 또는 지출항목이 있을 경우 모두 적습니다.
2. 사회적협동조합이「협동조합 기본법 시행규칙」제12조제1항제3호가목에 따라 전체 인건비 총액 중 취약계층인 직원에게 지급한 인건비 총액이 차지하는 비율이 40% 이상일 것을 판단기준으로 하는 경우 인건비와 취약계층 인건비를 구분하여 작성하시기 바랍니다.

210mm×297mm[백상지 80g/㎡(재활용품)]

[별지 제14호 서식] 사회적협동조합등 사업결과 보고서

사회적협동조합등 사업결과 보고서

(제1쪽)

조직 개요	조합명(연합회명)		업종(표준산업분류번호)	
	설립연월일		업태	
	인가번호		사업자등록번호	
	주소	주사무소		
		제1 지사무소		
		제2 지사무소		
	출자금		백만원	
	주 사업 유형	[ ]지역사업형 [ ]취약계층배려형 [ ]위탁사업형 [ ]기타 공 익증진형 [ ]혼합형		

조직 연혁	연월일	주요내용

정관·규약	변경 여부	[ ]변경 없음 [ ]변경
	변경 내용	
설립 목적		

의사결정 기구	[ ]조합원 총회 [ ]대의원 총회 [ ]이사회 ※ 중복 표시 가능

조직도	

임원 현황	직위	성명	경력	직원 겸직 여부

210mm×297mm[백상지 80g/㎡(재활용품)]

(제2쪽)

조합원 현황 ※해당유형 에만 표기	생산자	소비자	직원	자원봉사자	후원자	계
	명	명	명	명	명	명

직원 현황	성별	남성	명	여성		명	계	명
	고용형태	정규직	명	비정규직		명	계	명
	취약계층 고용	취약계층	명	비취약계 층		명	계	명

지역사회 기여실적	연월일	주요 내용

인가부처 감독사항과 그 조치결과	연월일	주요 내용

해당 연도 사업 결과 (＊ 해당 내용만 작성. 다만, 혼합형은 해당내용을 모두 작성)

① 지역사업형(판단기준: 사업비 / 서비스 공급 비율 중 택일)

구 분		사업비 (원)		서비스 공급 (인원/시간/회)	
		해당연도 예산	해당연도 결산	해당연도 계획	해당연도 실적
총 계 (A)					
지역 사업	소 계(B)				
	ㅇㅇ사업				
	ㅁㅁ사업				
	…				
기타 사업	소 계				
	ㅇㅇ사업				
	ㅁㅁ사업				
	…				
지역사업 비율(C＝B/A)(%)					

첨부서류	서비스 대상 인원, 시간, 횟수 등 서비스 내용을 확인할 수 있는 서류

② 취약계층배려형 (판단기준: 인건비 / 직원수 / 서비스 공급 비율 중 택일)

구 분	인건비 (원)		직원수 (명)		서비스 공급 (인원/시간/회)	
	해당연도 예산	해당연도 결산	해당연도 계획	해당연도 실적	해당연도 계획	해당연도 실적
총 계 (A)						
취약계층(B)						
기 타						
취약계층비율 (C=B/A)(%)						

첨부서류	1. 전체직원 및 취약계층 직원의 명단(생년월일 포함), 직원별 인건비 지출 명세 2. 취약계층 증명서류(① 가구 월평균 소득이 전국 가구 월평균 소득의 100분의 60 이하인 사람:「국민기초생활 보장법」에 따른 수급자 또는 차상위자 증명서, 전년도 건강보험료 납부확인서, 급여명세서 등 전년도 소득증명서 등 ② 장애인: 장애인등록증명서 사본 ③ 그 밖에 취약계층임을 확인할 수 있는 서류) 3. 그 밖에 서비스 공급 실적을 확인할 수 있는 서류

③ 위탁사업형 (판단기준: 사업비 비율)

구 분		사업비 (원)	
		해당연도 예산	해당연도 결산
총 계 (A)			
위탁사업	소 계(B)		
	○○사업(위탁 기관)		
	ㅁㅁ사업(위탁 기관)		
	…		
자체사업	소 계		
	○○사업		
	ㅁㅁ사업		
	…		
위탁사업 비율(C=B/A)(%)			

첨부서류	1. 위탁사업 계약서 2. 위탁사업 지출내역서 3. 그 밖에 위탁사업 내용을 확인할 수 있는 서류

④ 기타 공익증진형 (판단기준: 사업비 / 서비스 공급 비중 중 택일)

구 분			사업비 (원)		서비스 공급 (대상인원/시간/회)	
			해당연도 예산	해당연도 결산	해당연도 계획	해당연도 실적
총 계 (A)						
공익 사업	소 계(B)					
	ㅇㅇ사업					
	ㅁㅁ사업					
	…					
기타 사업	소 계					
	ㅇㅇ사업					
	ㅁㅁ사업					
	…					
공익사업 비율 (C=B/A)(%)						

첨부서류	서비스 대상 인원, 시간, 횟수 등 서비스 내용을 확인할 수 있는 서류

⑤ 혼합형 (판단기준: ①+②+③+④ 비율의 합계)

구 분	비 율 (%)		내 용
	해당연도 계획	해당연도 실적	
① 지역사업 비율			
② 취약계층배려형 사업 비율			
③ 위탁사업 비율			
④ 기타 공익증진형 사업 비율			
합 계			

첨부서류	각 유형별 비율을 확인할 수 있는 서류

[별지 제15호 서식] 소액대출 및 상호부조 사업결과 보고서

소액대출 및 상호부조 사업결과 보고서
(00년 12월 31일 현재)

(제1쪽)

조직 개요	조합명		업종(표준산업분류번호)	
	설립연월일		업태	
	인가번호		사업자등록번호	
	주소	주사무소		
		제1 지사무소		
		제2 지사무소		
	출자금			원(A)
	주 사업 유형	[ ]지역사업형 [ ]취약계층배려형 [ ]위탁사업형 [ ]기타 공익증진형 [ ]혼합형		

1. 소액대출 사업 현황

①대출조건	소액대출 이자율	연 00.00 (%)	(기획재정부 장관 고시 최고 이자율)	연 00.00 (%)
	소액대출 연체 이자율	연 00.00 (%)	1인당 대출한도	원
②대출현황	총 대출금액(B)	원	총 상환액(C)	원
	총 대출잔액(D=B-C)	원	출자금 대비 대출잔액 비율(E=D/A)	(%)
	대출자 수 / 조합원 수	/	대출잔액 최고액 대출자 1인의 대출잔액(F)	원

③ 분기별 소액대출 추이(매월 말일 기준, 단위: 원, %)

구 분	직전연도 4/4분기	해당연도 1/4분기	해당연도 2/4분기	해당연도 3/4분기	해당연도 4/4분기
총출자금액(A)					
총대출금액(B)					
총상환액(C)					
총대출잔액(D)					
출자금 대비 대출 잔액 비율(E)					
대출잔액 최고액 대출자 1인의 대출잔액(F)					

210mm×297mm[백상지 80g/㎡(재활용품)]

2. 상호부조 사업 현황

① 상호부조 계약 현황	월별 납부액	(정액기준 시) 00,000 원, (정률기준 시) 기준액 * 0.00 % 등 정관·규약·규정 등에 정한 납부액 명시	
	지급사유별 지급액	혼례(본인)	원
		혼례(자녀)	원
		사망(본인)	원
		사망(배우자)	원
		○○○	원
		△△△	원
② 상호부조 기금 현황	전년도 기금 잔액(G)		원
	해당 연도 수입(H)		원
	해당 연도 지출(I)		원
	해당 연도 기금 잔액 (J=G+H-I)		원
	출자금 대비 기금 잔액 비율(K=J/A)		(%)

③ 분기별 상호부조기금 현황(매월 말일 기준, 단위: 원. %)

구 분	직전연도 4/4분기	해당연도 1/4분기	해당연도 2/4분기	해당연도 3/4분기	해당연도 4/4분기
전기 잔액(G)					
당기 수입(H)					
당기 지출(I)					
당기 잔액(J)					
출자금 대비 기금 잔액 비율(K)					

[별지 제16호 서식] (사회적협동조합, 사회적협동조합연합회) 해산신고서

[ ] 사회적협동조합	
[ ] 사회적협동조합연합회	**해산신고서**

※ 첨부서류를 확인하시기 바라며, 색상이 어두운 난은 신청인이 작성하지 않습니다.

접수번호	접수일	처리기간	7일

청산인	성 명	주민등록번호(외국인등록번호)
	주 소	전화번호

신고내용	첨부서류 참조

「협동조합 기본법」 제102조제2항 또는 제115조제3항에 따라 위와 같이 해산을 신고합니다.

년 월 일

신고인(이사장·회장)　　　　　　　　　　(서명 또는 인)

기획재정부장관
중앙행정기관장　　　　　　　　　　　　　　　　　　　　　　　　귀하

첨부서류	1. 해산 당시의 재산목록 1부 2. 잔여재산 처분방법의 개요를 적은 서류 1부 3. 해산 당시의 정관 1부 4. 해산을 결의한 총회 의사록 1부	수수료 없음
담당공무원 확인사항	법인 등기사항증명서	

처 리 절 차

신고서 작성	→	접 수	→	서류 확인 및 검토	→	결 재
신고인		처리기관 (기획재정부 장관· 중앙행정기 관장)		처리기관 (기획재정부장관· 중앙행정기관장)		처리기관 (기획재정부장관· 중앙행정기관장)

210mm×297mm[백상지 80g/㎡(재활용품)]

4. 국제협동조합연맹의 협동조합 7원칙

(About Cooperatives International Co-operative Alliance Statement
on the Co-operative Identity)

Definition

A co-operative is an autonomous association of persons united voluntarily to meet their common economic, social, and cultural needs and aspirations through a jointly-owned and democratically-controlled enterprise.

Values

Co-operatives are based on the values of self-help, self-responsibility, democracy, equality, equity and solidarity. In the tradition of their founders, co-operative members believe in the ethical values of honesty, openness, social responsibility and caring for others.

Principles

The co-operative principles are guidelines by which co-operatives put their values into practice.

1st Principle: Voluntary and Open Membership

Co-operatives are voluntary organisations, open to all persons able to use their services and willing to accept the responsibilities of membership, without gender, social, racial, political or religious discrimination.

2nd Principle: Democratic Member Control

Co-operatives are democratic organisations controlled by their members, who actively participate in setting their policies and making decisions. Men and women serving as elected representatives are accountable to the membership. In primary co-operatives members have equal voting rights (one member, one vote) and co-operatives at other levels are also organised in a democratic manner.

3rd Principle: Member Economic Participation

Members contribute equitably to, and democratically control, the capital of their cooperative. At least part of that capital is usually the common property of the co-operative. Members usually receive limited compensation, if any, on capital subscribed as a condition of membership. Members allocate surpluses for any or all of the following purposes: developing their co-operative, possibly by setting up reserves, part of which at least would be indivisible; benefiting members in proportion to their transactions with the co-operative; and supporting other activities approved by the membership.

4th Principle: Autonomy and Independence

Co-operatives are autonomous, self-help organisations controlled by their members. If they enter into agreements with other organisations, including governments, or raise capital from external sources, they do so on terms that ensure democratic control by their members and maintain their co-operative autonomy.

5th Principle: Education, Training and Information

Co-operatives provide education and training for their members, elected representatives, Managers, and employees so they can contribute effectively to the development of their co-operatives. They inform the general public-particularly young people and opinion leaders - about the nature and benefits of co-operation.

6th Principle: Co-operation among Co-operatives

Co-operatives serve their members most effectively and strengthen the co-operative movement by working together through local, national, regional and international structures.

7th Principle: Concern for Community

Co-operatives work for the sustainable development of their communities through policies approved by their members.

The United Nations General Assembly, by its resolution 64/136, encourages all member States, the United Nations and all relevant stakeholders to take advantage of the IYC. It also mandated the launch of Year of Cooperatives in its resolution 65/184.

5. 유엔의 2012년 협동조합의 해 선언

(2012-International Year of Cooperatives[1]))

Resolution adopted by the General Assembly
[*on the report of the Third Committee (A/64/432)*]

64/136. Cooperatives in social development

The General Assembly,

Recalling its resolutions 47/90 of 16 December 1992, 49/155 of 23 December 1994, 51/58 of 12 December 1996, 54/123 of 17 December 1999, 56/114 of 19 December 2001, 58/131 of 22 December 2003, 60/132 of 16 December 2005 and 62/128 of 18 December 2007 concerning cooperatives in social development,

Recognizing that cooperatives, in their various forms, promote the fullest possible participation in the economic and social development of all people, including women, youth, older persons, persons with disabilities and indigenous peoples, are becoming a major factor of economic and social development and contribute to the eradication of poverty,

Recognizing also the important contribution and potential of all forms of cooperatives to the follow-up to the World Summit for Social Development, the Fourth World Conference on Women and the second United Nations Conference on Human Settlements (Habitat II), including their five-year reviews, the World Food Summit, the Second World Assembly on Ageing, the International Conference on Financing for Development, the World Summit on Sustainable Development and the 2005 World Summit,

Noting with appreciation the potential role of cooperative development in the improvement of the social and economic conditions of the indigenous peoples and rural communities,

Recalling Economic and Social Council resolution 1980/67 of 25 July 1980 on international years and anniversaries,

---

1) 출처: http://www.un.org/en/events/coopsyear/about.shtml.

1. *Takes note* of the report of the Secretary-General;[2]

2. *Proclaims* the year 2012 the International Year of Cooperatives;

3. *Encourages* all Member States, as well as the United Nations and all other relevant stakeholders, to take advantage of the International Year of Cooperatives as a way of promoting cooperatives and raising awareness of their contribution to social and economic development;

4. *Draws the attention* of Member States to the recommendations contained in the report of the Secretary-General for further action to promote the growth of cooperatives as business and social enterprises that can contribute to sustainable development, eradication of poverty, and livelihoods in various economic sectors in urban and rural areas and provide support for the creation of cooperatives in new and emerging areas;

5. *Encourages* Governments to keep under review, as appropriate, the legal and administrative provisions governing the activities of cooperatives in order to enhance the growth and sustainability of cooperatives in a rapidly changing socio-economic environment by, inter alia, providing a level playing field for cooperatives vis-àa-vis other business and social enterprises, including appropriate tax incentives and access to financial services and markets;

6. *Urges* Governments, relevant international organizations and the specialized agencies, in collaboration with national and international cooperative organizations, to give due consideration to the role and contribution of cooperatives in the implementation of and follow-up to the outcomes of the World Summit for Social Development, the Fourth World Conference on Women and the second United Nations Conference on Human Settlements (Habitat II), including their five-year reviews, the World Food Summit, the Second World Assembly on Ageing, the International Conference on Financing for Development, the World Summit on Sustainable Development and the 2005 World Summit by, inter alia:

(a) Utilizing and developing fully the potential and contribution of cooperatives for the attainment of social development goals, in particular the eradication of poverty,

---

2) A/64/132 and Corr.1.

the generation of full and productive employment and the enhancement of social integration;

(b) Encouraging and facilitating the establishment and development of cooperatives, including taking measures aimed at enabling people living in poverty or belonging to vulnerable groups, including women, youth, persons with disabilities, older persons and indigenous peoples, to fully participate, on a voluntary basis, in cooperatives and to address their social service needs;

(c) Taking appropriate measures aimed at creating a supportive and enabling environment for the development of cooperatives by, inter alia, developing an effective partnership between Governments and the cooperative movement through joint consultative councils and/or advisory bodies and by promoting and implementing better legislation, research, sharing of good practices, training, technical assistance and capacity-building of cooperatives, especially in the fields of management, auditing and marketing skills;

(d) Raising public awareness of the contribution of cooperatives to employment generation and to socio-economic development, promoting comprehensive research and statistical data-gathering on the activities, employment and overall socio-economic impact of cooperatives at the national and international levels and promoting sound national policy formulation by harmonizing statistical methodologies;

7. *Invites* Governments, in collaboration with the cooperative movement, to develop programmes aimed at enhancing capacity-building of cooperatives, including by strengthening the organizational, management and financial skills of their members, and to introduce and support programmes to improve the access of cooperatives to new technologies;

8. *Invites* Governments and international organizations, in collaboration with cooperatives and cooperative organizations, to promote, as appropriate, the growth of agricultural cooperatives through easy access to affordable finance, adoption of sustainable production techniques, investments in rural infrastructure and irrigation, strengthened marketing mechanisms and support for the participation of women in economic activities;

9. *Also invites* Governments and international organizations, in collaboration with

cooperatives and cooperative organizations, to promote, as appropriate, the growth of financial cooperatives to meet the goal of inclusive finance by providing easy access to affordable financial services for all;

10. *Invites* Governments, relevant international organizations, the specialized agencies and local, national and international cooperative organizations to continue to observe the International Day of Cooperatives annually, on the first Saturday of July, as proclaimed by the General Assembly in its resolution 47/90;

11. *Requests* the Secretary-General, in cooperation with the relevant United Nations and other international organizations and national, regional and international cooperative organizations, to continue rendering support to Member States, as appropriate, in their efforts to create a supportive environment for the development of cooperatives, providing assistance for human resources development, technical advice and training and promoting an exchange of experience and best practices through, inter alia, conferences, workshops and seminars at the national and regional levels;

12. *Also requests* the Secretary-General to submit to the General Assembly at its sixty-sixth session a report on the implementation of the present resolution, including a proposal on activities to be undertaken during the International Year of Cooperatives within existing resources.

65th plenary meeting
18 December 2009

찾아보기

저자약력

최병록

경북대학교 법과대학 법학과 및 동 대학원 졸업(법학박사)
한국소비자원 정책연구실 법제연구팀장 역임
한국표준협회, 한국능률협회, 한국중공업 등 각 기업체 제조물책임(PL)법 특강강사
지식경제부 품질경영대상(대통령상) 고객만족경영 부문 심사위원
지식경제부 기술표준원 서비스품질(SQ)우수기업 인증 심사위원
사법시험(경제법, 민법), 입법고등고시(상황판단영역), 변리사, 세무사, 공인노무사,
　주택관리사, 공인중개사, 가맹거래사 등 출제위원
충북자치연수원, 소방방재청 중앙소방학교, 경북대학교, 충북대학교 강사
미국 University of Missouri-Columbia, School of Law, Visiting Scholar
현재: 사단법인 한국소비생활연구원 이사, 사단법인 게임분쟁연구소 이사
　　　한국PL법연구원 원장
　　　충북지방노동위원회 심판담당 공익위원
　　　한국소비자안전학회 부회장
　　　서원대학교 법경찰학과 교수

〈저 서〉

최신 제조물책임법론(2007)
민법총칙(2007)
제조물책임(PL)법과 업종별 대응방안(2007)
최신 소비자법과 정책(2002)(공저)
소비자법과 정책(2000)(공저)
제조물책임법과 결함방지대책(2000)(하종선·최병록 공저)
PL법과 기업의 대응방안(1997)(하종선·최병록 공저)

협동조합기본법

2013년 2월 23일　초판 인쇄
2013년 2월 28일　초판 1쇄발행

저　자　　**최　　병　　록**

발행인　　**배　　효　　선**

발 행 처　도서
　　　　　출판　　**法　文　社**

주 소　413-756 경기도 파주시 문발동 526-3
등 록　1957년 12월 12일 제2-76호(윤)
전 화　031-955-6500～6, 팩스 031-955-6525
e-mail　(영업) : bms@bobmunsa.co.kr
　　　　(편집) : edit66@bobmunsa.co.kr
홈페이지　http://www.bobmunsa.co.kr

조　판　광　암　문　화　사

정가 23,000원　　　　　ISBN 978-89-18-08935-5